ÉVEILLEZ-VOUS, MES ENFANTS !

Entretiens avec
Sri Mata Amritanandamayi

Tome 6

Adaptation et Traduction Anglaise
Swami Amritaswaroupananda

Mata Amritanandamayi Center, San Ramon
Californie, États-Unis

ÉVEILLEZ-VOUS, MES ENFANTS! – Tome 6

Publié par :
  Mata Amritanandamayi Center
  P.O. Box 613
  San Ramon, CA 94583
  États-Unis

——————— *Awaken Children, Volume 6*   *(French)* ———————

Copyright © 1992 Mata Amritanandamayi Mission Trust, Amritapuri, Kérala 690546, Inde

Première édition par le Centre MA : septembre 2016

En France :
  Ferme du Plessis
  28 190 Pontgouin
  www.ammafrance.org

En Inde :
  www.amritapuri.org
  inform@amritapuri.org

Ce livre est humblement offert

**aux pieds de lotus de
Sri Mata Amritanandamayi**

la Lumière resplendissante
immanente au cœur de tous les êtres.

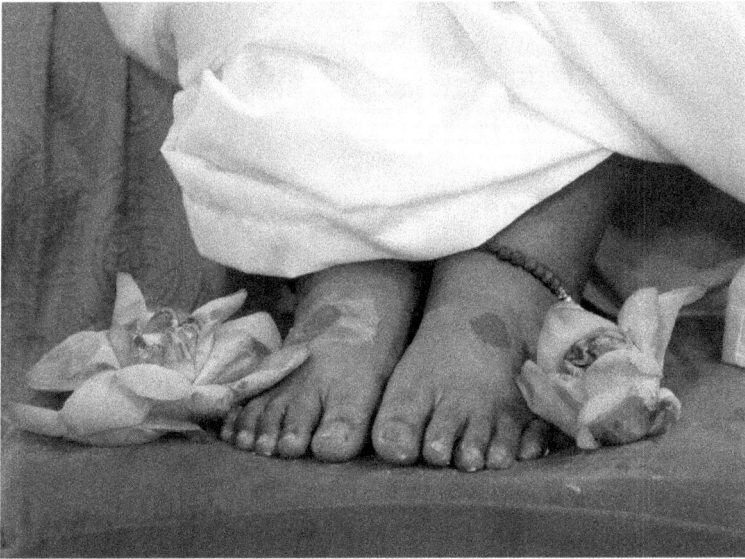

« Mes enfants chéris,
À chaque respiration, puissiez-vous penser à Dieu.
Que chacun de vos pas soit un pas vers Lui.
Que chaque action entreprise soit un acte d'adoration.
Que chaque mot prononcé soit un mantra.
Et chaque fois que vous vous allongez,
Que ce soit une prosternation aux pieds de Dieu. »

—Amma

TABLE DES MATIÈRES

Chapitre 1   **7**
Celle qui guérit les cœurs   7
L'art de mourir   16

Chapitre 2   **29**
Aveuglé par l'ego   29
L'amour d'une mère   50
L'étude des Écritures   53

Chapitre 3   **57**
Le joyau omniscient   57
La théorie du karma   63
La foi   78
S'abandonner à Dieu pour affronter le karma   83

Chapitre 4   **91**
Vivez dans l'attente du Seigneur   93
Comment se comporter face aux insultes   102

Chapitre 5   **107**
Un inoubliable voyage en bateau   107
Dieu, celui que l'on n'a pas invité   119

Chapitre 6   **125**
Comment vivre dans le contentement   125
Humilité et renoncement   129
Soyez satisfaits de ce que vous avez   140

Chapitre 7   **153**
Purusha suktam   153
Le respect de la vie   156
Ne soyez pas égocentriques   160
Un Mahatma ne peut pas détruire   168

Chapitre 8   177
  Amma se souvient de tous   177
  Altruisme et intellect   182

Chapitre 9   197
  Satya et dharma (La vérité et l'ordre universel)   200
  La crainte de Dieu   207

Chapitre 10   214
  Ne vous comparez pas aux autres   214
  L'enfant intérieur   219
  L'enfant consciemment innocent   223
  Pardonner et oublier   227

Glossaire   238

Chapitre 1

L'ashram d'Amritapuri est situé sur une étroite péninsule qui longe la côte sud-ouest de l'Inde. Bordé d'un côté par la Mer d'Arabie et de l'autre par les célèbres lagunes du Kérala, il est aujourd'hui connu même de ceux qui passent en bateau, saisissant la possibilité quotidienne de faire un tour sur la lagune. À sa fondation, l'Ashram n'était qu'un lopin de terre, propriété de la famille d'Amma. Là où s'élève le temple coloré dont les tours dominent les cocotiers, là où habitent des centaines de croyants et de dévots, vivait alors une poignée de disciples, logés dans quelques huttes près du petit temple qui existe toujours. Les résidents, à l'époque, ne disposaient que de commodités fort réduites et de bien peu de luxe, mais cela ne semblait déranger personne. La présence aimante de la Mère divine constituait à elle seule un abri sûr et solide.

Celle qui guérit les cœurs

Lundi 16 juillet 1984

Un malade mental, escorté de sa famille, vint à l'ashram. En arrivant, il poussait des cris perçants et des hurlements. Ses cris étaient entrecoupés de rires. Il faisait des déclarations étranges et contradictoires, et l'instant d'après, hurlait en courant dans tous les sens. Sa femme et son frère aîné ne le quittaient pas, veillant à ce qu'il ne se blesse pas.

7

Cet homme, jeune, était visiblement en proie à une détresse et à une souffrance mentale profondes. Devant son désarroi pathétique, sa famille, impuissante, pleurait. Avant de venir voir Amma, les parents avaient en vain essayé plusieurs traitements médicaux. Puis, ayant entendu parler d'Amma par un parent éloigné, ils avaient décidé de venir la voir, dans l'espoir qu'elle pourrait aider leur fils. C'était leur première visite à l'ashram.

La famille au complet attendait Amma au bas de l'escalier menant à sa chambre. Comme on pensait sa venue imminente, le malade était fermement maintenu pour l'empêcher de se sauver. Il continuait à rire, à crier et à marmonner. Lorsqu'Amma descendit enfin, sa mère et sa jeune femme se jetèrent à ses pieds, l'implorant à travers leurs larmes de le délivrer de sa souffrance. Le père raconta à Amma l'histoire de son fils. Il avait apparemment perdu une somme importante dans une affaire où il s'était associé à des gens sans scrupules. Il leur avait fait confiance et n'avait pu supporter le choc d'une telle perte.

Alors que sa famille pleurait, l'homme, en présence d'Amma, restait tranquille. Il lui déclara même avec un calme parfait : « Tu sais Amma, j'ai tout perdu. Peux-tu m'aider ? Peux-tu me sauver ? » Et il se mit à sangloter.

Voyant son état pitoyable, entendant ses paroles déchirantes, les yeux d'Amma s'emplirent de larmes. Avec un amour et une compassion sans bornes, elle consola les membres de la famille, puis, se tournant vers le malade, elle lui caressa le front et la poitrine avec l'amour et la sollicitude d'une mère pour son enfant. Plaçant sa tête sur son épaule, Amma dit : « Mon fils, ne t'inquiète pas. Détends-toi. Tout ira bien. Sois patient. » Et elle continua un moment à lui frotter le dos et à l'apaiser en lui parlant avec affection.

Amma passa encore quelques minutes avec eux avant de se diriger vers la hutte de *darshan*. Comme elle les avait laissés au bas de l'escalier sans leur donner aucune instruction particulière, aucun conseil, ils étaient un peu déconcertés. Mais leur trouble ne dura guère ; juste avant d'entrer dans la hutte, Amma se retourna. « Mes enfants, » dit-elle, « attendez la fin du *darshan*. Amma reviendra alors vous voir. »

Pendant toute la durée du *darshan*, ils attendirent dehors et le malade, assis près de la hutte, fit montre d'un calme surprenant. Sa famille se réjouissait de ce changement.

Dès qu'Amma sortit de la hutte, elle alla droit vers lui, le prit par la main et le conduisit du côté nord de l'ashram. C'était un spectacle charmant de le voir marcher derrière elle, comme un petit enfant suivant docilement sa mère. Une fois, il lâcha la main d'Amma et tenta de s'enfuir. En un instant, Amma le ramena à elle en le cajolant. Ils arrivèrent à un robinet et Amma envoya quelqu'un chercher un seau et une timbale, puis demanda au jeune homme de s'asseoir. Celui-ci refusa d'abord d'obéir, mais Amma, une fois encore, le rassura par des paroles compatissantes et des caresses affectueuses, si bien qu'il finit par s'asseoir sous le robinet. Cependant, dès qu'elle l'ouvrit, l'homme sauta sur ses pieds et voulut s'enfuir. Mais cette fois, Amma le tint fermement par l'épaule et dit : « Non, mon fils, non. Assieds-toi. Calme-toi. Ne te sauve pas. C'est pour ton bien. Cela t'aidera à aller mieux. Est-ce que tu ne désires pas aller mieux ? Ne veux-tu pas recouvrer la santé ? Tu désires travailler et prendre soin de ta famille, n'est-ce pas ? Reste assis tranquillement. » Les paroles d'Amma semblèrent avoir un effet apaisant sur le malade et il se calma bientôt.

Quelqu'un avait entre-temps apporté un seau d'eau et une timbale. Amma remplit le seau et se mit à verser l'eau sur la tête de l'homme. Un sourire radieux illuminait son visage, et, visiblement ravie, elle continua ce manège un long moment. Puis elle finit par fermer le robinet en déclarant : « Cela suffit. » Mais l'homme resta assis. « Fils, tu peux te lever, maintenant. » dit Amma. Il se leva aussitôt. Quelqu'un donna une serviette à Amma, qui lui essuya le visage, la poitrine et le dos. Se tournant alors vers sa famille, qui avait assisté à toute la scène, Elle leur dit : « Mettez-lui un dhoti sec mais ne lui séchez pas les cheveux ; qu'ils sèchent par eux-mêmes. »

Pendant ce bain, les parents n'avaient pas quitté leur fils des yeux. Ils étaient visiblement émus par la façon dont Amma s'occupait de lui, dont elle l'avait baigné, l'inondant tout ce temps d'un amour infini. Et maintenant que son attention se tournait vers eux, ils se mirent à pleurer. Ils semblaient avoir longtemps retenu leurs larmes. Amma les prit dans ses bras, plaçant chaque tête sur son épaule ; elle les étreignit et essuya leurs larmes.

Les vêtements d'Amma étaient mouillés, eux-aussi. Un des *brahmacharis* le lui fit remarquer. « Cela ne fait rien, » répondit-elle, « il y eut une époque où les vêtements d'Amma étaient toujours mouillés. À porter l'eau et le gruau de riz pour les vaches, à patauger dans la lagune pour aller chercher les canards et à effectuer sans relâche les tâches ménagères, Amma était souvent trempée. Amma restait immergée dans la lagune ou immobile sous la pluie pendant des heures. Elle y est habituée. Ce n'est pas un problème. » Amma passa encore quelques minutes avec les membres de cette famille et ne les quitta qu'après leur avoir prescrit de passer quelques jours à l'ashram. Le deuxième jour, elle baigna de nouveau le malade ; cette fois, il resta calme et tranquille. Un grand changement s'était déjà produit en lui.

Cet incident est un exemple marquant de l'humilité d'Amma et de son amour ; d'innombrables épisodes du même genre illustrent sa compassion, sa patience et son amour infinis. À la fin des années soixante-dix, de nombreux malades mentaux vinrent un temps demeurer auprès d'elle. Amma s'occupait d'eux, leur donnait le bain, les nourrissait et prenait soin d'eux comme s'ils étaient ses propres enfants. Mais à l'époque, la nature compatissante d'Amma n'était pas toujours du goût de sa famille. La propriété était très petite, seulement le dixième d'un arpent de terre. Mis à part la maison, une étable et un petit temple, il n'y avait pas d'abri contre le soleil ou la pluie. La propriété était alors entourée d'eau, ce qui en faisait un terrain de jeu dangereux pour ces gens dérangés, qui avaient pour habitude de crier, de hurler et de courir partout ; ils essayèrent même quelquefois d'attaquer Amma.

Tandis qu'Amma endurait tout cela patiemment et continuait à les servir avec amour, son père et son frère aîné convoquèrent les parents et les familles pour leur ordonner de ramener ces gens chez eux. Non seulement leur présence dérangeait, mais ils ne pouvaient être logés de façon sûre et adéquate. Bien qu'elle fût désolée de les voir partir, Amma ne fit pas d'objection, car elle était consciente du manque de structure d'accueil et des difficultés qu'ils causaient à sa famille.

Bien que ces malades mentaux n'aient pu demeurer en permanence auprès d'Amma, le contact si étroit qu'ils eurent avec elle eut sur eux un impact profond. Nourris et baignés par Amma, qui les soignait comme si elle était leur mère, ils firent de grands progrès grâce à la puissance de sa sollicitude aimante.

D'innombrables personnes ont été guéries de façon miraculeuse par la grâce d'Amma, mais un cas mémorable entre tous est celui de Dattan, le lépreux. Il venait d'ordinaire pour le *darshan* du *Devi Bhava* le mardi, le jeudi et le dimanche. Ces trois nuits-là, Amma procédait toujours selon le même rite. Juste avant d'entrer dans le temple, elle dansait en extase, tenant d'une main une épée et de l'autre un trident. Elle se déplaçait autour du temple et s'arrêtait parfois de danser pour bénir les gens en les touchant de son épée. Dattan se tenait à un endroit précis, derrière le temple, et l'attendait avec quelques pots d'eau et une serviette autour de la taille. Amma interrompait toujours sa danse pour verser chaque pichet d'eau sur la tête du lépreux. Elle lui donna ainsi le bain trois fois par semaine, jusqu'à ce qu'il fût guéri de sa maladie.

La vie d'Amma a toujours été une vie de sacrifice, dont chaque instant est consacré à soulager la souffrance d'autrui. « Le désir profond d'Amma est de rendre son dernier souffle en caressant et en consolant une personne en détresse, même s'il ne reste en son corps que peu d'énergie, » dit-elle. Son activité infatigable et la compassion dont elle fait preuve à chaque instant de sa vie démontrent clairement la détermination contenue dans ses paroles.

Quant au malade mental, son état s'améliora. Il revint à l'ashram quelques mois plus tard, accompagné de sa famille. Ils racontèrent qu'après leur première visite, les symptômes de la maladie mentale avaient disparu peu à peu. Au cours des quelques jours qu'ils avaient passés à l'ashram, Amma lui avait dit d'arrêter tout médicament.

La famille entière attribuait la guérison du jeune homme à la grâce d'Amma et débordait de joie et de gratitude. Une fois guéri, il put récupérer l'argent qu'il avait perdu et avec cette somme, créer sa propre affaire. En réponse à leurs remerciements, Amma dit en souriant : « Mes enfants, maintenant que vous êtes heureux et joyeux, n'oubliez pas Dieu. Pensez à Dieu et priez même dans les moments de joie ; d'ordinaire, les gens songent à Dieu et Le prient uniquement quand ils souffrent, comme si Dieu était un tranquillisant. N'agissez pas ainsi. Que la prière et le souvenir de Dieu deviennent partie intégrante de votre vie quotidienne. Amma est avec vous. »

Le soir, à l'heure habituelle, visiteurs et résidents se réunirent devant le temple pour les *bhajans*. Amma mena le chant, les autres reprenant en chœur

Devi saranam

Sois mon refuge, Ô Déesse
Sois mon refuge, Ô Mère,
Toi dont la Forme divine est glorifiée par les êtres célestes
Ô Énergie suprême et primordiale,
Je Te salue !

Ô Source de tous les bons auspices,
C'est en Toi que l'univers existe,
C'est de Toi que jaillit toute chose
Et c'est encore en Toi que tout enfin se résorbe.

Ô Mère
Me prosternant à Tes Pieds,
Permets-moi de prier avec dévotion
Pour une seule faveur :
Que Ta Forme rayonnante et pure
Brille en moi à jamais,
Et que ma langue sans cesse
Goûte le bonheur de répéter Ton Nom.

Comme les vagues de l'océan,
Les millions d'êtres vivants
Font partie du Tout.
Le plan de cet univers est d'aider tous les êtres
À atteindre la libération.

Celui qui comprend
Que sa propre vie n'est que Toi
Se détache du monde,
Comme un acteur ôte son costume
À la fin d'une bonne représentation.

Après les *bhajans*, Amma resta assise devant le petit temple. Les chants avaient transporté les auditeurs sur un autre plan, remplissant les cœurs d'amour et de dévotion. Quelques résidents méditaient, d'autres contemplaient Amma, adossée au mur, perdue à ce monde. Au bout d'un moment, Amma bougea et s'allongea à même le sol. Comme la limaille de fer suit le moindre mouvement d'un puissant aimant, tous s'approchèrent. Allongée, Amma leva les bras et appela « Shivane... » L'instant d'après, tout le monde entendit Amma dire, se parlant à elle-même : « Il ne t'entend pas. Ce type n'a pas de cervelle ! Il n'a pas de cervelle ! »

L'instant d'après, Amma s'assit et chanta

Shiva Shiva Hara Hara

Ô Toi qui es propice,
Toi qui détruis ce qui est irréel,
Ô Toi le magnifique,
Drapé de nuages,
Ô joueur de tambourin (damaru)

Toi qui tiens le trident,
Qui détruis la peur et accordes les faveurs
Toi aux cheveux emmêlés
Et aux membres couverts de cendre

Toi qui es paré d'une guirlande de cobras
Et d'un collier de crânes humains,
Toi qui portes le croissant de lune sur Ton front
Et dont les yeux sont pleins de compassion

Ô Dieu propice
Ô Dieu destructeur
Ô Grand Dieu

Les dévots, pleins d'enthousiasme, reprenaient en chœur ce chant rythmé. Une deuxième série de *bhajans* venait, semblait-il, de commencer. Le chant terminé, Amma revint à son état habituel.

Un des dévots se mit à parler de sa petite-fille, qui avait à peine quatre ans. Montrant du doigt l'enfant, il dit : « Amma, cette enfant t'aime vraiment. Elle montre envers toi beaucoup de dévotion. Il lui arrive de se couvrir la tête d'un tissu blanc, d'entrer dans la salle de *puja* et de chanter des *bhajans* en se balançant d'avant en arrière et d'un côté à l'autre comme toi. Après les *bhajans*, elle appelle tout le monde et distribue de la cendre sacrée en disant qu'elle est la Mère de Vallickavou. Quelle enfant incroyable ! »

Amma appela la petite fille et lui demanda : « Mon enfant, lorsque tu seras grande, auras-tu encore autant de dévotion que tu en as maintenant ? Auras-tu la même innocence ? »

L'enfant fit oui d'un signe de tête. Visiblement fier de sa petite fille, le grand-père émoustillé lui demanda : « Dis à Ammachi qui est ta mère. » Sans hésiter, la fillette répondit : « Ma mère n'est pas Girijamma (sa mère biologique). C'est la mère de Vallickavou qui est ma mère. »

« Pourquoi aimes-tu Amma ? » lui demanda Amma.

La réponse de la petite fille fut immédiate : « Parce qu'Amma est Dieu. »

Amma, ravie d'entendre ces paroles, éclata de rire, prit la petite fille dans ses bras et la berça. Puis elle l'assit sur ses genoux et, joueuse, lui demanda d'un ton implorant de chanter un *bhajan*. D'une voix hésitante, la petite fille chanta les quatre premières lignes de

Kamesha vamakshi

Je Te salue Shakti, grande Déesse,
Que l'on peut atteindre grâce à la dévotion,
Je Te salue, Toi la Graine, l'unique Vérité,
La Conscience parfaite et infinie.

Amma était si contente qu'elle embrassa l'enfant sur les deux joues. Elle la berça, se balançant d'avant en arrière ; toutes deux souriaient et riaient avec allégresse. Ce jeu animé cessa peu à peu et on entendit bientôt dans la nuit le miaulement d'un chat. « Ici Chakki, ici, » appela Amma. Regardant dans la direction d'où venait le miaulement, Amma continua à appeler « Ici, Chakki. Où es-tu ? Viens ici ! »

En quelques secondes le chat, venant par le côté du temple, sauta sous l'avancée du toit. Il alla droit vers Amma et se frotta contre son bras. Puis il sauta sur ses genoux, essayant de trouver un moyen de s'y lover confortablement. Comme la fillette était encore assise dans le giron d'Amma, les efforts du chat pour s'y installer firent rire tout le monde. Amma remarqua : « Chakki est très jaloux. » Les rires fusèrent de nouveau.

Un *brahmachari* remarqua avec animation : « Si les animaux sont jaloux, quoi d'étonnant à ce que nous le soyons aussi ? Si même les animaux aiment s'asseoir sur tes genoux, tu ne devrais pas nous priver de ce plaisir. » Un nouvel éclat de rire suivit ces mots.

L'art de mourir

L'ambiance devint plus sérieuse quand un des *brahmacharis* posa une question : « Amma, nous t'avons entendue dire à plusieurs reprises que selon les *Mahatmas* et les Écritures nous devrions être habités par le désir impérieux de réaliser le Soi ou de briser les fers qui nous lient à ce monde. Qu'entends-tu lorsque tu parles d'un désir impérieux ? »

Amma fit descendre la fillette de ses genoux et répondit : « C'est le besoin urgent de connaître Dieu ou le Soi. Imagine que les médecins diagnostiquent chez toi une maladie grave et te conseillent de prendre aussitôt tel ou tel remède, sans tarder. Que ferais-tu ? Tu chercherais immédiatement à te procurer ce médicament. Si tu découvrais qu'il coûte très cher, tu serais prêt à en payer le prix. Et si tu ne pouvais te le procurer là où tu habites, tu te rendrais à la ville voisine. Tu irais même dans un autre pays pour y recevoir un traitement ou te faire opérer. C'est bien ainsi que tu agirais dans ce cas, et tu ne reculerais devant aucun effort. Certaines personnes ne peuvent se le permettre financièrement, mais la plupart feront leur possible pour guérir. Pourquoi ? C'est que la maladie constitue une menace pour leur vie et qu'ils ne veulent pas mourir. Nul ne veut quitter ce monde magnifique, ni ce qui lui est cher. Nul ne veut quitter les êtres et les objets qu'il aime. La seule pensée de la mort fait trembler.

Essayez d'imaginer ce qui se passera à votre mort. Le corps que vos proches, votre femme, vos enfants et vos parents ont tant aimé, sera porté au cimetière. Personne ne voudra le garder ni même y jeter un regard, car sa seule vue les effraie et ils veulent s'en débarrasser le plus vite possible. La dépouille sera donc portée au cimetière. Ou bien quelqu'un allumera le bûcher funéraire et s'en sera fini de vous à jamais. La pensée que le monde continuera sans vous après la mort vous effraie. Le monde continuera sans vous, et vous serez privé de tout ce qui est beau : votre maison, vos amis, votre jolie jeune femme, vos enfants, les fleurs dans le jardin et leur parfum. L'idée de ne plus les revoir, de ne plus revoir le visage mignon et souriant de votre fils, d'être séparé de tout ce que vous aimez, vous plonge dans la détresse. La nature et sa merveilleuse beauté, les rivières, les montagnes et les vallées, le soleil et la lune, les étoiles, l'océan, vous ne les verrez plus. Les fêtes et les cérémonies, les paroles aimantes et réconfortantes de votre femme ou de votre mari, les caresses affectueuses des êtres qui vous sont chers, tout va disparaître. Vous ignorez où vous allez, mais vous supposez que vous n'y serez entouré que de ténèbres. Vous êtes impuissant. Pouvez-vous imaginer cela ? La seule pensée de la mort vous effraie. Imaginez l'état de désespoir dans lequel vous plongera la venue de la mort et la force du désir qui s'emparera alors de vous : sauver votre vie. Ce désir est le besoin urgent d'étreindre le principe salvateur, la Vérité suprême. C'est le désir de réaliser l'immortalité du Soi.

De nombreuses personnes répugnent à méditer car la méditation leur fait connaître une tranquillité qui leur fait craindre de mourir. Les méditations d'Amma effrayaient Sugunan-*acchan* (Son père). Dès qu'Amma méditait plus de quelques heures, il croyait qu'elle allait mourir. Pour la sauver de la mort, il la secouait violemment ou bien lui versait des seaux d'eau sur la tête. Pauvre *acchan*, il ne savait rien de la méditation ! Il ignorait qu'elle est le principe salvateur, qu'elle vous rend immortel et éternel. Elle vous fait transcender le cycle des morts et des renaissances. La méditation est pur nectar. Elle annihile en vérité la peur de la mort. Elle détruit votre ego et vous élève jusqu'à l'état où le mental n'existe pas. Une fois que vous avez transcendé le mental, vous ne pouvez pas mourir. La méditation et les pratiques spirituelles vous donnent la force et le courage de sourire devant la mort. La méditation vous aide à considérer la vie comme un jeu merveilleux, si bien que même l'instant de la mort devient une expérience remplie de béatitude.

Mes enfants, ce besoin impérieux se lève lorsque tous vos espoirs et vos rêves s'effondrent. Ils ne manqueront pas de s'effondrer, car vous cherchez le bonheur au mauvais endroit, là où il n'existe pas.

Un homme, à quatre pattes, cherchait partout alentour. « Que cherchez-vous ? » lui demanda une autre personne. « Ma clé. » Voilà les deux hommes à genoux, fouillant à cet endroit. Au bout d'un moment, le passant dit : « Où l'avez-vous perdue ? » « À la maison. » « Seigneur, » dit l'homme, « pourquoi donc la cherchez-vous ici ? » « C'est qu'il y fait plus clair. »

De même, le bonheur est en vous, mais vous le cherchez à l'extérieur. C'est pourquoi vous êtes invariablement déçu. Vous commencez à sentir que votre vie est en danger et que vous ne pouvez compter sur rien sinon Dieu ou un Pouvoir universel. La crainte que la mort vous enlève tout vous oblige à chercher une issue. Cette quête vous conduit vers la voie véritable, la voie spirituelle. En cherchant un moyen de vaincre la mort, vous parviendrez enfin à votre Soi réel.

L'être humain désire l'immortalité. Personne ne veut mourir. « La vie et l'amour, non la mort, » tel est l'instinct qui vibre en chaque créature. Les humains veulent vivre, vivre, vivre. Leur instinct les pousse à s'accrocher à tout, à l'univers entier. Ils ne veulent rien perdre. Il existe une telle variété de moyens et de techniques, suggérés par tant de gens divers sur cette planète, pour cultiver l'art de vivre. Ils proclament : « Comment réaliser le désir de votre cœur en dix leçons faciles » ou un autre slogan du même style, pour vous induire à acheter leur méthode pour gagner le bonheur et la satisfaction. Mais quelle misère ! Personne, excepté les chercheurs véritables, ne découvre le véritable chemin. Nulle part au monde il n'est possible d'apprendre à mourir, à mourir à l'ego, aux attachements, à la colère, à la peur et à tout ce qui vous empêche de goûter une paix parfaite. L'homme ignore qu'en possédant, en contrôlant et en gagnant, inconsciemment, il perd. Il se rapproche toujours plus d'une perte immense, qu'il ne pourra jamais réparer. Il perd la chance de transcender le cycle de la mort et de la renaissance, ce qui est le but réel de notre vie dans un corps humain. La pensée « Loin de gagner, je suis en train de perdre, » suffit parfois à faire monter en vous ce besoin pressant et vous amène sur la voie spirituelle. »

À l'écoute des paroles d'Amma, les auditeurs furent saisis d'un effroi respectueux. Elle reprit : « Mes enfants, vous avez tous entendu parler du grand saint Tulsidas[1]. Nous le connaissons comme un grand saint, mais avant sa quête spirituelle, c'était un homme d'affaires. Il était follement amoureux de sa femme, et son désir physique pour elle était si fort qu'il ne voulait même pas aller travailler. Elle partit un jour rendre visite à ses parents et Tulsidas, pris d'un désir incontrôlable pour elle, couvrit une longue distance dans la nuit, bravant le vent et la pluie, dans le seul but de la rejoindre. Il était si déterminé que, croyant trouver un bateau, il se servit d'un cadavre pour traverser une rivière écumante. Il était plus de minuit lorsqu'il arriva à destination, pour trouver porte close. Comme la chambre de sa femme était à l'étage supérieur, il lui fallut grimper pour y accéder. Il confondit un python avec une corde épaisse, s'y accrocha pour monter et se glissa dans la chambre de sa femme. Après avoir surmonté tous ces obstacles, il s'attendait à voir sa femme se réjouir. Mais elle fut au contraire remplie de honte en voyant la force de son attachement insensé pour elle. Elle lui dit : « Si tu avais tourné vers Dieu le désir que tu as pour moi, tu aurais réalisé Dieu depuis longtemps. »

Ces paroles furent un choc pour Tulsidas, un coup porté à son ego, et il éprouva à son tour une grande honte en voyant la stupidité et la folie de son attachement pour elle. Il sentit le poids que constitue un tel attachement. Alors son être entier, chaque cellule, chaque atome de son corps, chaque battement de son cœur, chacune de ses respirations et chaque pore de sa peau se tourna vers l'intérieur. À l'instant même, il comprit quelle lourde charge

---

[1] Tulsidas écrivit le Ramacharita Manas, une autre version de l'épopée du Ramayana, rédigée au départ par le sage Valmiki.

représentait cet attachement porté au nom de l'amour. Son cœur, le temps d'un battement, marqua une pause pour s'en libérer, et fut ensuite rempli de pur amour pour Dieu. Il décida sur-le-champ de mourir à la conscience du corps et de vivre dans la conscience de Dieu. Il quitta sa femme et sa maison pour mener la vie d'un ascète errant. Il devint plus tard célèbre sous le nom de Tulsidas. »

Au bout de quelques minutes, Amma reprit : « La prise de conscience foudroyante qui s'est produite chez bien des grandes âmes peut se produire en vous. Chacun d'entre nous se prépare au stade final où l'on abandonne tout attachement au monde, tout ego. Nous y parviendrons immanquablement, car c'est le stade final de l'évolution. Impossible d'y échapper. Consciemment ou inconsciemment, vous tentez peut-être aujourd'hui de vous dérober, mais tôt ou tard, vous lâcherez prise, vous lâcherez tout, possessions, richesses, corps, tout ce que vous affirmez vôtre. Vous pensez qu'il vous reste un temps infini à vivre. Mais même si vous l'ignorez, la conscience du contraire ne cesse de grandir en vous. Le destin ultime de toutes les âmes est d'abandonner ce qui constitue un obstacle à la paix et au contentement. Le moment venu, l'ego tombe de lui-même et votre lutte cesse. Vous ne pro-testez pas, vous ne vous arrêtez pas un instant pour réfléchir si vous devez ou non tout lâcher. Vous vous inclinez et vous vous abandonnez. Au plus profond d'elle-même, toute âme attend l'heure de ce grand lâcher prise. La plupart des gens ne ressentent aujourd'hui rien de tel, mais c'est que leur niveau de conscience est très bas ; ce désir impérieux se manifestera un jour. »

Un *brahmachari* demanda : « Amma, tu as dit que le monde n'offrait aucun lieu où apprendre à mourir. Est-il possible d'apprendre à mourir ? Peux-tu, s'il te plaît, donner quelques explications ? »

« Oui, mourir est un art qu'il s'agit d'apprendre et de pratiquer. Vous ne pouvez le pratiquer que si vous abandonnez l'ego. Vous ne pouvez l'apprendre qu'en vous adonnant à la méditation.

Comme la mort représente la menace suprême, comme elle est ce que nous craignons le plus et le plus grand coup porté à notre ego, les êtres humains s'efforcent à chaque instant de la dissimuler et d'oublier leur peur de la mort en courant après les plaisirs du monde. Pour éviter de songer à la mort, les gens veulent jouir et profiter de la vie en créant et en satisfaisant des désirs.

Mes enfants, chaque anniversaire nous rapproche de la mort. C'est aussi un jour de mort. L'anniversaire de notre naissance vient nous rappeler ce jour fatal et la réalité même de la mort. Mais nous ne voulons pas y songer. Nous célébrons donc ce jour comme un jour de naissance. Nous préparons une grande fête, invitons des amis et des parents pour chanter : « Joyeux anniversaire ».

Nous ne pensons qu'à la vie. Nous ne voulons jamais songer à la mort, car nous avons le sentiment que la mort est l'anéantissement complet, la destruction totale et la dissolution de tout ce que nous considérons être nous-mêmes. Nous ne voulons pas songer à cette dissolution. La mort ne cesse pas, néanmoins, de se rappeler à nous, et plus nous nous efforçons de l'oublier, plus elle se fait insistante. À mesure que croît la fréquence avec laquelle le souvenir de la mort, de son heure incertaine, se lève en nous, grandit aussi notre peur. Cette peur nous ôte notre paix intérieure. Lorsque nous prenons conscience du caractère inévitable de notre propre mort, nous éprouvons le besoin urgent de chercher la paix intérieure, le véritable bonheur. C'est pourquoi, pour trouver un bonheur, un contentement réels, il nous faut apprendre à mourir. Mais malheureusement, nous ignorons comment mourir en paix.

Partout dans le monde, les gens meurent dans une grande souffrance, dans le chagrin et la douleur. La mort est l'une des souffrances les plus insupportables. Personne ne souhaite souffrir ;

les gens craignent donc la mort. Ils s'agrippent à ce monde magnifique, à leur corps, à leurs richesses, à leurs amis et à leurs parents, à leur maison, etc. L'idée que la mort les leur arrachera, qu'elle anéantira tout, leur est très douloureuse. Ils meurent donc dans la souffrance et le chagrin, car ils ne sont pas prêts à abandonner ces objets. Ils veulent s'accrocher à la vie, et ce désir suscite en eux une grande lutte intérieure. Ce combat engendre de grandes souffrances au moment de la mort, car les gens refusent de rien lâcher. Beaucoup de gens sont inconscients au moment de la mort, mais à l'intérieur, pendant l'agonie, se déroule un combat, une lutte, une bataille désespérée.

Mes enfants, ne laissez pas la mort vous surprendre inconscients. Apprenez à mourir consciemment. Si vous apprenez à mourir en pleine conscience, vous pourrez décider qui vous serez dans votre prochaine vie, où, quand, et comment. Ou bien, si vous souhaitez ne pas revenir en ce monde, c'est également possible.

Amma a entendu parler d'un *Mahatma* qui mourut empoisonné. Il accepta le poison en souriant et écouta avec attention les instructions données par le responsable de la prison sur la façon de boire le poison. Ses mains ne tremblaient pas. Face à la mort, il n'éprouvait ni angoisse ni peur. Calme et détendu, il absorba le poison en disant une prière. Tandis qu'il était allongé, attendant la mort, il décrivit même les effets du poison dans son corps. Il mourut en pleine conscience et non inconscient. C'est ainsi que l'on meurt vraiment. La mort réelle consiste à regarder en témoin la mort du corps. Pour une telle personne, la mort fut une expérience authentique. L'être humain est conscience, il doit donc apprendre à mourir et à vivre en pleine conscience. »

Les paroles d'Amma au sujet de la mort consciente nous rappellent l'épisode au cours duquel, en plein *Devi Bhava*, Sugunanandan, le père d'Amma, demanda à Devi de quitter le corps de sa fille. Comme de nombreux villageois, il ignorait tout, à l'époque, de l'unité entre Amma et l'Absolu. Ils la croyaient possédée par Krishna et par Devi trois fois par semaine, pendant les *Bhavas darshan*, et folle le reste du temps. « Je veux récupérer ma fille ! » cria-t-il à Amma pendant un *Devi Bhava*. Amma répondit : « Si Je te rends ta fille, elle ne sera qu'un cadavre qui se décomposera bientôt et il te faudra l'enterrer ! » Sugunanandan continua à réclamer le retour de sa fille et Amma dit : « S'il en est ainsi, voilà ta fille. Prends-la ! » À l'instant même, la Mère divine s'effondra. Son corps devint raide, son cœur cessa de battre et on ne décelait plus aucune respiration. Plein de remords, Sugunanandan implora la Mère divine de rendre la vie à sa fille. Les dévots venus pour le *darshan* étaient éperdus de chagrin et priaient avec ferveur. Huit heures s'écoulèrent avant qu'un léger mouvement ne se produise dans son corps et qu'elle revienne à la vie.

Voilà l'exemple, donné par Amma elle-même, d'une mort consciente et d'un retour conscient dans le corps. Une fois que vous avez appris à mourir, vous pouvez choisir votre naissance et votre mort. C'est parfaitement en votre pouvoir.

« Mes enfants, apprenez à mourir dans la béatitude. De la même manière que vous célébrez l'anniversaire de votre naissance, que la mort et le processus de la mort deviennent un moment de fête et de béatitude. Apprendre à mourir dans la béatitude, c'est méditer. Cela ne peut se produire qu'à une condition : cessez de vous agripper aux objets de ce monde tant que vous êtes encore en vie. Grâce à la méditation, vous pouvez vous entraîner à ne plus vous y cramponner, à ne plus vous en saisir. Votre vie entière devrait être une préparation à une mort heureuse, car il n'est pas possible de mener une vie joyeuse sans apprendre à accueillir la mort de bon gré, avec joie. Vous découvrirez alors que la mort, comme la vie, est une vérité, et que loin de vous anéantir complètement, elle vous libère de l'emprise de l'ego.

Mes enfants, apprenez à accepter la mort, à lui faire bon accueil, à lui souhaiter le bonjour. Soyez aimables avec la mort, et elle deviendra votre amie. Une fois que vous aurez appris à accueillir la mort, toutes vos peurs disparaîtront et vous pourrez vivre en goûtant une paix véritable.

Le moment qui vient ne nous appartient pas. Seul le présent est nôtre. La vraie vie consiste à vivre dans le présent en lâchant le passé et en oubliant le futur. Nous ignorons si l'instant qui vient nous trouvera encore en vie. Il se peut que nous expirions pour ne plus jamais inspirer. Qui sait si nous nous réveillerons demain matin ? Les grands saints et les sages, tous, ont vécu dans l'instant présent. Jamais ils ne faisaient de projets pour l'avenir.

Seule une personne qui vit dans l'instant présent ignore la peur. Seul un tel être peut étreindre la mort et rester en paix. L'unique moyen de réussir à vivre ainsi est de s'adonner à la méditation et aux pratiques spirituelles. Tant que l'ego subsiste, la peur de la mort persiste. Une fois l'ego transcendé, on devient sans ego et la peur de la mort, elle aussi, disparaît. Pour un être parvenu à cet état, la mort est un moment de fête. Pour celui qui vit dans l'instant, la mort n'est pas une expérience terrifiante ; elle devient au contraire une expérience remplie de paix et d'amour.

Lorsque vient la mort, nous sommes impuissants. Le souvenir constant de l'éventualité de la mort est la meilleure façon d'apprendre l'humilité. L'humilité est l'abandon de soi ; l'abandon de soi consiste à s'incliner devant l'existence entière. Il ne peut plus alors y avoir d'ego. Une fois que vous êtes sans ego, la mort n'existe plus. Une personne sans ego ne peut pas mourir, car elle n'est plus le corps. Elle est pure conscience. Seuls les êtres identifiés au corps meurent. »

Les paroles profondes d'Amma, exposant la nécessité de vivre dans l'instant présent, la façon de mourir et de transformer l'instant de la mort en une expérience grandiose, une expérience remplie de béatitude, nous rappellent la grande affirmation des Upanishads : « *eha atraiva* », ce qui signifie : « La réalisation du Soi est ici, maintenant, à l'instant même. »

Un dévot posa une autre question : « Amma, quelle est la meilleure façon de lâcher l'ego et d'étreindre la mort avec amour ? »

Amma répondit : « La confiance, simplement la confiance en l'existence du *Guru*. Seule la confiance en un Maître parfait peut vous aider à lâcher l'ego et les pensées égocentriques, vous permettant ainsi d'embrasser la mort avec amour. Que votre vie soit belle. La beauté qui imprègne votre vie se manifestera alors dans la beauté de votre mort. Mais cette beauté n'éclot que lorsque vous vous abandonnez à un Maître authentique. Vous abandonner à Lui revient à vous abandonner à l'existence tout entière.

Un Maître véritable vous enseigne à accepter tout ce qui survient dans votre vie. Il vous aide à éprouver de la gratitude pour le bon comme pour le mauvais, pour le juste et pour l'injuste, pour ceux qui vous font du mal et pour ceux qui vous aident, pour ceux qui vous mettent en cage et pour ceux qui vous délivrent. Le Maître vous aide à oublier les ténèbres du passé et les mille promesses scintillantes du futur. Il vous aide à vivre dans le moment présent, à vivre la vie dans sa plénitude. Il vous enseigne que la nature entière, tous les objets et tous les êtres, y compris votre ennemi, vous aident à évoluer pour atteindre la perfection.

Celui qui est toujours reconnaissant abandonne tout pour accueillir la mort, un sourire radieux aux lèvres. Pour lui, la mort est magnifique ; loin d'être un ennemi redoutable, elle devient au contraire son meilleur ami.

Il est impossible de connaître la mort sans connaître la vie. Pour celui qui n'a pas véritablement découvert la vie, qui n'a pas vécu la vie dans sa plénitude, la mort est sombre ; elle signifie la fin. Mais pour celui qui a découvert l'essence de la vie, la mort est le cœur même de l'existence. La vie s'épanouit dans la mort. C'est pourquoi de grands Maîtres, bien que leurs corps fussent plongés dans la souffrance, purent mourir le visage illuminé d'un sourire radieux, plein de béatitude. Ils étreignaient la vie avec un cœur débordant d'amour. Ils embrassaient la vie entière, toutes les expériences, bonnes ou mauvaises, et purent donc aussi embrasser la mort.

Cet art de mourir ne s'apprend qu'en s'abandonnant à un vrai Maître. Le Maître vous aide, il aide votre ego à mourir en lui et il vous aide donc à vivre.

Nous ne sommes sûrs ni du futur, ni de l'instant qui vient. La mort seule est garantie, dans le futur ou un moment. L'instant présent vous appartient ; le suivant pourrait bien, qui sait, amener la mort. Vivez donc bien le moment présent. Lui seul est certain. Et le prochain est issu de celui-ci. »

À vingt-deux heures quarante-cinq, Amma demanda à tous de méditer quelques minutes avant de se lever. Puis elle regagna sa chambre, suivie de Gayatri et de Kunjumol. Les *brahmacharis*, les autres résidents et les visiteurs restèrent assis et méditèrent pendant environ un quart d'heure, dans une atmosphère remplie de béatitude. Sous l'effet des paroles profondes d'Amma, les âmes plongèrent au plus intime d'elles-mêmes. Puis, peu à peu, les gens se levèrent et se dispersèrent, à l'exception de quelques personnes qui continuèrent à méditer devant le temple.

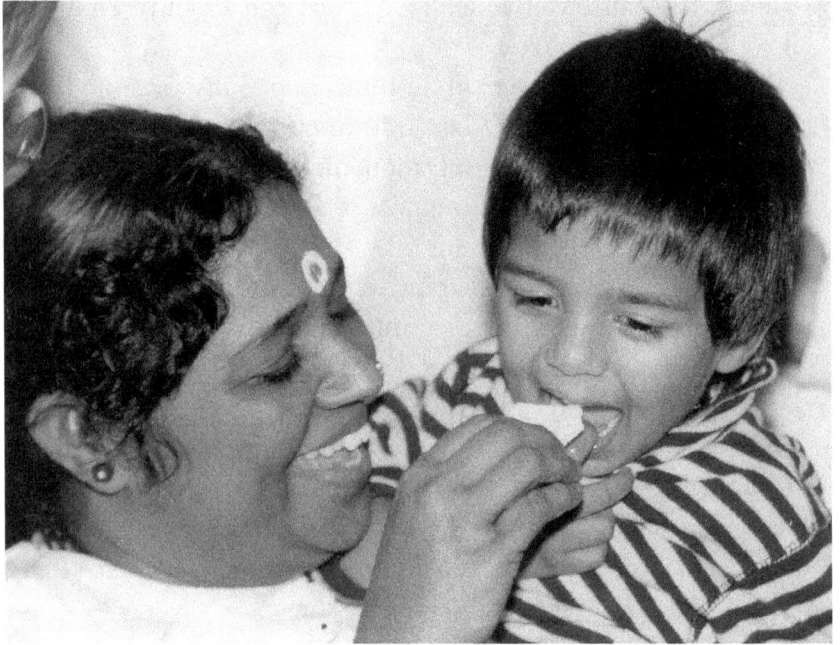

CHAPITRE 2

Aveuglé par l'ego

Jeudi 19 juillet 1984

La renommée de la Mère divine et de son ashram grandissant, un nombre croissant de chercheurs venait recevoir son *darshan*, certains d'entre eux appartenant à des institutions spirituelles bien établies. Parmi les visiteurs, quelques-uns donnaient au passage des leçons aux résidents, comme si Amma les avait fait venir dans ce seul but. Ce jour-là arriva un visiteur dont le comportement et l'attitude s'avérèrent inhabituels pour un chercheur spirituel. Il s'agissait d'un *sannyasin*[2] appartenant à un autre groupe spirituel. Il était venu informer Amma d'une campagne entreprise par son institution afin de rassembler des fonds, en vue de construire

---

[2] Un *brahmachari* est celui qui a fait vœu de chasteté et mène une vie vouée à l'étude des Écritures, aux austérités et aux pratiques spirituelles tout en servant le *guru*. Il construit ainsi les fondations de sa vie spirituelle. Il se peut qu'il reste toute sa vie un *brahmachari*, qu'il se marie ou bien qu'il renonce définitivement à tout en devenant un *sannyasi*, lorsqu'il aura atteint le niveau de détachement requis. Le *brahmachari* porte une robe jaune qui lui rappelle la nature périssable du corps, qui devient jaune lorsque la force de vie l'abandonne. Un *sannyasi* prononce des vœux définitifs de renoncement et de chasteté ; il cultive l'attitude de l'unité avec *Brahman*, la Réalité absolue qui sous-tend l'existence des phénomènes dans le temps et dans l'espace.

un complexe éducatif. Parti de Kanya Kumari, la pointe sud de l'Inde, le groupe de chercheurs spirituels avait déjà entamé sa marche et se dirigeait vers le nord. Au passage, ils désiraient recevoir le *darshan* d'Amma et obtenir sa bénédiction pour le succès de leur campagne. Les manières du swami envoyé pour organiser l'hébergement et les repas produisirent une impression désagréable. Son comportement, sa façon de parler, dénotaient l'orgueil ; il ne fit montre ni de politesse ni d'humilité.

Les résidents de l'ashram pensèrent d'abord que sa vanité n'était pas réelle, que l'imperfection de leur perception le faisait paraître vaniteux à leurs yeux. Mais les paroles et les manières du visiteur démontrèrent peu à peu qu'il était véritablement imbu de son importance. Il exigea beaucoup des résidents de l'ashram et se montra condescendant envers les *brahmacharis* qui s'efforçaient de le servir[3]. Comme il avait prévu de passer la nuit à l'ashram, il demanda une chambre où il pourrait être seul. Mais il n'existait à l'Ashram que quelques huttes n'offrant qu'un confort minimum. Les résidents firent de leur mieux et mirent la hutte la plus agréable à sa disposition.

Voyant la simplicité de l'hébergement offert, le swami se plaignit et s'exclama : « Comment ! Je suis censé dormir dans cette hutte humide ? Je ne peux pas habiter ici ! » Et il sortit précipitamment.

---

[3] À l'époque, la chambre d'Amma était en construction. Elle avait jusqu'alors vécu en plein air, sous les arbres, ou bien dans une hutte en feuilles de cocotier tressées. Le nombre des visiteurs allant croissant, les dévots eurent le sentiment qu'il lui fallait un lieu où se retirer ; ils construisirent une maison en briques dont le rez-de-chaussée servait de salle de méditation aux *brahmacharis*, l'étage comportant une entrée, une chambre et une salle de bains, étant réservé à l'usage d'Amma. Pendant de nombreuses années, ce fut la seule construction en briques; le reste des logements étaient des huttes en feuilles de cocotier tressé. Même lorsque la maison fut terminée, Amma ne vint pas y vivre. Pendant environ un an, elle ne s'en servit que de temps en temps ; puis elle s'y installa de façon permanente.

Les résidents furent extrêmement choqués par son attitude. Comment un être ayant consacré sa vie à la quête de Dieu pouvait-il se comporter ainsi ? On leur enseignait à ne pas se soucier de choses aussi triviales que l'endroit où ils dormaient. Ils étaient de plus dans l'embarras. Où loger le visiteur ? Il n'y avait pas, à l'ashram, de « chambre confortable » ; en fait il n'y avait pas de chambre, rien que des huttes. Résidents et visiteurs dormaient sur de simples nattes de paille, à même le sol, et les *brahmacharis* étaient souvent contraints de laisser leurs huttes et même leurs nattes à des visiteurs pour dormir dehors, sur le sable. Ils étaient donc stupéfaits de voir un aspirant spirituel, surtout un *sannyasin*, se montrer aussi exigeant.

Avec la permission des parents d'Amma, ils arrangèrent enfin une petite pièce de leur maison et y installèrent un lit. Mais cette chambre, elle non plus, ne satisfit pas le swami. Lorsqu'il la vit, son visage s'allongea. Il quitta la pièce en maugréant et alla droit à la hutte où Amma donnait le *darshan*.

Amma était assise par terre, sur une natte. On étendit vite une autre natte pour le swami, afin qu'il puisse s'asseoir en face d'Amma. Le swami ne montra envers elle aucun respect, aucune révérence ; il ne se prosterna pas devant elle et ne la salua pas, comme c'est l'usage pour un chercheur spirituel lorsqu'il rencontre un Maître. Comme d'habitude, le visage d'Amma rayonnait d'un magnifique sourire. Les résidents de l'Ashram qui s'étaient efforcés de trouver une chambre pour le swami étaient curieux de voir comment une personne aussi égocentrique allait s'adresser à Amma. Ils se rendirent à la hutte et se tinrent dans l'encadrement des portes latérales et de celle du fond, pour écouter la conversation.

Arborant une mine importante, le swami dit : « Je représente un groupe de *sannyasis* qui entreprend une marche pour récolter des fonds. Je suis venu à l'avance vous informer de leur arrivée, d'ici quelques jours. Tout le groupe souhaite camper ici pendant une journée. Nous avons besoin d'une bonne nourriture et de logement confortable. »

« Mon fils, » répondit Amma, « tu as exprimé le désir des enfants de ton groupe de rester une journée et de prendre leur nourriture à l'ashram. C'est parfait. Amma n'est que trop heureuse de vous servir. Mais il ne vous sied pas d'exiger le confort ou une bonne nourriture. Celui qui cherche la vérité ne devrait rien réclamer. Un chercheur spirituel est celui qui a tout abandonné à Dieu. Il ne devrait attendre aucun privilège, aucun traitement de faveur. Tu devrais considérer ce voyage comme une occasion d'apprendre le renoncement. Le plaisir et le confort ne devraient pas en être le but. »

« Je ne suis pas d'accord avec l'idée que le confort et le plaisir sont interdits aux chercheurs spirituels, » répliqua-t-il.

« Si ton but est de réaliser Dieu, un mode de vie dénué de discipline est tout à fait inadapté, » répondit Amma. « Le contrôle de soi est indispensable à un chercheur spirituel. Il est important d'étudier les règles et les principes de la vie spirituelle, mais à quoi sert d'étudier si l'on est incapable de mettre en pratique ce que l'on a appris ? Pour que les mots prennent vie, une pratique constante est nécessaire. Si vous êtes égocentrique et accordez de l'importance à vos propres besoins, comment pouvez-vous servir ? Servir autrui de façon désintéressée requiert une attitude d'abandon de soi et de renoncement. Alors, alors seulement, chacune de tes actions deviendra un acte d'adoration. »

« Es-tu toi-même une personne ayant renoncé à tout ? » demanda-t-il à Amma.

Cette remarque acheva de rendre furieux les *brahmacharis* et les dévots, qui supportaient déjà difficilement le swami. Mais comme ils étaient en présence d'Amma, ils parvinrent à se contrôler et n'esquissèrent pas un geste, n'émirent pas une parole de protestation.

Amma rit de bon cœur en entendant sa question et dit : « Amma ne se proclame pas *sannyasi*, elle ne porte pas non plus de vêtements spéciaux. Amma ne revendique rien. Peu lui importe qu'on l'accepte ou qu'on la rejette, qu'on la respecte ou non. Mais tu réclames le respect et la reconnaissance d'autrui. Tu portes des vêtements ocre et te dis *sannyasi*. C'est pourquoi Amma te parle de cette façon. Tu devrais être un exemple pour les autres. Tu peux bien demander si Amma a ou non renoncé à tout, mais cela ne résout pas ton problème. Ce à quoi Amma a ou n'a pas renoncé n'a aucun rapport avec toi. Tu ne bénéficieras de ta vie spirituelle qu'à condition de changer, et si tu changes, les autres en profiteront alors également. »

Le swami ne fit pas de commentaire ; Amma raconta une histoire : « Il était une fois un vieil homme qui faisait le bilan de sa vie. Assis au café avec ses amis, il leur raconta son histoire. « Quand j'étais jeune, j'étais orgueilleux et je croyais avoir tout compris. J'avais le sentiment qu'il était en mon pouvoir de tout changer et je voulais transformer les êtres. Je priais Dieu de me donner la force de changer le monde. Les années passant, je m'éveillai un matin et pris conscience que la moitié de ma vie s'était déjà écoulée. Je n'avais rien accompli et je n'avais changé personne. Je priai donc Dieu de me donner la force de changer mes proches, car ils en avaient bien besoin. Mais maintenant que je suis vieux, ma prière est très simple : « Mon Dieu, donne-moi je T'en prie la force de me changer au moins moi-même. »

Tout le monde éclata de rire, excepté le swami qui pâlit, plus agité que jamais. Après une brève pause, Amma reprit : « Ne tentez pas de changer le monde ou autrui tant que vous n'êtes pas capables de vous changer vous-même. Si vous essayez de changer autrui sans modifier votre propre attitude, cela n'aura aucun effet. Mon fils, si tu portes ce vêtement orange, ce n'est pas pour rehausser ta personnalité ou pour t'embellir. Cette couleur devrait sans cesse te rappeler le but suprême de la vie humaine. Il ne s'agit pas de gonfler ton ego, mais de t'aider à devenir sans ego. Tu es fier d'être un *sannyasi*, mais le mot même de *sannyasa* signifie renoncer, abandonner l'illusion de la vanité et de l'égocentrisme. Efforce-toi de respecter la robe ocre en étant humble. Essaye de contrôler ton mental un peu mieux. »

Le swami était obstiné. « Je n'approuve aucune de ces idées. Mais je ne veux pas non plus discuter avec toi. Maintenant, allez-vous oui ou non me trouver une chambre ? »

Amma sourit : « Bon, tu n'as pas compris. Amma ne te blâme pas. »

Elle appela ensuite le *brahmachari* Sri Koumar et lui donna l'ordre de préparer sa propre chambre pour le swami. Les autres résidents n'étaient pas d'accord et protestèrent, ne voulant pas que la chambre d'Amma soit souillée par la présence d'un être qu'ils tenaient pour l'orgueil incarné.

Pour consoler les *brahmacharis*, Amma leur dit : « Mes enfants, qu'importe s'il passe une nuit dans la chambre d'Amma ? Ou bien est-ce intolérable pour vos petits egos ? Après tout, c'est un messager. Il a été envoyé pour une bonne cause. Notre devoir est de bien le traiter. Qu'il parle ou se comporte de manière arrogante, cela ne devrait pas nous importer. Quoi qu'il arrive, nous devons nous en tenir aux règles de conduite appropriées à notre but spirituel. »

Bien que cette démonstration flagrante de l'égoïsme du swami ait dérangé tout le monde, Amma n'en fut pas le moins du monde importunée et ne perdit rien de sa sérénité. À contrecœur, quelques *brahmacharis* conduisirent le swami à la chambre d'Amma. Dès qu'il fut installé, il réclama le dîner. Conformément aux instructions d'Amma, les *brahmacharis* lui donnèrent ce qu'il voulait.

Le dîner terminé, il demanda que le petit déjeuner lui soit servi à sept heures précises et précisa même ce qu'il désirait.

Incapable de supporter plus longtemps cette attitude, un des *brahmacharis* protesta : « Swami, vous ne devriez pas oublier que vous représentez la tradition des grands saints, des sages de l'Inde. Vous devriez être pour nous un exemple d'humilité et de renoncement. Mais au contraire, vous faites étalage de votre ego et de votre fierté. »

Saisi d'étonnement, le swami ne répondit pas aussitôt. Mais il rassembla bientôt ses forces et répondit à l'attaque.

« Dis-donc, ne sais-tu pas à qui tu parles ? Ignores-tu comment te comporter devant un *sannyasi* ? Tu as besoin d'approfondir ta compréhension du *dharma*. Ton *guru* ne t'a-t-il rien enseigné ? Je suppose qu'aucun d'entre vous n'a étudié les Écritures. Dites à votre *Guru* qu'elle devrait prendre des dispositions pour vous permettre d'étudier. Vous avez besoin de quelqu'un comme moi pour vous initier à la connaissance des textes sacrés. »

Les *brahmacharis* ne purent garder plus longtemps le silence. « Swami, si l'étude des Écritures s'avère aussi nuisible pour nous qu'elle l'a été pour vous, nous aimerions mieux nous en passer. »

Le swami éleva la voix : « Vous moquez-vous de moi ? »

« Non, swami, nous ne nous moquons pas de vous, » répondit le *brahmachari*, « mais nous avons du mal à vous comprendre. Vous affirmez que nous devrions étudier les Écritures pour mieux comprendre le *dharma*. Vous proclamez les avoir étudiées, et cependant nous ne décelons aucune justesse dans vos actions. Vous ne mettez pas ces *acharas* (règles traditionnelles) en pratique et une telle attitude nous plonge dans la confusion. »

« Je suis au-delà des Écritures et des *acharas* », répliqua le swami.

Choqués et atterrés par tant de vanité, les *brahmacharis* restèrent sans voix. Comment le swami pouvait-il prétendre être au-delà des Écritures ? Après une longue pause, un des *brahma-charis* dit : « Swami, nous savons que vous avez un maître spirituel. Le considérez-vous comme un *Mahatma* et accordez-vous à ses paroles une valeur égale au contenu des Écritures ? »

« Oui, bien sûr, » répondit le swami, « il est mon *guru*, c'est un être éveillé. Je dois ajouter foi à ses paroles. »

Sans ajouter un mot, le *brahmachari* qui venait de parler se précipita hors de la pièce et revint quelques minutes plus tard, une lettre à la main. Il la tendit au swami en disant : « Auriez-vous la bonté de lire cette lettre ? Elle est de votre *guru*. »

Les résidents de l'Ashram espéraient que la lettre modifierait quelque peu l'attitude du swami, car il s'agissait d'une lettre de son *guru*, adressée à l'un des *brahmacharis*, dans laquelle il exprimait clairement sa grande admiration pour Amma et le grand respect qu'il lui portait. Le *guru* concluait sa lettre par cette phrase : « Tout est la *lila* d'Amma ; je me prosterne humblement à ses pieds. » Pleins d'espoir, les *brahmacharis* observaient le swami pendant qu'il lisait la lettre. Il pâlit, mais l'instant d'après, à la surprise générale, il releva la tête et dit : « Je suis même au-delà du *guru*. »

Quel choc ! Les *brahmacharis* étaient confondus. Abasourdis par la déclaration monstrueuse du swami, ils ne trouvèrent rien à dire et quittèrent la pièce en silence. Ils marchèrent lentement, en groupe, vers le temple où Amma donnait le *Devi Bhava darshan*. Le swami passa la soirée dans sa chambre et ne descendit pas pour le *darshan* d'Amma.

Vendredi 20 juillet 1984

Le lendemain matin, quand Amma arriva dans la hutte pour le *darshan*, le swami se fraya un chemin et demanda à lui parler. Amma sourit et, avec amour, étendit une natte sur le sol en l'invitant à s'asseoir. Arborant un air sévère, il prit place. Amma, assise à l'autre bout de la natte, lui faisait face. Tous étaient captivés par l'humilité d'Amma, par l'éclat divin dont elle rayonnait, sereine. Mais le swami était un dur à cuire. Comme pour défier l'immense présence d'Amma, il fit de nouveau étalage de son orgueil.

Le swami déclara : « Comme vous le savez, je fais partie d'une organisation spirituelle fort renommée. J'ai étudié le *vedanta* à la maison-mère de la mission. Une fois mes études terminées, j'ai été initié au *sannyasa* par mon *guru*. Depuis lors, j'ai voyagé pour enseigner le *vedanta*. Innombrables sont ceux qui ont été inspirés par mes discours sur la spiritualité. Bien des gens se tournent vers la spiritualité après avoir reçu mon enseignement. Pourtant ces garçons ne semblent pas m'avoir compris. Ils n'ont pas conscience de mon état spirituellement avancé et ne m'ont pas honoré comme il convient. »

Ces vantardises provoquèrent à la fois la stupéfaction et la colère des résidents. Un tel étalage d'orgueil et d'arrogance était inouï, surtout devant la Mère divine. Tous les regards se tournèrent vers Amma, mais son calme et sa sérénité rappelèrent aux résidents que leur devoir était de se taire.

Amma sourit au swami, comme si elle venait d'entendre le babil insensé d'un enfant fourvoyé. Avec beaucoup de douceur et de tendresse, elle répondit : « Mon fils, calme-toi. Détends-toi. Tu as étudié les Écritures et tu sais ce qu'est un être spirituel. Mais les saints et les sages qui furent la source des Védas et des Upanishads étaient totalement libres d'ego. Un être véritablement spirituel est dépourvu d'ego. Ces Maîtres n'ont jamais déclaré qu'ils étaient au-delà de tout. Ils n'ont jamais affirmé leur propre grandeur. Ils n'ont jamais réclamé qu'on les adore, qu'on les honore ou même qu'on les respecte. C'est à cause de leur grande humilité et de leur renoncement qu'aujourd'hui encore, leur mémoire est vivante et qu'ils sont adorés. Si tu cesses d'exiger avec insistance le respect et les honneurs, ils viendront à toi sans que tu les demandes. Tâche de faire montre d'humilité et de patience et tu verras les choses autour de toi changer. Essaye d'être simplement toi-même. Lorsque tu cesseras d'exiger, les autres se mettront à t'honorer et à t'adorer, même si tu n'en as cure, même si tu ne le veux pas. Mon fils, tu parles de façon si infantile. Les gens se moquent de toi. Ils te considèrent comme ignorant et immature. Ils n'accordent à tes paroles aucune attention, aucune importance. Ils te tiennent pour un sot. L'arrogance et la vanité dont tu fais montre discréditent ton *Guru* et l'organisation à laquelle tu appartiens, leur créant une mauvaise réputation. Tu es le miroir dans lequel devrait se refléter la grandeur de ton *Guru* et de cette organisation. Que tes paroles et tes actes ajoutent à la gloire et à la splendeur de ton *Guru* et du travail qu'il accomplit.

Sois pareil à un enfant. Alors tu pourras apprendre et grandir. Le sentiment d'être adulte, d'être grand, ne t'aidera pas à apprendre. Un enfant peut grandir sur les plans émotionnels et intellectuels parce qu'il n'a pas d'ego pour protester et créer des blocages. La connaissance pénètre en lui sans rencontrer d'obstacle. Mais dès que se profile l'ego de l'adulte, le sentiment du « moi » et du « mien » apparaît et entrave toute possibilité de croissance intérieure.

Mon fils, tu déclares que tu appartiens à une grande organisation spirituelle. Mais la grandeur ne réside pas dans la taille ou dans le nombre. Une organisation spirituelle peut être vaste, mais sa véritable grandeur est dans l'humilité, la patience et le renoncement de ses représentants. Quelle que soit l'institution dont on fait partie, spirituelle ou autre, on devrait être humble et prêt à s'adapter. C'est la condition *sine qua non* d'une croissance réelle.

Aucun être n'est adulte à la naissance. Avant d'atteindre la maturité, le nouveau-né doit passer par l'enfance. C'est là une croissance saine. Un organisme quel qu'il soit, plante ou animal, institution ou pays, doit traverser différents stades de croissance. Il possède un passé, un présent et un futur parce que tout existe dans le temps. Il importe donc peu que l'institution à laquelle tu appartiens soit vaste ou ancienne. Ce qui compte, c'est que ses représentants pratiquent son enseignement, surtout s'il s'agit d'un chercheur spirituel ayant étudié les Écritures. Mon fils, n'as-tu pas mentionné que tu les avais étudiées ? Efforce-toi donc d'être un exemple pour ces garçons. Que ta patience, ton humilité et ton renoncement soient pour eux une source d'inspiration. Ils pourraient bien, sinon, développer de l'aversion envers l'étude des Écritures. Ce ne sont que des débutants. Si tu n'as pas d'ego, ils t'accepteront et t'admireront ; ils seront inspirés par ton exemple et s'efforceront de le suivre. »

Le swami répliqua : « Je suis au-delà des règles et prescriptions ; je suis même au-delà des Écritures et je ne suis certainement pas venu ici pour donner un exemple à ces débutants. »

L'expression sévère de son visage n'avait pas changé.

Amma reprit : « Fils, ceux qui ont tout transcendé n'ont rien à dire. Ils savent que cette expérience grandiose est au-delà des mots. N'as-tu pas étudié ce grand principe ? Crois-tu que les Écritures ne soient que des mots, alignés il y a des siècles par des gens qui n'avaient rien de mieux à faire ? Si tu as vraiment foi en la Vérité dont ces *Mahatmas* firent l'expérience, si tu as vraiment foi en leurs paroles et souhaites rendre quelque peu justice à cette grande tradition spirituelle et à la robe orange que tu portes, essaye de mettre en pratique les principes qu'ils ont exposés.

Amma essaye d'élever ces enfants ; ils devraient pouvoir prendre de personnes telles que toi des leçons de patience, d'humilité et de renoncement. Mais tes paroles et tes actes ont au contraire semé la confusion dans leur esprit. Quand tu seras parti, ils assailliront Amma de questions et de doutes. Hier soir déjà, ils demandaient : « Comment un swami peut-il insister autant pour obtenir une bonne nourriture et un logement confortable ? Comment peut-il dormir dans la chambre d'Amma, sachant que c'est la sienne ? Nous n'avons jamais imaginé qu'un chercheur spirituel puisse se comporter ainsi. Nous éprouvons une grande réticence à étudier les Écritures si cela doit créer en nous un ego aussi puissant que chez ce swami. » Amma a réussi à les consoler en leur disant de ne pas considérer les défauts d'autrui car ce serait un obstacle à leur progrès spirituel. Elle leur a dit aussi : « Pourquoi voulez-vous juger une lignée spirituelle entière sur l'examen des défauts d'une seule personne ? S'il agit de façon étrange, c'est sa faute. Comment pouvez-vous en rejeter le blâme sur les saints et les sages, qui sont sans reproche ? Pourquoi incriminer l'ensemble de la profession médicale à cause de l'ordonnance erronée d'un seul docteur ? »

Après un bref silence, Amma reprit : « Mon fils, tu peux agir à ta guise, mais sais-tu le mal que causent tes paroles et tes actes ? Tu as tes théories et tes idées personnelles, fort bien. Garde-les, si tu y es attaché, mais pourquoi créer la confusion chez autrui en répandant de telles croyances ? C'est un grave péché pour lequel il te faudra payer un jour ou l'autre. Amma enseigne aux enfants *tyaga*, non *bhoga* ; renoncer aux désirs et non les assouvir à tout prix, tel est l'enseignement qu'ils reçoivent. »

Le silence se fit dans la hutte. Aucune émotion ne transparaissait chez le swami. Tous regardaient et écoutaient avec attention. Lorsque le visiteur parla enfin, ses paroles eurent l'effet d'un coup de tonnerre : « Tu m'as plusieurs fois appelé « Mon fils ». Je devrais peut-être t'appeler « Ma fille » ? »

L'insolence du swami passait la mesure et l'un des résidents, incapable de se contenir plus longtemps, se mit à protester. Mais Amma l'arrêta d'un geste de la main. Elle se tourna aussitôt vers le dévot et lui dit : « Qu'y a-t-il ? Amma ne veut aucune intervention. Que tout le monde se taise jusqu'à la fin de la conversation. Si vous en êtes incapables, sortez de la hutte. »

Si le swami avait eu des yeux pour voir et le cœur sensible, il lui aurait suffi de l'observer pour comprendre sa grandeur. Sa patience inépuisable, sa profonde humilité, dépourvue de tout ego, signes infaillibles d'un état spirituel élevé, se révélaient dans chacun de ses actes, dans chacune de ses paroles. Mais le swami était trop fermé, trop aveugle. Son attitude orgueilleuse est l'illustration d'un verset célèbre de la Bhagavad Gita :

« *Les sots Me méprisent à cause de la forme humaine que J'ai revêtue ignorant Ma nature supérieure de Seigneur de tous les êtres.* »

(IX-1)

Se tournant vers lui, Amma répondit en souriant : « Amma n'a jamais demandé à quiconque de l'appeler « Mère ». Elle n'a jamais réclamé cela. Mais tout le monde l'appelle « Amma » et elle répond en disant « Mes enfants ». Amma ne s'est jamais souciée du nom que les gens lui donnent. Les dévots et les chercheurs spirituels l'appellent « Amma ». Certains la désignent par le nom que lui ont donné ses parents. Des athées et d'autres personnes hostiles emploient des expressions peu flatteuses ou insolentes. Cela ne perturbe en rien Amma. Les gens voient les choses selon leurs *vasanas*. La sœur de l'un est aussi la fille de l'autre et la cousine, la tante ou l'amie d'autres personnes encore. Combien de naissances, de corps, de ventres, combien de noms et de formes avons nous connus avant d'arriver à notre vie actuelle ? Combien de fois et pour combien de gens avons-nous été père, mère, frère, sœur, parent et ami ? Ne t'inquiète donc pas, mon fils, cela n'a aucune importance. Le corps change ; il n'est pas réel. Désigne-le par le nom qui te plaît. *Cela* (se désignant du doigt) n'en a cure. »

Le *bhava* d'Amma semblait différent et elle se mit à parler du point de vue d'un être uni à l'Infini. « *Cela* est venu de l'inconditionnel. » Elle se désigna de nouveau du doigt. « *Cela*

41

était sans corps. *Cela* a assumé un corps et se manifeste à travers lui. Certains l'appellent Amma, d'autres Sudhamani, d'autres encore Amritanandamayi et bien d'autres noms encore. Mais *cela* demeure identique, inchangé, non-affecté. Nul ne peut percer le mystère de cet Être. » Le swami parut touché par la puissance de ces paroles et par l'humeur exaltée d'Amma. Il pâlit, incapable de parler. La force des mots d'Amma et la profondeur de sa déclaration, venant des hauteurs spirituelles inimaginables dans lesquelles elle demeure, le laissèrent sans voix.

Il fit de son mieux pour cacher son étonnement ; mais en quelques minutes, il était redevenu lui-même et avait retrouvé son arrogance. Il s'efforça de rattraper la bévue qu'il avait commise en proposant d'appeler Amma « ma fille ». Sa voix était sourde et faible : « Peu importe le nom que tu me donnes. Pourquoi m'en soucierais-je ? Je suis *Brahman*. »

Cette déclaration ridicule provoqua un éclat de rire général. Chacun se rappelait les paroles d'Amma : « Les êtres égocentriques se comportent parfois comme des sots. »

En réponse à cette déclaration, Amma se contenta de dire : « Un chien fou est aussi *Brahman*, mais possède-t-il le moindre discernement ? » Puis elle ferma les yeux et resta profondément absorbée pendant quelque temps. Lorsqu'elle revint à la conscience ordinaire, le swami, comme s'il ne s'était rien passé, dit de nouveau : « Bien, pouvez-vous fournir nourriture et logement aux *sannyasis* et aux *brahmacharis* qui passeront par ici au cours de leur marche ? »

Amma répondit en riant : « Mon fils, ta demande a déjà été acceptée ; mais ton devoir est de délivrer ton message de façon adéquate et appropriée. Tu peux employer le ton que tu veux avec Amma ; elle est prête à pardonner et à oublier. Mais tu ne peux agir de même avec tout le monde. Les gens et les organisations attachent une grande importance aux règles et aux règlements. Tu ne peux parler ni agir à ta guise dans un commissariat de police. Il existe des lois et des usages. Tu dois te comporter de façon correcte et adéquate devant un gradé ou devant un juge à la cour. Cela s'applique aussi au comportement dans un temple ou dans une église. Il te faut respecter les règles et les lignes de conduite en usage dans ces endroits. Tu ne peux agir à ta guise. L'institution dont tu viens a elle aussi des règles et des règlements, n'est-ce pas ? Tu les respectes, non ? Ignores-tu que chaque endroit possède son propre *dharma* ? Tout objet a sa nature. Comment peux-tu exiger qu'un lieu ou tout autre objet change de nature, qu'il dévie de son *dharma* ? Est-il juste de réclamer qu'un endroit modifie son cours naturel, simplement parce que toi ou un autre n'apprécie pas la manière dont il fonctionne ? Tu ne peux pas demander à un commissariat de police de ressembler à la place du marché, ou à un temple d'avoir les allures d'un bar. Tu ne peux pas exiger qu'un *ashram* soit un hôtel quatre étoiles. Chaque endroit possède son propre mode de fonctionnement, qui est sa nature, son *samskara*. S'il change de nature, alors il devient autre chose.

Ce lieu est un *ashram* et fonctionne de façon adéquate. Amma est très heureuse de recevoir et de nourrir ceux qui y viennent. Elle invite cordialement les participants à la campagne de rassemblement des fonds à s'arrêter à l'ashram et à y prendre leur repas. Tu nous as annoncé leur arrivée et Amma se réjouit d'avoir été prévenue. Mais, mon fils, tu es dans un *ashram*, non dans un hôtel ou un palace où l'on dispose de nourriture et de logements excellents ; cela n'est pas possible ici. La simplicité et l'humilité sont les buts d'un *ashram* et d'un véritable chercheur spirituel. Tu ne peux t'attendre à y trouver un menu incluant sept plats ou bien un hébergement luxueux. Si tu séjournes ici, tout sera simple. Il est incorrect d'exiger le confort d'un hôtel dans un *ashram*. Cela va à l'encontre du *dharma* d'un *ashram*. Un *ashram* est un lieu où vivent des chercheurs spirituels, des êtres qui s'efforcent de mener une vie de renoncement. Une personne avertie ne s'attendra pas à y trouver beaucoup de confort. Elle sait que le but premier d'un *ashram* est de nourrir l'âme. Satisfaire la faim du corps physique y constitue une préoccupation secondaire. »

« Je sais tout cela. Ne t'ai-je pas dit que j'ai étudié le Védanta pendant trois ans ? » remarqua le swami.

Le taquinant gentiment, Amma se mit à répéter ce qu'il disait : « Je sais… J'ai étudié le Védanta… Je suis grand… » Puis elle le sermonna : « Fils, ton « moi » est si gros, c'est cela ton problème. C'est le « moi » qui a tout étudié. Tu n'as fait que nourrir ton ego. Ainsi, le « moi », l'ego, n'a fait que croître et grandir, et le véritable « toi » n'a pu se développer. Quelle misère ! Tu as étudié les Écritures et maintenant, comme un perroquet, tu ne fais que les répéter sans comprendre leur véritable sens ni même le chercher. Mon fils, connais-tu l'histoire suivante ?

Un homme riche possédait une magnifique collection d'oiseaux, dont il était fier, et qu'il aimait montrer à ses hôtes. Un jour qu'il faisait visiter la volière à des amis, l'un d'eux remarqua : « Mais tu n'as pas de perroquet qui parle. » Dès que les invités furent partis, leur hôte se rendit dans une boutique d'animaux et demanda : « Avez-vous un perroquet qui parle ? » « Oui, bien sûr » répondit le marchand, et il lui montra un perroquet dans une cage. « Ce perroquet parle-t-il ? » demanda le client. Le perroquet lui-même répondit : « Cela ne fait aucun doute. » Transporté de joie, notre homme l'acheta, sans prêter attention au boutiquier qui tentait vainement de lui dire quelque chose.

Pressé de montrer sa nouvelle acquisition au visiteur qui avait souligné l'absence de perroquet dans sa collection, notre amateur invita de nouveau les mêmes amis. Voyant le perroquet, un des visiteurs demanda : « Ce perroquet parle-t-il ? » « Cela ne fait aucun doute. » répondit le perroquet. Étonné de cette réponse, un autre ami demanda : « Comment t'appelles-tu ? » Le perroquet dit : « Cela ne fait aucun doute. » À chaque question posée, le perroquet répondit encore et encore : « Cela ne fait aucun doute. » Comprenant que le perroquet ne connaissait que cette phrase, les visiteurs se mirent à taquiner le collectionneur. Agacé et en colère, il ouvrit la cage pour laisser partir le perroquet, en disant : « Quel sot je suis ! » Et tandis que le perroquet s'envolait, il dit : « Cela ne fait aucun doute. »

Tout le monde rit et le swami regarda à la ronde en demandant : « Vous moquez-vous de moi ? »

Il se tut, puis regarda Amma en demandant : « Est-il interdit aux *sannyasis* de profiter des plaisirs de la vie ? »

Amma éclata de rire : « Mon fils, c'est grâce au renoncement des *sannyasis* et à la simplicité de leur mode de vie que le reste du monde peut jouir des plaisirs matériels. L'existence même du monde dépend de l'énergie spirituelle générée par des *sadhaks* sincères grâce à leurs *tapas*.

Dans tous les domaines, les erreurs des uns sont rectifiées par d'autres. Cela permet au jeu de se poursuivre. C'est ainsi que la société fonctionne sans aboutir à une destruction totale. Le mal est toujours compensé par le bien, le vice par la vertu, les insultes par les louanges, la destruction par la création, la jouissance et l'attachement par le renoncement, l'abstinence et le détachement. Tandis que ceux qui vivent dans le monde gaspillent leur énergie dans les excès et la recherche du plaisir, les chercheurs spirituels conservent la leur en s'abstenant de tout abus et de tout attachement exagéré. D'un côté, les énergies sont dissipées, de l'autre, elles sont conservées. Économiser permet de dépenser. Comment être prodigue à moins de disposer d'économies ? Le *tapasvi*, le chercheur spirituel qui s'adonne à des austérités et conserve son énergie, devient peu à peu, grâce à ses pratiques spirituelles rigoureuses, une source inépuisable de pouvoir spirituel, une source inépuisable d'énergie. D'autre part, ceux qui jouissent des plaisirs du monde, nourrissant des désirs, des rêves et des espoirs sans fin, bâtissent des châteaux de cartes. Ils épuisent leur énergie et finissent par s'effondrer. Vers qui peuvent-ils se tourner ? Qui peut les aider à retrouver leur énergie et leur vitalité ? Leur seul soutien est un être spirituel qui a préservé une grande quantité d'énergie et peut se permettre de dépenser sans compter à partir de ses réserves infinies. Il garde son énergie pour le bien d'autrui, pour le bien du monde, et aide ceux qui sont dans la détresse. »

Amma reprit, après une courte pause : « Un *sannyasi* est celui qui, ayant renoncé à tout attachement, est rempli de béatitude en toutes circonstances. Il est au-delà de tout. Il est doté d'une immense patience, d'endurance, de persévérance et de la faculté de pardonner. Reposant dans son propre Soi, le temps ou l'espace ne l'affectent en rien, et il trouve le bonheur en lui-même. Il peut se trouver dans l'enfer le plus bas et cependant être heureux. Il peut vivre dans une forêt d'animaux sauvages et féroces sans que la béatitude le quitte.

N'as-tu pas étudié le Ramayana ? Rama renonça avec le sourire à son royaume entier, sans éprouver le moindre sentiment de haine ou de colère envers ceux qui avaient conspiré contre Lui. Lorsqu'ils quittèrent Ayodhya, Rama, Sita et Lakshmana durent passer la nuit à la belle étoile, sans abri. Mais Rama n'eut aucun mal à dormir sur le sol nu. Il fut même le seul à dormir à poings fermés. Lakshmana et Sita étaient si agités qu'ils ne purent fermer l'œil. Rama était un vrai *sannyasi*. Rappelle-toi qu'Il était prince et disposait avant son départ de tout le luxe imaginable. Mais Il n'eut aucune difficulté à renoncer aux plaisirs royaux et à accepter une situation fort déplaisante. En serais-tu capable ? Tu demandes si un *sannyasi* peut profiter de la vie. Bien sûr, pourquoi pas ? Mais possèdes-tu assez de maturité et de détachement pour être prêt, à tout instant, à renoncer à tout et à accepter ce qui peut arriver de façon inattendue ? S'il en est ainsi, libre à toi de savourer les plaisirs de la vie.

Mon fils, ce n'est pas la première fois qu'un *sannyasi* vient à l'ashram. Bien des *sannyasis* et des êtres spirituels sont venus ici. Les enfants ne manquent jamais de les servir et de pourvoir à leurs besoins. Ils sont heureux de servir les visiteurs et ils éprouvent un grand respect envers les *sannyasis*. Ils respectent la robe orange. Mais tes manières sont étranges et inouïes pour un *sannyasi*. Tu as semé la confusion dans leur esprit. Ce ne sont pas des âmes parfaites. Ils attendent de personnes comme toi qu'elles leur donnent l'exemple. Ils ont besoin d'indications et d'expériences qui les aident à croître intérieurement. Ton comportement étrange et tes paroles égoïstes les ont choqués. La robe ocre que tu portes devrait te rappeler de cultiver l'humilité et la patience dans chacun de tes actes, chacune de tes paroles. Tant que les gens ne verront pas en toi ces qualités, ils se contenteront de t'ignorer et de te considérer comme un être inapte à la voie spirituelle. »

Visiblement très agité, le swami ne disait mot. Amma ferma les yeux et resta quelque temps absorbée dans son monde intérieur. Honteux, le swami gardait la tête baissée et regardait par terre. Il levait cependant parfois légèrement la tête pour contempler le visage radieux d'Amma, peut-être attiré par la béatitude de son extase. Puis Amma ouvrit les yeux. Comme si elle comprenait ce que le swami ressentait, comme si elle était témoin de son combat intérieur avec l'ego, elle lui sourit avec bienveillance et reprit :

« Mon fils, lorsqu'une graine est devenue un grand arbre qui porte des fruits en abondance, elle n'a pas besoin de déclarer au monde : « Regardez-moi tous, regardez-moi ! Je suis un arbre magnifique, chargé de fruits. Venez, venez ! Reposez-vous à l'ombre de mon feuillage, savourez la brise fraîche qui souffle à travers ma frondaison, goûtez mes fruits délicieux ! » Sans aucune publicité, les gens accourront vers l'arbre pour profiter de l'ombre, jouir de la brise et savourer les fruits. Mais de même que la graine sort de son enveloppe, il te faut d'abord briser la dure coquille de l'ego. Comme la graine, afin de croître et de devenir un arbre, s'incline plus bas que le sol, si tu veux évoluer et devenir le Soi divin, tu dois t'incliner bien bas devant l'existence entière, dans une humilité absolue.

Prends l'exemple de la fleur. Lorsqu'elle est en bouton, la couleur enchanteresse de ses pétales et son doux parfum restent cachés ; nous n'en percevons rien. Mais ils sont à l'intérieur de la fleur, à l'état latent, et ne sont pas encore manifestés. Lorsque la fleur s'épanouit, la couleur des pétales est alors visible et son parfum se répand. De même, la divinité est en toi. Tu es le Divin sous une forme non manifestée. La beauté éternelle, le parfum du Divin, existent en puissance à l'intérieur de toi. Mais comme la fleur en bouton, ton cœur est à présent fermé, fermé par ta vaine superbe. C'est pourquoi tu n'as pas pris conscience de ton existence au sein de la Conscience divine. Grâce aux pratiques spirituelles, les pétales de ton cœur s'ouvriront un jour. C'est alors seulement que tu comprendras ton unité avec la Conscience suprême.

L'image d'une vache ne te procurera jamais de lait, le dessin d'une rivière n'étanchera jamais ta soif. De même, tu n'obtiendras jamais l'expérience de l'*Atman* par la seule lecture des Écritures. Les étudier revient à utiliser une carte pour t'orienter et chercher ton chemin. Il reste encore à voir si tu as bien compris les indications. Mal interprétées, elles peuvent t'induire en erreur. En réalité, en ce qui concerne le Védanta, la probabilité d'une mauvaise interprétation dépasse de beaucoup celle d'une compréhension correcte. L'étude du Védanta ne sert le plus souvent qu'à gonfler l'ego. Nul ne peut transcender les *Shrutis*, les Védas et les Upanishads, à moins que son ego n'ait été détruit. Le seul conseil que peut te donner Amma est de commencer à faire des pratiques spirituelles, en mettant de côté ta vanité de grand érudit. Sinon, tu gâches ta vie. À mesure que tu progresseras dans tes pratiques spirituelles, tu saisiras la véracité des paroles d'Amma.

Et un dernier point : Amma sait que tu n'as pas été initié en tant que *sannyasi*. Tu as revêtu cet habit ocre de ton propre chef. » Les paroles d'Amma frappèrent le swami comme la foudre. Il était visiblement trop choqué pour pouvoir parler et resta longtemps assis, sans prononcer un mot. Méditait-il sur les paroles d'Amma ? Se rendait-il compte du caractère insensé de son comportement devant elle et devant le reste de l'assistance ? Éprouvait-il de la honte ? Chacun attendait en silence la suite des événements. Sans un mot, le swami se leva et partit.

Les résidents de l'ashram ne le revirent jamais, mais il leur fut confirmé qu'il n'avait été initié qu'en tant que *brahmachari* et n'était pas réellement un *sannyasi (note2)*. Cette nouvelle ne surprit personne. Les résidents apprirent en outre qu'il avait cessé de voyager et de faire des discours pour se retirer dans un endroit solitaire et pratiquer une *sadhana*. Amma avait donc peut-être eu sur lui une influence plus grande qu'ils ne l'avaient crue. Bien que son orgueil inflexible les ait tous agacés, lorsqu'ils reçurent ces nouvelles, ils éprouvèrent de la sympathie pour lui.

Après le départ du swami, Amma s'adressa aux *brahmacharis* : « Mes enfants, ce fils était vraiment plein d'orgueil. Mais vous pouvez apprendre beaucoup de lui. Vous rappelant vos sentiments envers lui, efforcez-vous de ne jamais vous comporter avec suffisance. Plus tard, lorsque vous aurez étudié les Écritures et que les gens feront montre d'un grand respect envers vous, ne vous écartez jamais du chemin du renoncement et de l'humilité. Vous ne devriez jamais considérer autrui comme inférieur et exiger d'être servis et respectés. » Après une brève pause, Amma reprit : « Vos esprits sont agités, n'est-ce pas ? Trouvons d'abord le calme avant de discuter ou de faire quoi que ce soit d'autre. » Elle demanda ensuite au *brahmachari* Païï de chanter un *bhajan*. Il chanta

Verumoru pulkkodi

Mère, je ne suis qu'un simple brin d'herbe.
Sans Ta grâce, je ne suis rien.
Ô Toi, au teint doré,
Enveloppe-moi de Ta compassion.

Je ne suis qu'une forme constituée d'ego
Et de Ta puissante maya.
Mère, je T'en prie, délivre-moi de mes péchés
Et viens, viens dans mon cœur.

Ce chant remua profondément les cœurs. Écoutant les paroles avec attention, les *brahmacharis* méditèrent sur leur propre insignifiance : quoi qu'ils aient pu accomplir dans leur vie, ils le devaient à la grâce d'Amma. Amma ne chanta pas. Elle était assise, immobile, les yeux clos. Le chant fut suivi d'un long et profond silence, que personne ne souhaitait rompre. Quelques minutes s'écoulèrent, puis Amma ouvrit les yeux et sourit en regardant à la ronde. Son sourire enchanteur reflétait sa nature que rien n'affecte ni ne bouleverse. Comment Amma, établie à jamais dans le Soi divin, pourrait-elle être dérangée par quoi que ce soit ?

L'amour d'une mère

Samedi 21 juillet 1984

Le swami était parti la veille, mais sa visite était encore dans les esprits. Son comportement avait été si inoubliable qu'il s'était gravé dans les mémoires pour les mois et même les années à venir. Le *darshan* du jour était terminé et Amma était assise dans la cocoteraie, entourée des résidents et de quelques visiteurs. Un des *brahmacharis* saisit l'occasion pour poser une question au sujet du swami. « Amma, comment as-tu pu montrer autant de patience et de calme devant l'arrogance de ce swami ? Son attitude irrespectueuse envers toi m'a mis très en colère et je pense que tout le monde a ressenti la même chose. »

La réponse maternelle d'Amma fut la suivante : « Comment Amma pourrait-elle être en colère contre un de ses enfants, pour la seule raison qu'il est un peu vilain et têtu ? Amma n'a ressenti envers lui que de la compassion. Bien qu'il l'ignore, lui aussi est l'enfant d'Amma. Il arrive qu'un enfant donne des coups de pieds à sa mère et la frappe, qu'il lui dise des gros mots. Mais la mère le supporte avec patience. Elle ne lui rend pas les coups. Elle sait qu'il est ignorant et dépourvu de discernement. Pendant qu'il tête le sein de sa mère, un enfant la mord parfois. Comment la mère réagit-elle ? Elle ne cesse pas pour autant de le nourrir. Elle ne se met pas en colère et ne frappe pas son enfant. Elle supporte la douleur et continue à lui donner le sein. Par compassion et par amour pour l'enfant, la mère se montre patiente et compréhensive.

Une mère, ne peut s'empêcher d'aimer. Elle n'éprouve que de la compassion, elle pardonne et oublie. C'est pourquoi tout ce qui témoigne des qualités de patience et d'amour est appelé « mère ».

Nous appelons la terre « notre Mère la Terre ». Pourquoi ? À cause de sa patience. Les êtres humains se montrent cruels envers la terre ; ils n'éprouvent envers elle ni sollicitude ni amour. Ils l'exploitent, en dépit des dons et des cadeaux merveilleux dont elle nous comble. Cependant, la terre supporte tout avec patience et bénit l'humanité en lui accordant à foison richesse et prospérité. Nous l'appelons donc « notre Mère la Terre » et la nature « Mère Nature ». Les rivières qui coulent à la surface de la terre, en particulier le Gange, sont une grande bénédiction pour le genre humain. Elles aussi sont nos mères. Mais nous leur causons de grands dommages. Nous en faisons mauvais usage et les polluons. Elles se montrent cependant patientes et aimantes envers nous. L'océan, lui aussi, continue de nous bénir en nous offrant ses ressources et son immense richesse, bien que nous lui nuisions grandement. L'océan se comporte donc comme une mère envers nous. En Inde, la vache est également considérée comme une mère. Des milliers de vaches dans le monde sont abattues par des êtres humains mauvais et avides, mais les vaches continuent à nous donner du lait. Et Dieu est la plus grande de toutes les mères car c'est Lui, principe masculin mais aussi féminin, qui gouverne l'univers entier. C'est Lui qui, dans Sa compassion, dans Son ardent amour pour nous, les êtres humains, enseigne et inspire à toutes les créatures terrestres la patience et la compassion envers nous, bien que nous ne leur rendions pas leur amour.

C'est pourquoi, mes enfants, Amma ne peut se mettre en colère contre quiconque, parce que tous sont ses enfants. Amma ne perçoit aucune différence. Elle contemple le Soi divin en tout, tout est pour elle un prolongement d'elle-même sous des formes différentes.

Mes enfants, le comportement égocentrique de ce fils ne devrait susciter en vous ni mauvais sentiments, ni colère, ni agitation. Si vous observez un homme coléreux, vous verrez qu'il est la plupart du temps en colère. Cette colère se manifeste plus ou moins, mais à l'intérieur, il est en perpétuelle ébullition. Il est incapable de voir ou d'apprécier les bons côtés d'autrui. Même si quelqu'un accomplit un bon travail, il ne peut le féliciter. Il ne peut se montrer amical. À la moindre occasion, il se met en rage. C'est aussi le cas du jaloux, toujours à l'affût d'un prétexte à sa jalousie, si insensé soit-il. Si rien ne vient provoquer sa jalousie ou sa colère, il leur cherchera un motif, même futile.

Un mari coléreux ou une femme jalouse peut ruiner l'harmonie familiale ainsi que la vie des enfants. Le venin de leur colère ou de leur jalousie contamine ceux qui sont en contact avec eux. Les conflits, les soupçons, caractérisent de telles personnes. Écoutez cette histoire :

Une femme était si jalouse de son mari qu'ils se disputaient chaque jour. Dès qu'il rentrait du travail, elle fouillait les poches de ses pantalons et de ses chemises, scrutant ses vêtements et respirant leur odeur. Chaque jour, elle le regardait droit dans les yeux pour voir s'il éprouvait de la crainte ou un sentiment de culpabilité. Elle examinait chaque page de son agenda. Il lui arrivait de trouver un nouveau numéro de téléphone dans son agenda ou bien un long cheveu sur sa chemise. Cela éveillait ses soupçons et elle l'interrogeait alors pour savoir à qui appartenait le numéro de téléphone ou le cheveu. Il en résultait un affrontement où se mêlaient les accusations, les cris et les pleurs. Cette scène finit par devenir quotidienne.

Un jour, la femme ne trouva rien, pas même un cheveu. Elle poursuivit longtemps ses recherches, sans rien trouver. Elle finit par s'effondrer en pleurant. Son mari lui demanda : « Pourquoi pleures-tu donc aujourd'hui ? Il n'y avait pas même un cheveu sur mon manteau. » À travers ses larmes, la femme répliqua : « Je vais te dire pourquoi je pleure. Tu t'es mis à fréquenter des femmes chauves. Je savais que cela se produirait ! »

Les rires fusèrent ; Amma rit elle aussi de bon cœur avec ses dévots.

L'étude des Écritures

Un résident chef de famille interrogea Amma : « Amma, si l'étude des Écritures peut engendrer autant d'ego et de colère chez une personne, je ne veux pas les étudier. Je ne veux pas nuire à la société en nourrissant de la colère. »

Amma répondit : « Ce n'est pas l'étude des Écritures qui augmente nécessairement ton ego, mais leur mauvaise compréhension. L'étude des Écritures ne consiste pas seulement à recueillir des informations au sujet de *l'Atman*, du Soi. Vous ne pouvez obtenir d'informations à propos de ce qui est au-delà des mots, au-delà du mental, au sujet de ce qui est incompréhensible. Vous pouvez rassembler des informations concernant les gens, les objets, les lieux de ce monde ou bien des activités telles que la programmation informatique, qui sont le produit de l'intellect humain. Mais vous ne pouvez glaner aucune information sur la Conscience. Vous ne pouvez comprendre la pure Conscience que si vous abandonnez l'intellect et le raisonnement. L'étude des Écritures doit vous aider à lâcher l'ego et à dépasser les explications et les interprétations. Son objet est de démontrer que les mots sont incapables d'expliquer pleinement cet état, incapables de vous donner une idée de la spiritualité. Cette étude explique le caractère bénéfique de la vie spirituelle. Ce ne sont que des explications et des conclusions. Mais n'oubliez pas que les déclarations et les affirmations des Écritures ont été faites par ceux qui avaient dépassé l'ego. Pour connaître la vérité des affirmations des Écritures, il faut abandonner l'ego.

Les informations et la connaissance sont comme un brouillage qui empêche le mental de percevoir la vérité. Le mental et les vagues de pensées font obstacle à l'expérience de la réalité. Imagine que tu veuilles percevoir la beauté d'une fleur. Pour cela, il te faut cesser de bâtir des interprétations mentales. Regarde la fleur, vois sa beauté. De même, la signification réelle des Écritures ne se révèle que dans le silence du mental ; seul cet état vous procurera la connaissance pleine et vraie des Écritures. La compréhension véritable consiste à arrêter le fonctionnement du mental, qui ne cesse de juger. Étudie les Écritures, mais ne crois pas qu'il s'agisse de la connaissance ultime. L'étude des Écritures doit être accompagnée par des pratiques spirituelles. Il est impossible d'expliquer ou d'interpréter la vérité. La vérité est une expérience. Si l'on cultive cette attitude, l'étude des Écritures ne recèle aucun danger. Étudie les Écritures, mais reste ignorant comme un enfant. Alors tu pourras croître intérieurement.

Après un bref silence, Amma raconta l'anecdote suivante :
« Connaissez-vous cette histoire ? Il était une fois un *Mahatma*,
qui après avoir accepté un jeune homme comme disciple, lui dit
de mettre par écrit ce qu'il savait sur la vie spirituelle. Le *Mahatma*
dit : « Essaye de rédiger la somme de tes connaissances en matière
de religion et de spiritualité. Ce sera pour toi un bon exercice. »
Le disciple, obéissant, partit et se mit à la tâche. Il lui fallut plus
d'un an pour achever son travail, et c'est un gros volume sous le
bras qu'il revint voir son Maître. Il lui donna le livre en disant :
« J'ai travaillé dur pendant une année, m'efforçant de noter tout
ce qui me venait à l'esprit en matière de spiritualité et de religion.
Mon travail est loin d'être achevé mais j'ai pensé qu'il valait mieux
vous montrer ce que j'avais fait. »

Le Maître parcourut l'épaisse liasse de papier et dit au disciple : « Tu as manifestement passé beaucoup de temps à faire ce
travail et fourni de gros efforts. Ce discours est clair, convaincant
et précis, mais il est beaucoup trop long. Vois si tu peux le raccour-
cir un peu. » Le jeune homme y travailla pendant cinq années.
Quand il retourna voir le *guru*, il lui présenta un document dont
le volume était réduit de moitié. Le *guru* lut et dit pour l'encou-
rager : « C'est très bien. Tu as inclus les idées essentielles et tu as
vraiment approché le cœur du sujet. Ta présentation est claire et
rigoureuse. Mais c'est encore trop long. Tâche de condenser cet
écrit un peu plus encore, pour atteindre la véritable essence. »

Bien qu'il fût un peu triste d'entendre ces paroles, le disciple
accepta l'avis du *guru*. Il travailla de nouveau longtemps et durement, afin d'atteindre l'essence. Cette fois, il travailla pendant
dix ans, et lorsqu'il revint voir son Maître, il se prosterna bien
bas devant lui et lui offrit en toute humilité cinq pages en disant :
« Ceci est la quintessence de ma connaissance spirituelle, le centre
de ma vie. Ces pages contiennent le cœur de ma raison de vivre,

le sens de la religion à mes yeux. Je vous suis très reconnaissant de m'avoir dispensé cet enseignement. »

Cette fois, le Maître lut le document avec grande attention, du début à la fin. « C'est excellent ! » dit-il, « Il t'a fallu accomplir un véritable travail spirituel pour parvenir à ce résultat, mais ce n'est pas encore la perfection. Tu dois présenter une clarification finale. »

Les années passèrent et un jour, alors que le *guru* s'apprêtait à quitter son corps, son élève arriva. Se prosternant devant le Maître, le disciple lui tendit une simple feuille vierge et lui demanda sa bénédiction. Heureux, le maître posa les mains sur la tête du fidèle disciple et lui accorda la grâce suprême de la réalisation du Soi en disant : « Maintenant tu as vraiment compris. Maintenant tu sais. » Le disciple resta assis en silence près de son Maître, pendant que celui-ci abandonnait son enveloppe charnelle pour retourner à sa demeure ultime. »

Après un court silence, Amma dit : « Seule l'attitude « *Je ne suis rien, je ne sais rien* » nous permet d'atteindre l'état ultime et de recevoir la grâce du *guru*. Abordez les Écritures en cultivant cette attitude, et vous en aurez une connaissance véritable. Une fois que vous aurez étudié les Écritures, efforcez-vous de conserver la même humilité. « *Je n'ai rien étudié, je ne sais rien.* » Cette conviction vous permettra d'atteindre le but. Efforcez-vous de garder l'innocence d'un enfant devant la vie, et vous apprendrez réellement. Étudiez les Écritures en maintenant cette attitude. »

Chapitre 3

Le joyau omniscient

Lundi 20 août 1984

Les débuts de l'ashram gardent un éclat particulier pour tous ceux qui eurent la chance d'être alors auprès de la Mère divine. Pour le premier groupe de *brahmacharis*, ce fut une époque riche en expériences précieuses et profondes, et ils gardent comme un trésor au fond de leur cœur bien des souvenirs inoubliables. Fous d'amour pour Amma, ils exprimaient leur soif de Dieu dans les chants qu'ils composaient et chantaient avec une intense ferveur. Mais en même temps, de nombreux obstacles se dressaient, les empêchant d'avoir avec Amma autant de contacts qu'ils l'auraient désiré. L'opposition des parents d'Amma envers les *brahmacharis* aiguisait encore le désir dont ils languissaient : être en présence d'Amma. Leurs chants étaient donc profonds, exprimant les soupirs de leur cœur.

Au début, les parents d'Amma pensaient que leur fille Sudhamani (le nom qu'ils lui avaient donné) était momentanément folle. Ils s'inquiétaient de la réputation de la famille, du qu'en dira-t-on, car ils avaient l'intention de la marier un jour. Ces jeunes hommes qui recherchaient toujours la compagnie d'Amma les tracassaient donc. Ils estimaient que les dévots et les *brahmacharis* ne devaient venir que les jours de *Bhava darshan* et insistaient pour qu'ils quittent les lieux dès la fin du *darshan*. Si les parents d'Amma voyaient les *brahmacharis* auprès d'elle, ils s'inquiétaient aussitôt et s'efforçaient de les renvoyer. Plusieurs fois, les parents d'Amma les renvoyèrent chez eux sans leur permettre de la voir.

Tandis que le comportement des parents était dicté par leur souci de préserver l'honneur de la famille, certains dévots plus âgés tentaient d'éloigner les *brahmacharis* par jalousie. Ils craignaient que l'amour d'Amma pour eux ne diminue si ces jeunes restaient toujours en sa présence. À la fin, il devint si difficile pour les *brahmacharis* d'épancher leur cœur en se confiant à Amma, qu'ils composèrent des chants exprimant leur chagrin. Le chant que voici donne une idée de la profondeur de leur souffrance.

Karuna nir kadale

Ô Mère, Océan de compassion,
Si Tu n'as pas de compassion pour moi,
Qui d'autre me donnera refuge ?

Ô Mère, Mon cœur T'attend,
Espérant Ta venue à chaque instant.
Ce jour passera-t-il en vain ?
Ce jour passera-t-il en vain ?

Accorde-moi le fruit de la naissance humaine,
Baigne-moi dans les eaux fraîches de l'éveil,
Délivre-moi de la conscience du corps,
Et laisse-moi me fondre dans la lumière de Ton doux sourire.

Ô Mère, si je meurs sans obtenir Ta vision,
Les générations futures en concluront
Que Ta compassion n'est d'aucun secours.

Avec le temps, les parents d'Amma et les dévots finirent par mieux comprendre l'état de conscience transcendant d'Amma et par accepter la présence des *brahmacharis*. Mais ceux-ci continuèrent à exprimer leur aspiration la plus profonde à travers des chants.

Le nombre des chercheurs spirituels venant auprès d'Amma allant croissant, ses parents virent qu'il fallait plus de place pour loger les visiteurs. Ils déménagèrent dans une maison située sur le terrain adjacent et leur maison d'origine, comportant deux petites chambres, une salle à manger, une cuisine et une réserve, fut mise au nom de l'ashram. La pièce jouxtant la salle à manger fut transformée en bibliothèque. Ce matin-là, deux *brahmacharis*, Balou et Srikoumar, étaient assis dans la bibliothèque et composaient la musique d'un chant. Chanter un *bhajan* inédit à Amma pendant le *Devi bhava* était presque devenu une tradition. Il était bien rare qu'une nuit de *Devi Bhava* s'achève sans l'offrande d'un chant nouveau.

Srikoumar était à l'harmonium tandis que Balou s'efforçait de composer la mélodie. Ils avaient trouvé la mélodie du refrain et s'efforçaient de l'apprendre par cœur, quand, de façon inattendue, Amma entra dans la pièce. Elle resta un instant immobile, puis, comprenant ce qu'ils faisaient, adopta soudain le comportement d'un petit enfant. Avec la même innocence et tout excitée, elle s'exclama : « Hé là, êtes-vous en train de composer un nouveau chant sans m'appeler ? », en frappant le sol du pied comme une enfant têtue. Les *brahmacharis* échangèrent un regard et sourirent, se délectant du *Bala Bhava* (attitude intérieure d'un enfant) d'Amma. Comme pour apaiser la colère d'une petite fille, ils dirent : « Mais Amma, nous n'avons pour l'instant composé que la musique du refrain ! » Dans son identification totale au personnage de l'enfant, Amma répétait : « Non, non, je ne vous crois pas, vous avez fait exprès de ne pas m'appeler ! Je ne vous parle plus ! Je ne vous parle plus ! » Tandis qu'elle ne cessait de répéter ces paroles, elle s'assit par terre, puis s'allongea et resta ainsi, sans plus dire un mot.

Les *brahmacharis* avaient beau savoir, dans le tréfonds de leur cœur, qu'il s'agissait d'un jeu divin, Amma étant l'incarnation du détachement, ils éprouvèrent néanmoins de l'inquiétude et un peu de tristesse. Ils appelèrent ensemble « Amma… Amma… Amma… » mais en vain. Ils lui promirent qu'ils ne feraient plus jamais une chose pareille, mais leurs implorations, leurs appels, restèrent sans effet. Ils finirent donc par se taire. Amma se leva alors d'un bond et se mit à les tirer et à les pousser. Elle attrapa le texte du chant des mains de Balou, qu'elle fit tomber par terre d'une bourrade, et se mit à chanter le *bhajan*. À leur grand étonnement, elle chanta l'air du refrain exactement tel qu'ils l'avaient composé. Bien plus, elle se mit à chanter le premier couplet, puis un autre, et chanta enfin le chant tout entier sur une magnifique mélodie, en parfaite harmonie avec le refrain.

En quelques minutes, Amma avait accompli ce à quoi Balou et Srikoumar avaient sans succès consacré tant de temps. Il s'agissait du chant

Idamilla tala yunna

Je suis un vagabond sans âtre ni foyer.
Ô Mère, donne-moi refuge et guide-moi vers Toi.
Ne laisse pas les vagues puissantes me noyer dans leurs
rouleaux,
Tends-moi la main et sauve-moi en me hissant sur le rivage.

Comme le beurre versé dans le feu, mon mental brûle en ce
monde.
La terre amortit la chute de l'oiseau qui tombe,
Mais je n'ai personne pour me recueillir
Et mon seul soutien, c'est Toi.

Ô Mère,
Je désire tant accéder à Tes Pieds de lotus.
N'ai-je donc jamais crié Ton Nom ?
Jamais je n'aurais cru
Que Tu abandonnerais cet enfant innocent.
Avais-je tort ?
Ô Mère, je ne sais pas.

Bénis-moi en m'accordant la vision de Tes Pieds.
Ô Mère, le désir de Les atteindre me brûle
Et ne me laisse pas de trêve.
Ô Mère de l'Univers,
Ne mérité-je pas au moins cela ?
Quand, dis-moi, quand viendras-Tu
Illuminer mon mental ?

Comme d'innombrables incidents qui se sont produits en présence d'Amma, cet événement semble une preuve claire de la grande déclaration des Upanishads, selon laquelle « La connaissance suprême englobe l'ensemble de la connaissance. » Le *guru* est infini. Son savoir est lui aussi infini. Une strophe célèbre glorifiant le *guru* affirme : « Il est inutile d'étudier toutes les branches de la connaissance, car la connaissance entière et sa signification se révéleront d'elles-mêmes si l'on reçoit la grâce du *guru*. Je me prosterne humblement aux Pieds du *guru*. »

Au cours de cette période, le *brahmachari* Balou eut une expérience qui illustre fort bien cette vérité. Il souhaitait ardemment pouvoir s'accompagner à l'harmonium lorsqu'il chantait, car il avait le sentiment qu'il pourrait ainsi plonger plus profond dans la dévotion et dans l'amour. Il fit de nombreuses tentatives pour apprendre, sans parvenir à jouer autre chose que les gammes ascendantes ou descendantes. Un matin, assis dans le temple, il commençait ses exercices habituels lorsqu'Amma vint à lui et dit :

« Je vais t'apprendre. » Elle s'assit près de lui et, comme le maître aide l'enfant à tracer les lettres de l'alphabet, Amma, tenant les doigts de Balou, le fit appuyer sur les touches. Ayant fait cela une fois, elle se leva en disant : « Cela suffit. »

Balou prit cela pour un jeu d'Amma, un de ces tendres moments dont elle nous comble. Jamais il n'aurait imaginé que cette unique « leçon » d'harmonium, qui n'avait duré que quelques minutes, aurait l'effet d'un miracle. Le lendemain, inspiré, il écrivit un chant. Tandis qu'il écrivait les paroles, la mélodie lui vint. Le chant terminé, un vif désir de le jouer à l'harmonium se leva en lui, comme si quelqu'un le lui avait demandé. Il alla chercher l'instrument, s'assit, et se mit à jouer. À son grand étonnement, Balou s'aperçut qu'il appuyait spontanément sur les bonnes touches. Il ne pouvait pas croire qu'un tel talent ait pu se développer en un temps aussi court, mais il savait que c'était la grâce d'Amma qui coulait dans ses doigts. La bénédiction divine d'Amma lui permettait de jouer, satisfaisant ainsi son ardent désir. Et à partir de ce jour-là, il fut capable de s'accompagner à l'harmonium.

Voici le chant que Balou écrivit alors, le premier qu'il joua à l'harmonium.

Nilambuja Nayane

Ô Mère, aux yeux de lotus bleu,
N'entends-Tu pas les sanglots de ce cœur,
De ce cœur endolori ?

Si j'erre seul en ce monde,
Peut-être est-ce dû aux actions
Que j'ai commises dans une vie antérieure ?

J'ai traversé les âges avant de prendre cette naissance.
Je T'en prie, prends-moi dans Tes bras maternels,
Laisse-moi, comme un enfant, me blottir sur Tes genoux.

Mère, je ne le mérite peut-être pas,
Mais est-ce une raison pour abandonner Ton enfant ?
Viens, et garde-moi près de Toi.
Que Ton regard plein de miséricorde soit sur moi.

La théorie du karma

Mercredi 22 août 1984

Un après-midi, un groupe d'hommes et de femmes lettrés, qui se rencontraient régulièrement pour des *satsangs,* vint voir Amma. Ils étaient assis autour d'elle dans une hutte. L'un d'eux demanda : « Amma, la science spirituelle est fondée sur la théorie du *karma*. Nous sommes convaincus que chacun récolte inéluctablement le fruit de ses actions, mais cette théorie est difficile à comprendre. Amma, peux-Tu nous parler du *karma* et de son mode de fonctionnement ? »

« Mon fils, tu dois d'abord te rappeler que la théorie du *karma* est un mystère difficile à percer. Des explications sans fin n'y changeront rien, le *karma* restera un mystère. Cette théorie n'a rien à voir avec une analyse intellectuelle et ne peut être prouvée en laboratoire à l'aide d'instruments scientifiques.

Tu peux bien écouter pendant plusieurs jours d'affilée des discours au sujet du *karma*, tu seras toujours aussi ignorant. Le fait de parler ou d'écouter des discours intellectuellement convaincants ressemble à une drogue. Tu peux devenir dépendant ; cela peut devenir une habitude. Sois donc prudent.

Mes enfants, il n'est pas essentiel d'analyser la loi du *karma*. L'essentiel est d'en sortir, de transcender le cycle du *karma*, dont la cause est l'ignorance.

Une autre difficulté surgit, si l'on veut tenter d'expliquer correctement la loi du *karma*. Les actions, bonnes ou mauvaises, ne portent pas toujours des fruits immédiats. Il se peut que nous rencontrions une personne peu vertueuse menant une vie apparemment heureuse, tandis qu'un être plein de bonté souffre sans raison apparente. Cela paraît contredire la loi du *karma* et vous pourriez en conclure qu'elle n'existe pas. Pour comprendre le sens de cette loi, il faut l'examiner et l'évaluer à partir d'un niveau de conscience supérieur. Sinon, vous pourriez vous en moquer et l'ignorer en disant : « C'est insensé. » Pour s'élever et percevoir le *karma* à partir d'un niveau de conscience supérieur, il est nécessaire de suivre une pratique spirituelle et d'avoir la foi. La mesure dans ce domaine n'est pas l'intellect, mais le cœur.

Vous pouvez élever des centaines d'objections contre la théorie du *karma* et en débattre sans fin, vous pouvez même réussir à prouver que la loi du *karma* est une pure invention, elle régit néanmoins votre vie. Vous pouvez d'autre part démontrer que cette loi existe, en vous appuyant sur des incidents et des expériences que vous connaissez. Mais l'avez-vous pour autant comprise ? Non, bien sûr.

Un sceptique ne croit pas à la théorie du *karma*. Il croit peut-être à la loi de causalité en tant que théorie scientifique, mais ce n'est pas chez lui une foi religieuse. Par exemple, ses parents sont la cause, et lui, l'effet ; le soleil est la cause, et la lumière, l'effet. Sa foi en la loi de causalité ne s'applique qu'aux objets qu'il peut percevoir, aux faits. Il n'a pas foi en l'Absolu, en l'invisible. Pour avoir foi en la théorie du *karma*, il faut croire à la main invisible du Seigneur, croire que le pouvoir caché de Dieu est la cause de tout ce qui est manifesté.

En réalité, quelle est l'origine de cette incarnation, de l'état qui se manifeste à présent ? Vous dites que les *vasanas* de votre naissance précédente sont la cause de votre vie actuelle. Mais ni votre incarnation précédente ni les *vasanas* qui en sont issues ne sont des faits visibles. Il s'agit de simples présomptions ou suppositions, fondées sur la foi. Il faut donc croire à une incarnation précédente, et à une autre, encore antérieure. Après votre incarnation actuelle, il y en aura d'autres, puis une autre et encore une autre. Ainsi, la chaîne continue. Mais nous ne nous rappelons pas nos naissances précédentes et ne pouvons pas non plus prédire nos vies futures. Qu'est-ce donc, sinon de la foi pure ? À moins de considérer la théorie du *karma* à partir d'un état de conscience supérieur, il est impossible de l'accepter. C'est pourquoi, il s'agit selon Amma d'une pure question de foi.

La vie entière évolue par cycles. Comme la terre se déplace autour du soleil selon un cycle régulier, la nature évolue selon un modèle cyclique. Les saisons forment un cycle : le printemps, l'été, l'automne, l'hiver, puis de nouveau le printemps et ainsi de suite. La graine engendre l'arbre, qui produit à son tour des graines, et la graine croît pour devenir arbre. Cela forme un cycle. De même la naissance, l'enfance, la jeunesse, la vieillesse, la mort, et de nouveau la naissance, se succèdent en un cercle ininterrompu. Le temps est cyclique, non linéaire. Tant que le mental n'est pas calme, tant qu'un être vivant ne repose pas dans son propre Soi, il est soumis à la loi du *karma* et en subit les conséquences.

Des cycles se répètent à l'infini sous la forme d'actions et de réactions. Le temps fonctionne en cycles. Mais les événements ne se reproduisent pas de façon identique. C'est plutôt le *jivatman* (le soi individuel) qui, selon ses *vasanas*, assume différentes formes. Les réactions sont le résultat d'actions accomplies dans le passé. Cela se poursuit à l'infini. La mort n'est pas une fin ; elle marque le début d'une autre vie. À mesure que la roue de la vie tourne, les actions accomplies dans le passé portent leurs fruits. Nous ne pouvons prédire quand le fruit se manifestera, quelle en sera la nature ni comment il viendra. Le Créateur seul connaît ce mystère. Si vous avez foi, vous y croyez ; sinon, vous niez la loi du *karma*. Pourtant, que vous y croyiez ou non, elle opère et les fruits mûrissent. Mais n'essayez pas d'analyser pourquoi ni comment car le cycle du *karma* est aussi mystérieux que Dieu. Le *karma*, comme Dieu, est sans commencement, mais il s'achève lorsque nous abandonnons l'ego, lorsque nous atteignons l'état de Réalisation. L'évolution de l'être humain mène à Dieu. En essence, tout être humain est Dieu. L'évolution d'un être humain vers Dieu est un processus lent, qui requiert un gros travail de coupe, de ponçage et de refonte. Ce travail exige une immense patience. Il ne peut être accompli à la hâte. Les révolutions sont rapides, mais elles tuent et détruisent. L'homme est révolutionnaire, Dieu, évolutionnaire.

La roue de la vie tourne lentement, parce que la vie est évolutive. L'été vient en prenant son temps, sans jamais se presser. Les autres saisons — hiver, printemps, automne — elles aussi, viennent en leur temps. Le cycle est lent et régulier. Mais ne tentez pas d'analyser la roue de la vie, c'est impossible. Les saisons vont et viennent, elles sont réelles dans le monde empirique mais elles demeurent un mystère, une expérience. Derrière ce mystère réside la puissance invisible de Dieu, qu'il est impossible d'analyser. Ayez confiance en ce pouvoir.

Essayez d'oublier le cycle du *karma*. Il ne rime à rien de songer au passé. C'est un chapitre clos. Ce qui est fait est fait. Préparez-vous plutôt à affronter le présent. Ne ruminez pas le passé ou les actions accomplies dans le passé. Ce qui compte, c'est le présent, car votre avenir dépend de la façon dont vous l'affrontez. Tant que la conscience permanente du Divin ne remplit pas votre vie, vous vivez soit dans le passé, soit dans le futur, jamais dans le présent.

La puissance du *karma* voile notre nature réelle mais elle fait naître en nous, dans le même temps, le désir brûlant de découvrir la Vérité. Elle nous aide à revenir à notre existence véritable.

Si vous avez les yeux pour le voir, vous percevez le grand pouvoir de transformation inhérent à la loi du *karma* et le message important qu'elle nous délivre : « Cette vie est le résultat de tes actes passés. Sois donc vigilant car tes actions présentes déterminent ton avenir. Si tu fais le bien, tu seras récompensé en conséquence, mais si tu commets des erreurs ou de mauvaises actions, elles te frapperont en retour avec la même force. » Et pour le vrai chercheur spirituel, le message est le suivant : « Le mieux est de briser le cycle. Ferme les comptes et sois libre à jamais. » Les descriptions, les explications au sujet du *karma* ont pour but d'empêcher les êtres humains de se nuire à eux-mêmes, de nuire aux autres, de les arrêter lorsqu'ils s'éloignent de leur nature réelle, de Dieu. »

Amma s'arrêta alors de parler. Fermant les yeux, elle se mit à fredonner pour elle-même. Cela dura un petit moment, pendant lequel chacun s'efforçait d'entendre sa douce voix. Mais Amma ouvrit bientôt les yeux et demanda aux *brahmacharis* assis près d'elle de reprendre le même chant,

Oru Nimisham Engilum

Ô Homme !
Tandis que tu cours après les plaisirs de ce monde,
Connais-tu un seul moment de paix véritable ?
Sans la compréhension de la Réalité
Ou des principes essentiels de la vie,
Hanté et dupé par l'ombre de maya,
Tu ne manqueras pas de périr dans la souffrance,
Comme le papillon dans la flamme.

Au cours d'un long processus d'évolution
Tu as pris des corps innombrables et différents,
Devenant insecte, vers et reptile,

Plante et animal un nombre incalculable de fois,
Avant d'accéder enfin à une naissance humaine.

Ô Homme !
Réfléchis et utilise ton discernement.
Quel est le but de cette vie humaine ?
Elle ne doit certes pas être gaspillée
Dans la recherche de plaisirs profanes et triviaux.
Rappelle-toi, la naissance humaine
Est une chance précieuse
Et une énorme responsabilité.

Ô Homme !
Tant que tu n'abandonneras pas
Ton orgueil illusoire,
Ton désir d'acquérir et de posséder,
De profiter et de jouir à l'excès,
Tant que tu n'auras pas atteint l'union éternelle
Avec le suprême Brahman,
Tu ne goûteras jamais la paix et la béatitude.

Quelques instants après la fin du chant, Amma ouvrit les yeux. Un des dévots souhaitait ardemment qu'Amma reprenne ses explications concernant le *karma*. Rompant le silence, il dit : « Amma, il me semble que tu n'as pas terminé ton discours au sujet du *karma*. Aurais-tu la bonté de nous donner quelques explications supplémentaires ? »

« Mes enfants, Amma va vous raconter une histoire. Il était une fois un vieil homme, qui toute sa vie avait travaillé très dur pour créer une ferme dont ses enfants et petits-enfants profiteraient. Il gagna cette ferme en défrichant la nature environnante ; il parvint à survivre malgré les sécheresses, les orages et les maladies frappant les récoltes. Après avoir trimé dans les champs et pris soin des récoltes pendant de nombreuses années, il décida qu'il était temps pour lui de se retirer et de passer le reste de ses jours sous le porche de la maison, à contempler la nature. Son fils avait sa propre famille et attendait le moment où il serait enfin le maître. Le vieil homme remit donc la ferme entre ses mains, heureux de pouvoir se détendre dans son fauteuil favori, sous le porche, après toutes ces années de labeur intense.

Au début, le fils fut fier d'être enfin le maître. Lui aussi travailla dur, passant de longues journées, des années, à travailler aux champs et à lutter contre les éléments. Peu à peu, il en voulut à son père d'être aussi paresseux, car le vieil homme passait ses journées à contempler le ciel bleu ou à faire sauter ses petits-enfants sur ses genoux. Chaque jour qui passait augmentait la rancœur du fils envers son père, qu'il considérait comme une bouche supplémentaire à nourrir. Plus il réfléchissait, plus il était convaincu que son père était un fardeau considérable. « Qu'importe s'il a travaillé dur pendant toutes ces années ? » songeait le fils. « Les temps ont changé. J'ai maintenant ma propre famille à nourrir et à entretenir. Pourquoi devrais-je m'occuper de lui ? » Sa colère ne fit que croître et au moment de la récolte, il n'était plus question pour lui de continuer à nourrir « ce vieux type inutile sous le porche ». En réalité, il avait décidé qu'il était temps de se débarrasser de lui une bonne fois pour toutes.

Il construisit donc un grand coffre en bois de teck, le mit sur une brouette et l'apporta à son père. Puis il demanda au vieil homme d'y entrer. Sans un mot, le vieil homme baissa la tête et obéit. D'un coup sec, le fils fit pivoter le couvercle et referma la boîte. Il partit ensuite avec la brouette jusqu'à une falaise, et au moment où il s'apprêtait à jeter le coffre du haut de la falaise, il entendit frapper à l'intérieur du coffre.

« Que veux-tu ? » cria le fils. La voix de son père, émanant du coffre, était douce et affable. « Tu sais, je comprends très bien tes sentiments. Tu veux te débarrasser de moi, je comprends parfaitement. Tu penses que je ne suis qu'un vieil homme inutile. Mais avant de me jeter du haut de la falaise, laisse-moi sortir du coffre ; tu pourras ensuite me pousser sur le côté. Si j'étais toi, je garderais le coffre ; tes enfants pourraient bien, un jour, en avoir besoin. »

L'histoire d'Amma déclencha un rire général. Amma rit avec ses enfants, puis, lorsque les rires furent calmés, reprit d'un ton sérieux : « Mes enfants, que nous soyons croyants ou sceptiques, nos actions nous reviennent. L'être humain est victime de son *karma* ou de son destin, appelez cela comme vous voudrez. Vous aurez beau discuter ou élever des objections, ou même réussir à convaincre d'autres personnes que la loi du *karma*, du point de vue logique, est un non-sens, toutes vos jongleries verbales et vos spéculations n'entraveront pas le cours du *karma*.

Amma a entendu parler d'une arme appelée boomerang, qui vole et finit par revenir à celui qui l'a lancée. Le *karma* est pareil à un boomerang que vous ne parvenez le plus souvent pas à rattraper, si bien qu'il vous frappe. La seule différence est que le boomerang du *karma* ne vous revient pas toujours sur-le-champ. Il se peut qu'il ne vous revienne qu'au bout de quelque temps. C'est ce que le vieil homme rappela à son fils en lui disant : « Je pense que tes enfants pourraient bien un jour avoir besoin de la boîte. » Il disait ainsi à son fils : « Rappelle-toi mon fils, que ton fils te fera payer cette dette et fermera ainsi le compte. » Ce règlement de compte peut se produire maintenant, dans cette vie, ou bien il peut être reporté à une vie future. Nul ne peut le dire, mais quelle que soit ta philosophie, quelles que soient tes croyances, il est inéluctable. Rappelez-vous que ce vieil homme récoltait lui-même le fruit de ses actes. Il avait sans doute agi ainsi envers son père ou envers quelqu'un d'autre.

Ce cycle continuera jusqu'à ce que vous cessiez de réagir au présent, qui est l'effet du passé. Lorsque tu seras capable d'accepter

les expériences présentes comme inévitables, comme la conséquence de tes propres actes, et de les affronter sans aucune pensée
de colère ou de revanche, alors la roue du *karma* cessera de tourner.

Tu as déjà créé les circonstances nécessaires pour que les évènements d'aujourd'hui se produisent. Et en ce moment même, par
tes actions, tu prépares le terrain de ton avenir. Le temps venu,
tes actes porteront leurs fruits, tu te retrouveras, impuissant, sous
la coupe de ton propre *karma*.

Bien des évènements indésirables se produisent dans ta vie.
Tu souffres, sans savoir pourquoi. Peut-être tous tes efforts pour
gagner ta vie échouent-ils, ou bien des accidents inattendus, des
morts prématurées surviennent dans ta famille, ou encore une
maladie héréditaire l'afflige, si bien que des bébés naissent avec
une malformation physique ou un handicap mental. De tels
événements se produisent-ils par hasard ? Non, bien sûr ! Tout
ce qui arrive dans cette vie a une cause. Cette cause est parfois
visible, parfois invisible ; elle remonte dans certains cas au passé
immédiat, dans d'autres à un passé lointain.

Il se peut qu'un grand musicien naisse dans une famille au
sein de laquelle, même en remontant à plusieurs générations, on
ne trouve pas trace de musicien. Comment cela se produit-il ?
Pour quelle « raison »un grand musicien naît-il dans une famille
non musicienne ? S'il ne s'agit pas d'hérédité, qu'est-ce donc ?

Imagine qu'un matin, tu te lèves, et qu'en allant à la salle de
bain, tu constates que tu es fatigué et faible. Tu grimpes quelques
marches et déjà tu suffoques et luttes pour respirer. Saisi de ver-
tige, tu t'évanouis. Tu es transporté en urgence à l'hôpital, où
l'on diagnostique un problème rénal. Ce problème date-t-il de ce
matin ? A-t-il surgi sans raison particulière ? Non, il a une cause.
La maladie existait, mais à l'état latent. Les symptômes ne se sont
manifestés que ce matin-là. Diriez-vous que ce malaise était un
accident ? Il faut bien qu'il ait une cause, n'est-ce pas ?

Rien n'advient par hasard. La nature n'est pas un hasard. Le Soleil, la Lune, l'océan, les arbres et les fleurs, les montagnes et les vallées n'ont pas surgi par hasard. Les planètes tournent autour du soleil sans dévier d'un centimètre de l'orbite qui leur a été fixée. Les océans recouvrent de vastes portions du globe, sans submerger la terre entière. Si cette magnifique création était l'effet du hasard, on n'y trouverait ni ordre ni système et l'univers serait un chaos. Mais regardez la beauté et le charme de la création. Pouvez-vous croire à une simple coïncidence ? Le vaste canevas d'ordre et de beauté qui sous-tend la création entière montre clairement qu'un cœur immense, qu'une grande intelligence est à l'origine de tout cela.

Mes enfants, notre passé ne se résume pas au passé de cette vie. Il ne suffit pas de remonter à la naissance de ce corps. Le passé inclut les incarnations précédentes, au cours desquelles nous avons assumé différentes formes, différents noms. Nous ne pouvons pas non plus voir le futur, nous n'en avons pas le contrôle. Nous ne pouvons pas prédire ce que nous réserve l'avenir. Plus que toute autre chose, le *karma* est donc une question de foi.

Soyons vigilants et prudents lorsque nous agissons aujourd'hui car nous ignorons l'effet que produiront demain nos actes. Le présent est *maintenant* et nous passons toujours à côté de *maintenant*. Pour arrêter le cours de la loi du *karma* en nous, il faut vivre dans l'instant, vivre en Dieu, vivre uniquement dans le Soi.

Mes enfants, lorsque vous réaliserez le Soi, votre véritable nature, les mystères du *karma* vous seront révélés. Vous connaîtrez aussi vos naissances précédentes. Le secret de l'univers, de la création entière, vous sera dévoilé. Tant que ce moment n'est pas venu, vous continuerez à poser des questions au sujet du *karma* en essayant de parvenir à vos propres interprétations, à vos propres explications. Seule la réalisation du Soi dissipera le mystère. Mais une fois parvenus à l'état de perfection, vous saurez que le Soi réel fut, est et sera éternellement présent. Vous saurez que le Soi véritable n'est jamais né et ne mourra jamais, qu'il n'est jamais soumis à la loi du *karma*.

Bien sûr, la loi du *karma* existe, mais il s'agit plus d'une expérience de foi que d'un fait. On peut apporter la preuve d'un fait, mais la foi est le sentiment intime du cœur, et il est impossible d'en fournir une démonstration logique. »

Après avoir fait cette déclaration, Amma se mit à répéter « Shiva... Shiva... Shiva... » tout en décrivant des cercles avec la main droite. Elle demeura ensuite absorbée dans un état de conscience extatique, tandis que les visiteurs chantaient quelques strophes extraites du

Saundarya Lahari

Ô Mère !
Le sommet des Védas
Porte Tes Pieds comme couronne.
Je T'en prie, montre-Toi miséricordieuse,
Et daigne placer ces Pieds
Sur ma tête aussi.

C'est l'eau offerte à Tes Pieds qui forme
Le Gange, la rivière qui coule dans les cheveux emmêlés de Shiva.
La brillante poudre rouge qui orne Tes Pieds
Prête son éclat glorieux aux joyaux du diadème de Vishnou.

Chantant Tes louanges,
Nous nous prosternons à Tes Pieds,
Dont le lustre, émanant de la couleur laquée
Dont ils sont recouverts, est un ravissement pour l'œil.

Ton époux, Pasupati (Shiva),
Attend avec impatience d'être frappé par ces Pieds

Et il est extrêmement jaloux de l'arbre Asoka
Dans Ton jardin d'agrément,
Car cet arbre même est son rival,
Puisqu'il aspire à recevoir Tes coups de pied.

Le chant terminé, un autre dévot demanda : « Amma, il arrive qu'un chercheur sincère traverse de nombreuses épreuves et difficultés. Pourquoi en est-il ainsi ? »

« Mes enfants », dit Amma, « il se peut que vous rencontriez une personne qui aspire réellement à s'abandonner à Dieu, à devenir un dévot ou un disciple véritable, et que cette personne soit confrontée à de nombreuses difficultés et problèmes. De tels êtres sont engagés dans un processus de purification. Il s'agit de détruire les ténèbres en eux, la noirceur que vous voyez en surface, certes, mais aussi celle que vous ne pouvez pas voir et dont vous n'avez pas conscience. Quand vous entrez dans ce processus de purification et l'abordez avec une attitude d'abandon à Dieu, cette noirceur, visible ou non, manifestée ou pas, remonte spontanément à la surface.

Il y a quelques jours, un des enfants occidentaux a raconté à Amma que dans son pays, il est possible de transformer même les eaux usées en eau potable de bonne qualité. Comment y parvient-on ? En enlevant les impuretés. Les eaux usées contiennent des saletés et des impuretés de toutes sortes. Comment pourraient-elles être converties en eau potable sans passer par une purification ? Nous sommes pareils aux eaux usées, remplis d'impuretés et de sentiments négatifs. Nous avons besoin d'un nettoyage intensif, comme l'eau sale qui en subit une série. Lorsqu'un chercheur sincère ou un dévot passe par ce processus de purification, qui peut s'avérer douloureux mais qui, en réalité, lui permet d'épuiser ses *vasanas*, cela peut fournir à l'incroyant ou au sceptique un prétexte pour affirmer que Dieu n'existe pas, en disant : « Si Dieu existe, pourquoi cette personne souffre-t-elle ainsi ? »

Les souffrances et les difficultés que vous observez parfois dans la vie de ceux qui s'efforcent de devenir de vrais disciples ou dévots, accélèrent en réalité leur processus de purification. L'épuisement des *vasanas* visibles et invisibles dénoue les liens karmiques. Ils désirent rompre les chaînes qui les lient à ce monde pour être libres, et leur attitude d'abandon à Dieu agit en ce sens. Un chercheur véritable s'efforce de dissoudre son mental et de transcender l'intellect et le corps. Seul celui qui a fait un long séjour en prison peut goûter la béatitude de la liberté. Seul un chercheur qui a accepté la discipline d'un *guru* peut accéder à la liberté que procure la réalisation du Soi.

Cette accélération ne se produit pas dans le cas d'un dévot qui souhaite garder ses attachements, ses possessions, son nom et sa réputation. Son évolution est très lente. Vous le verrez vivre dans le luxe et profiter de la vie, mais il ne fait ainsi qu'ajouter aux *vasanas* qui le lient et prolonger son cycle karmique. Les excès et les plaisirs allongent la distance à parcourir pour revenir à la véritable source de l'existence. Par contre, en brûlant son *karma*, le dévot ou le disciple authentique se rapproche plus vite de sa véritable nature, du Soi. »

D'une voix sombre, Amma ajouta : « L'être humain ne peut échapper au cycle du *karma*. La loi du *karma* constitue son expérience quotidienne, mais il n'y croit toujours pas et ne tente pas non plus de la transcender. »

Émerveillés, les dévots et les visiteurs écoutaient les paroles profondes d'Amma. Le silence régna un moment. Bien des fois, dans le passé, Amma n'avait pas même ouvert la bouche pour répondre à des questions concernant le *karma* ou la vie après la mort. Elle tirait un trait sur le sujet en disant : « Il est impossible de donner des explications à ce propos. L'expérience seule fournit une réponse. C'est là matière à trop de controverses. » Ou bien encore : « Vous n'avez pas besoin d'explications. Plutôt que de bâtir des conjectures au sujet du cycle karmique, efforcez-vous de vous en libérer. » Or Amma venait à présent de traiter le sujet en détail. Ses paroles, connaissance véritable provenant des cimes, invisibles fleuves de vérité jaillissant de la source originelle, s'écoulaient comme les eaux vives du Gange pour être recueillies par les personnes présentes. On pouvait presque toucher l'enseignement, le sentir, s'en imprégner et le garder dans son cœur comme un cadeau précieux et inoubliable d'Amma, que l'on pourrait chérir, se rappeler et méditer dans les périodes difficiles.

Nul ne parla ni ne bougea pendant un certain temps. Tous semblaient subjugués par la puissance des douces paroles d'Amma.

« Amma, c'est vraiment remarquable, » finit par dire un des visiteurs, « tes paroles ont dissipé bien des doutes. Chaque dimanche, quelques-uns d'entre nous se réunissent dans la maison d'un dévot. Nous discutons sur différents sujets, lisons des extraits des Écritures et partageons les expériences que nous avons eues avec toi ; nous chantons et méditons. La loi du *karma* et ses effets fut l'un de nos principaux sujets de discussion. Cette question est claire maintenant. Il me reste toutefois encore un doute. Tu as mentionné que l'être humain est sous l'emprise du cycle karmique. Cela signifie-t-il qu'il est impossible d'échapper à cette loi du *karma* ? »

« Non, non, » répondit Amma, « ce n'est pas cela. Celui qui n'a pas foi en un pouvoir suprême ou en un idéal ne peut échapper à l'emprise du *karma*. Un croyant, sachant qu'il doit récolter le fruit de ses actes, effectue des pratiques spirituelles telles que le *japa*, la méditation et la prière. Ces pratiques et les bonnes actions qu'il accomplit neutralisent l'effet du *karma*. Les bonnes actions présentes annulent l'effet des mauvaises actions du passé. La foi en Dieu ou bien dans le *guru* insuffle au dévot une force immense qui lui permet d'affronter le *karma* inévitable. Elle est comparable à une armure, à une force protectrice. Certes, la loi du *karma* opère mais les effets en sont atténués grâce à la foi du dévot. Nous parlons ici d'une personne qui croit en Dieu mais mène une vie ordinaire dans le monde. Son désir de mettre un terme au cycle du *karma* n'est peut-être pas intense.

Il se peut qu'elle réagisse, se mette en colère et commette de mauvaises actions ; elle nourrit peut-être des désirs et souhaite accumuler des richesses ; mais comme elle croit en Dieu, elle effectue aussi des pratiques spirituelles telles que la méditation et la prière et elle accomplit de bonnes actions, distribuant de la nourriture aux pauvres, etc. Cela crée dans ses actions un équilibre qui l'aide à surmonter les situations difficiles qui surgissent dans sa vie.

Mais la manière dont un *sadhak*, un chercheur véritable, envisage le *karma*, n'a rien à voir avec l'attitude d'un croyant ordinaire. Un *sadhak* ne s'inquiète pas de savoir si son *karma* lui réserve de bonnes ou de mauvaises expériences. Il n'a cure de la bonne ou de la mauvaise fortune qui l'attend. Le véritable chercheur consacre toute son énergie à plonger de plus en plus profondément dans sa propre conscience. Il ne veut pas se préoccuper du fruit de ses actions. Il s'abandonne totalement au Divin et se concentre entièrement sur ses pratiques spirituelles. Il laisse les événements se produire naturellement, il ne lutte pas. Il sait que son *karma* est comparable à une flèche déjà décochée. La flèche ne peut manquer d'atteindre sa cible. Peu lui importe qu'elle le frappe, le blesse ou même le tue, si tel est son destin. Tant que l'aiguille du phonographe déchiffre les sillons d'un disque, nous entendons l'air gravé sur ce disque. De même, l'aiguille de la vie déchiffre un disque. Aussi longtemps qu'elle est posée sur le sillon, la musique retentit. Qu'elle soit bonne ou mauvaise, il en est l'auteur ; il s'agit de sa propre voix. Il sait qu'il doit affronter seul son destin, même s'il s'avère douloureux. Le chercheur ne souhaite pas échapper à son *karma* car il sait qu'il s'agit d'un processus de purification, d'un nettoyage des taches qu'il a faites dans le passé. Il veut accélérer le processus. Lutter ou réagir ne fera qu'allonger la chaîne du *karma*, il le sait et reste donc tranquille. Dans le cas d'un *sadhak*, le *karma* ne joue pas avec la même force, avec la même intensité que pour les autres personnes. Le pouvoir de ses pratiques spirituelles l'entoure d'une force protectrice. Et par-dessus tout, il jouit constamment de la grâce et de la protection du *guru*. Il recevra donc, même dans les périodes les plus difficiles, soutien et réconfort.

Mes enfants, un chercheur véritable empêche le flot du mental d'aller vers le passé et le futur. Il s'efforce d'affronter le présent avec intelligence et discernement. Il accepte les circonstances présentes sans réagir. La moindre réaction allonge la chaîne de son *karma*. Il s'efforce donc de rester tranquille. Son seul but est d'arrêter la roue du *karma* et de ses fruits.

Il est aisé de surmonter le *karma* lorsqu'on reçoit la grâce d'un *Satguru*. Obéissez aux instructions d'un Maître parfait et vous sortirez indemnes de telles épreuves. La foi en votre *guru* vous remplira le cœur et l'âme d'une force et d'un courage immenses. Même la mort ne peut pas vous toucher si vous avez la direction et la grâce d'un *Satguru*.

La foi

« Mais Amma, c'est une question de foi, n'est-ce pas ? Qu'en est-il d'une personne qui n'a pas la foi ? »

« Oui, bien sûr, » répondit Amma, « l'amour et la foi sont nécessaires, ils nous insufflent force et courage ; la foi seule peut permettre au flot incessant de la grâce du *guru* de pénétrer en nous.

Mes enfants, bien des gens nourrissent une forme de foi absurde, sans avoir aucune foi véritable. La question de la véritable foi éveille leurs soupçons, leur scepticisme, et fait naître mille doutes dans leur mental. Ils ne peuvent éprouver de foi véritable car ce sont la peur et le doute qui dominent en eux, non la confiance et l'amour. Ils ne nourrissent cependant aucune crainte, aucun doute au sujet de leur appareil de télévision ou autres objets périssables. Même des gens soi-disant intelligents placent toute leur confiance dans des objets tels que voiture, télévision et maison, susceptibles de casser ou de s'effondrer à tout instant ; les gens ont pourtant une grande foi en eux. Quel dommage ! Ils n'ont pas foi en l'*Atman* impérissable qui est leur propre existence.

Si vous demandez à une de ces personnes d'avoir foi dans un *mantra*, dans une prière ou une technique de méditation, d'avoir foi en un *Mahatma* ou en Dieu, elle vous posera cent questions, exprimera les doutes et les craintes qui l'assaillent. Il lui est impossible de faire confiance aux pratiques spirituelles. Elle déclare alors peut-être : « Vous savez, j'ai très peu de temps à consacrer à de telles pratiques et je ne crois pas à leur efficacité. Je considère en outre mon travail comme une *sadhana*. De nos jours, les gens de religion sont plus nuisibles à la société que quiconque. » La liste des excuses fournies n'a pas de fin. En réalité, une telle personne ne veut pas croire. Voiture, maison et télévision lui suffisent. La foi qu'elle place en ces objets la rend heureuse. N'est-ce pas là une foi absurde ?

Mes enfants, je vais vous raconter une histoire. Il était une fois un homme très malade qui sombra un jour dans le coma ; tout le monde le crut mort. Les pompes funèbres prirent donc le corps, le lavèrent et le placèrent dans un cercueil. On prit des dispositions pour les funérailles et un prêtre fut invité à accomplir les derniers rites. Au cours du trajet vers le cimetière, les porteurs entendirent frapper de l'intérieur du cercueil. Ils le posèrent et l'ouvrirent. Les gens s'assemblèrent autour du mort, qui se mit soudain à parler : « Je ne suis pas mort, je n'ai pas rendu l'âme. Laissez-moi sortir de cette boîte. » Mais ils répondirent : « Désolé, monsieur, il est impossible que vous soyez en vie. Le docteur a certifié votre décès et le prêtre l'a confirmé. » Sur ce, ils refermèrent le couvercle et enterrèrent l'homme comme prévu. » Cette conclusion provoqua un rire général.

Après un bref silence, Amma reprit : « La confiance que nous plaçons dans notre téléviseur et notre voiture, même notre foi dans ce corps que nous trimballons partout, est absurde tant que nous ne comprenons pas la place et le sens qui leur reviennent dans notre vie. Si vous regardez autour de vous et observez de près la vie des gens, vous verrez que ce manque de foi est la cause de tous leurs ennuis. Sans foi, vous n'avez ni sentiments, ni cœur, ni amour. C'est une vérité universelle, valable pour tous et partout. Sans foi, vous êtes rempli de peur ; la peur vous rend infirme, elle vous paralyse.

Les gens placent une grande confiance dans les examens et les diplômes, ils ont donc foi dans les paroles d'un docteur ou d'un scientifique, bien que ces derniers soient enlisés dans l'intellect et par conséquent limités. Un *Mahatma* ne possède pas de diplôme impressionnant, c'est pourquoi ils mettent en doute ses paroles et son authenticité, alors qu'il a plongé dans les mystères les plus profonds de l'univers et que sa sagesse et son pouvoir sont illimités.

Une personne dépourvue de foi est sensible et fragile à l'excès ; un rien — une parole, un regard — suffit à la blesser, à l'abattre et à l'attrister. La moindre difficulté la fait trembler. Il lui est impossible de penser ou d'agir avec discernement. Dans un moment de faiblesse, de telles personnes peuvent aller jusqu'au suicide. Une personne dotée de foi, en revanche, garde toujours un bon moral. Quelles que soient les circonstances, sa foi la protège. Amma parle bien entendu d'une foi inébranlable en Dieu ou en un Maître parfait, un *Satguru*. »

« Mais, Amma, les personnes qui n'ont pas foi en l'existence d'un pouvoir suprême mènent une vie normale, n'est-ce pas ? »

Amma répondit : « Il se peut que vous rencontriez des incroyants dont la vie semble se dérouler normalement, sans trop de problèmes ou de difficultés ; vous vous étonnerez en songeant : « Cette personne n'a foi ni en Dieu ni en un principe supérieur et cependant, tout va bien pour elle. Elle semble heureuse et satisfaite de ce qu'elle a. » Mais votre observation et votre jugement se fondent uniquement sur les apparences extérieures. La personne paraît heureuse, mais vous ignorez ce qu'elle éprouve à l'intérieur. Il est probable qu'elle souffre d'une certaine sécheresse intérieure et n'a pas grand goût à la vie. Elle se sent toujours menacée et ne parvient que rarement à se détendre. Incapable d'avoir foi en quoi que ce soit, elle fait preuve bien souvent d'étroitesse d'esprit et de manque d'amour. Un athée n'a pas la force de gérer ses propres problèmes, comment pourrait-il s'arrêter pour écouter ceux de sa femme et de ses enfants ? Impatient envers autrui, il se met facilement en colère et se montre blessant, si bien que personne ne veut être son ami.

Les gens continuent à vivre ainsi jusqu'à ce qu'ils prennent conscience de leur sécheresse intérieure. Cette prise de conscience les aide à se tourner enfin vers quelque chose qui puisse combler le manque dont ils souffrent. La foi et l'amour, seuls, pourront remplir ce vide. La vie n'est pleine et entière que si la foi envers un pouvoir suprême emplit notre cœur. Tant que cela n'est pas le cas, nous continuons à chercher un remède à ce vide intérieur. Nous essayons de le combler par différents moyens, par exemple en travaillant dur ou bien en nous accrochant à des objets et en tentant d'en retirer du plaisir. Mais le vide subsiste et il peut même grandir.

Tout objet auquel nous nous attachons, tout désir égoïste que nous satisfaisons est comme une berge sur laquelle nous espérons nous reposer et être en paix. Rappelez-vous : chaque bond vers une rive, le moindre effort pour trouver la stabilité dans le monde extérieur augmente en réalité le fossé de notre insatisfaction. Nous mettrons alors plus longtemps pour atteindre la rive de notre existence réelle. Nous découvrons vite que les berges sur lesquelles nous espérions nous reposer s'effondrent et s'affaissent. Tous les objets dans lesquels nous plaçons notre foi et notre amour s'avèrent un jour inutiles et absurdes. Ce moment viendra tôt ou tard mais d'ici là, notre manque de foi nous empêche d'éprouver la plénitude. Nous demeurons sceptiques et figés mais nous finirons par nous écrier un jour : « Ô Seigneur ! Je suis désemparé. Viens et sauve-moi. Aide-moi ! Protège-moi ! » Nous appellerons Dieu au secours lorsque nous verrons que tous nos espoirs mènent au désespoir.

Les soi-disant intellectuels ou grands penseurs qui nient l'existence de Dieu et se fient au seul pouvoir de leur intellect se considèrent souvent comme supérieurs aux autres, surtout à ceux dont la foi en Dieu est forte. Mais en réalité, ce sont eux les perdants, ce sont eux les malheureux. Dépourvus de foi, ils passent à côté de la beauté et du charme de la vie mais ils ne le comprennent pas. Imaginez qu'en marchant, vous voyiez une pierre précieuse au bord du chemin. Qu'arrive-t-il si vous passez sans la ramasser ? Vous perdez l'occasion de la faire vôtre, n'est-ce pas ? C'est vous qui avez manqué une belle chance. Le joyau, lui, garde sa valeur inestimable ; une autre personne en reconnaîtra le prix et s'enrichira en le ramassant. Au lieu d'admettre votre erreur, au lieu de confesser votre aveuglement, vous vous défendez en affirmant que la pierre est fausse ou vous importe peu. Les sceptiques soutiennent leur croyance de manière similaire. Mais que les êtres humains croient ou non en Lui, Dieu n'en a cure. Ceux qui n'ont pas foi dans le Divin sont les perdants. Sans amour, ces êtres manquent de vitalité et ressemblent à des morts vivants. Ils ne rayonnent pas la beauté et le charme de la vie ; personne n'est attiré par eux ni inspiré par leurs paroles ou par leurs actes. Les gens ne se soucient pas d'eux, même leur femme et leurs enfants trouvent difficile de les supporter. Mais le jour viendra où ils s'écrieront eux aussi : « Seigneur, aide-moi ! »

S'abandonner à Dieu pour affronter le karma

Le visiteur demanda : « Amma, y a-t-il un moment particulier de la vie où la loi du *karma* entre en action ? Est-il possible d'avoir une indication, un signe, avant qu'elle opère ?

Amma, un sourire malicieux aux lèvres, répondit : « À l'instant où les sentiments égoïstes du *moi* et du *mien* se font jour, la loi du *karma* œuvre en vous. Quand l'ego se manifeste, vous oubliez Dieu. Vous agissez et parlez à l'encontre des lois de la nature. Vous déchoyez à tout point de vue. Vos vertus et vos qualités telles que la sollicitude pour autrui, l'amour et la capacité de pardonner s'évanouissent. À cet instant, la loi du *karma* prend effet. Lorsque vous ressassez le passé, critiquez et insultez autrui, blâmez les autres pour les mésaventures qui surviennent dans votre vie, lorsque vous échafaudez des plans et rêvez à un futur plein de promesses, oubliant de vivre dans le présent, alors la loi du *karma* entre en jeu. Cela se produit, aussi bien dans le cas d'un individu que dans celui de la société entière, quand on oublie Dieu. Les gens entrent dans l'engrenage du *karma* lorsqu'ils oublient Dieu. Cette vie, le corps lui-même, sont sans nul doute les produits du *karma*. Mais il existe une façon intelligente et saine de laisser le *karma* agir dans votre vie, une façon qui peut vous permettre de mener une vie heureuse et joyeuse en dépit des expériences karmiques inévitables qu'il faut affronter. »

Un autre visiteur demanda : « Quelle est cette manière intelligente et saine d'épuiser le *karma* ? »

« N'oubliez jamais votre véritable Soi, » répondit Amma. « N'oubliez jamais que votre existence réelle est en Dieu et que tout ce que vous proclamez vôtre est éphémère. Si cela peut devenir une devise que vous pratiquez dans votre vie quotidienne, c'est en soi la manière la plus intelligente d'épuiser votre *karma*. N'oubliez jamais Dieu. N'oubliez jamais la source réelle de votre existence. Ne vous éloignez jamais de votre centre. Le pouvez-vous ? Si vous en êtes capable, vous pouvez transcender la loi du *karma*. Si telle est votre pratique, le *karma* et ses effets ne peuvent plus vous atteindre. La grâce de Dieu ou du *guru* annule le *karma*. Sans la grâce, il est impossible d'affronter le destin. L'effort humain est certes puissant mais les humains manquent de discernement. Ils agissent par égoïsme, et c'est la raison pour laquelle leurs actes, face au destin, n'ont aucun effet. Abandonnez-vous au *Paramatman*. Agissez dans le monde sans être fier de votre pouvoir ; efforcez-vous de sentir la présence de Dieu dans tout ce que vous faites, priez pour que cela vous soit accordé et remerciez-Le pour Sa grâce. Voilà l'essentiel. Les êtres humains pensent qu'il est possible de s'opposer au destin. Mais ils sont en réalité impuissants. Essayez de lutter : vous aurez beau employer la puissance et la force en quantité illimitée, vous serez vaincu, complètement désarmé, écrasé sous le poids de la destinée. »

Ces paroles soulevèrent une question : « Amma, veux-tu dire que l'être humain est totalement impuissant face au *karma* ou destin ? »

Amma répondit : « Non, ce n'est pas cela. Il s'agit d'affronter le *karma*, d'y faire face sans que l'ego surgisse, fier du pouvoir qui est nôtre, mais au contraire en invoquant Dieu et en prenant refuge en Lui. Vous ne pouvez invoquer la puissance divine qu'en vous abandonnant à Lui. S'abandonner à Dieu consiste à devenir humble, capable de se prosterner bien bas devant Lui. L'humilité, mes enfants, telle est la voie. Prosternez-vous, et le *karma* passera au-dessus de votre tête sans vous atteindre car vous êtes le serviteur du Seigneur ; Il vous protège donc.

Amma souhaite vous raconter deux épisodes tirés de la vie de Sri Krishna, qui se déroulèrent pendant la grande bataille de Kouroukshetra. Voici le premier exemple : lorsque Drona, le grand maître qui avait enseigné le maniement des armes aux Pandavas comme aux Kauravas, fut tué par les Pandavas, son fils Asvathama, entra dans une grande furie. Il était si indigné par la trahison que constituait l'assassinat de son père, qu'il lança le Narayanastra, le missile le plus destructeur de tous. Crachant le feu et produisant des milliers d'armes meurtrières, le puissant missile fit des ravages dans les rangs des Pandavas. En quelques secondes, il tua des milliers de soldats. Sri Krishna seul connaissait le moyen de l'éviter. Il courut enjoindre aux bataillons de soldats de jeter leurs armes et de se coucher sur le sol. L'ordre de Sri Krishna fut immédiatement obéi et l'armée Pandava entière s'allongea, à l'exception de Bhima, le second des frères Pandavas, qui resta debout sur le champ de bataille ; il criait, hurlait et défiait l'arme mortelle. Il ne voulait pas s'abandonner et refusait catégoriquement de lâcher ses armes et de s'allonger. Il désirait lutter en duel avec le grand missile Narayanastra et continuait à défier hardiment le missile et à railler Asvathama. Bhima, l'un des hommes les plus forts au monde, ignorant la peur, faisait face à la flèche.

Malheureusement, cette flèche était extrêmement puissante et s'avéra trop formidable même pour lui. Le feu qui émanait d'elle enveloppa lentement Bhima. Il continuait pourtant à danser, à crier et à sauter comme une boule de feu enragée. Voyant le danger inéluctable qui menaçait Bhima, Krishna et Arjouna se précipitèrent vers lui, crièrent en l'implorant : « Bhima, jette tes armes et allonge-toi ! » Mais leurs prières furent vaines. Krishna et Arjouna finirent par s'emparer des armes de Bhima pour les jeter sur le sol. Ils se saisirent de lui et, en conjuguant leurs efforts, le forcèrent à s'allonger. L'effet fut immédiat : le missile se retira et s'éloigna de Bhima.

Eh bien, mes enfants, le puissant Narayanastra représente le *karma*. Rien ne pouvait l'empêcher d'attaquer les soldats. Même les guerriers les plus forts et les plus puissants tels Bhima étaient sans recours devant son pouvoir. Seul pouvait les sauver le commandement de Sri Krishna : « Prosternez-vous, soyez humbles. » Bhima était mû par l'ego. Il pensait pouvoir vaincre grâce à sa force mais il fut attaqué et presque anéanti. Si Krishna n'était pas intervenu, il aurait été réduit en cendres en l'espace d'un instant. Bhima agissait selon sa volonté propre. Il fournissait un effort personnel et s'efforçait de lutter. Il agissait, certes, mais de manière erronée, au mauvais moment et au mauvais endroit.

Le Seigneur Lui-même avait donné l'ordre : « Allongez-vous, abandonnez vos armes. » Mais Bhima était trop plein d'ego pour obéir. Il pensait : « Je suis grand. Je suis puissant. Rien ne peut m'abattre. » La plupart des gens sont sous l'emprise de l'ego et croient pouvoir accomplir beaucoup. Mais le destin est plus puissant et à moins que vous n'adhériez à l'enseignement d'un Maître parfait, aux commandements de Dieu, il vous anéantira. Krishna sauva Bhima parce qu'il était prêt à s'abandonner. Il avait toujours obéi aux paroles de Krishna, qui fit donc preuve de compassion en le sauvant.

Mes enfants, les armes de l'ego et la force sont impuissantes face à la destinée, la seule voie consiste à les abandonner et à se soumettre aux instructions d'un *guru* en vous prosternant, vous allongeant face contre terre, en vous abandonnant humblement. Il est sinon impossible d'échapper au *karma*. Si Dieu (ou la grâce du *guru*) est avec vous, la flèche du *karma*, déjà décochée par votre passé, ne pourra pas vous atteindre. »

Après un temps d'arrêt, Amma reprit : « Écoutez maintenant la seconde anecdote tirée du Mahabharata. Il s'agit du combat qui opposa Arjouna et Karna. Karna jouissait d'une grande supériorité en tant qu'archer. Il lança un missile divin, avec l'intention de couper la tête d'Arjouna. Krishna conduisait le char d'Arjouna et Il vit arriver le grand danger karmique qui menaçait Arjouna. Aussitôt, plein de compassion, il appuya avec Son gros orteil pour que les chevaux s'agenouillent. Les roues du char, sous l'effet d'une telle pression, s'enfoncèrent de quelques centimètres dans la terre. La flèche renversa alors la couronne d'Arjouna sans blesser aucun point de son corps.

Là encore, nous trouvons quelques enseignements importants. Et d'abord, Sri Krishna Lui-même conduisait le char d'Arjouna. Arjouna avait donc choisi le Seigneur pour tenir les rênes du char de sa vie. Avant le début de la bataille, Arjouna et Duryodhana eurent le choix. Krishna leur dit : « Je peux donner l'armée entière à l'un de vous, mais Je ne viendrai pas ou bien Je peux venir et conduire votre char, mais Je n'aurai pas d'armes et l'armée aidera votre ennemi ; que choisissez-vous, Moi ou Mon armée ? » Sans aucune hésitation, Arjouna répondit : « C'est Toi que je choisis, Seigneur, Toi seul me suffit ; je n'ai pas besoin de l'armée. » Arjouna choisit donc le Seigneur comme Maître. Grâce à cet abandon de lui-même, il obtint la grâce de Dieu. Arjouna était capable de discerner : il ne choisit pas, pour l'aider, des soldats et des amis humains, mais opta pour Dieu seul. C'est là une grande différence. Sous l'effet salvateur de la grâce de Dieu, la flèche karmique passe au-dessus de votre tête, détruisant peut-être quelque dérisoire couronne ou un objet semblable, mais sans provoquer d'accident fatal.

Arjouna était puissant, mais pas autant que Karna ; Arjouna représente l'action, l'effort humain, et Karna le destin. Karna est plus puissant qu'Arjouna. Sans la grâce du Seigneur tout-puissant, les efforts d'Arjouna pour échapper à la flèche mortelle de Karna auraient été vains. Voyez, l'armée de Duryodhana était meilleure et plus nombreuse que celle des Pandavas. Il avait à ses côtés bien des guerriers valeureux. Son armée était supérieure sous tous les aspects. Duryodhana et son armée symbolisent la force et le pouvoir humains dépourvus de la grâce. Les Pandavas avaient de leur côté Krishna, le Seigneur, la Source même de la grâce et de la puissance. La bataille était destinée à se produire, personne ne pouvait l'empêcher, elle était l'aboutissement des actions passées des Kauravas et des Pandavas, le fruit de leurs actes. Mais l'abandon de Soi, la foi et la dévotion aidèrent les Pandavas à surmonter la situation, tandis que l'orgueil, la méchanceté et l'égoïsme menèrent les Kauravas à leur perte, faisant d'eux des proies aisées pour la puissance formidable du *karma*. »

Amma se tut en disant : « Mes enfants, assez de paroles pour l'instant. »

Un des visiteurs avait été formé à la musique classique indienne et il avait composé plusieurs chants. Il exprima le désir de chanter pour Amma. Assis à l'harmonium, il chanta :

Paravasamannen Hridayam

Ô Mère
Mon mental est dans une profonde détresse,
Bien des pensées viennent le distraire et l'agiter.
Ne tarde plus à prendre soin
Du malheureux que je suis !

Je T'en prie, alors que je sombre sans recours
Dans les profondeurs de l'océan,
Daigne m'accorder un regard.

Ô Mère, dont le passé glorieux est connu de tous,
Ne viendras-Tu pas essuyer mes yeux pleins de larmes ?
Des vagues de désespoir sèment la confusion dans mon esprit

Et j'erre dans un océan de feu, incapable d'atteindre la rive,
Sans la moindre vision de Tes Pieds de lotus.

Quand le dévot se mit à chanter, Amma ferma les yeux, dans une attitude parfaite de méditation. L'homme chantait avec beaucoup de cœur, et l'auditoire était visiblement ému. Lorsque le chant atteignit son apogée, le musicien chantant à travers ses larmes, Amma leva la main droite. Le majeur et l'annulaire étaient repliés, tandis que les autres doigts étaient levés, formant un *mudra* divin. Sa main gauche reposait sur ses genoux et un sourire resplendissant illuminait son visage. Amma demeura dans cet état après la fin du chant. Son extase divine (*bhava*) incita le musicien à chanter un autre chant,

Ehi Murare

Ô Destructeur des démons Moura et Madhou,
Ô Keshava, océan de compassion,
Toi l'ami des humbles,
Toi qui joues dans les bosquets de la forêt,
Beau visage, Être béni,
Viens !

Ô Krishna,
Serein Madhousoudana,
Des centaines d'abeilles butinent dans les bosquets ;
Krishna, mon Bien-aimé,
Toi qui aimes jouer,
Ô serein Madhousoudana,
J'implore la faveur de Ton darshan !

Ô Toi qui enchantes Radha,
Toi qui as tué le démon Kamsa,
Ô Krishna, je me prosterne à Tes Pieds,
Qui détruisent toute souffrance.

Ô Janardana, drapé d'un vêtement jaune,
Viens à moi dans le bosquet Mandhara !

L'assistance reprit en chœur ce second chant avec beaucoup d'amour et de dévotion, certaines personnes frappant dans leurs mains pour marquer le rythme. Quelques minutes après la fin du chant, tout le monde quitta la hutte, obéissant aux instructions données par l'un des anciens *brahmacharis*. Partie dans un autre monde, Amma demeura quelque temps encore dans son extase sublime.

CHAPITRE 4

Lundi 3 septembre 1984

Tôt ce matin, devant le temple, Amma consolait une femme du voisinage qui pleurait et se plaignait de son mari. « Ammachi, » disait-elle, « suis-je destinée à souffrir ainsi jusqu'à la fin de mes jours ? J'ai sept enfants. La fille aînée a déjà vingt-huit ans et n'est toujours pas mariée. Mon cinquième enfant est un brillant élève et j'essaye de l'envoyer à l'école. Pour qu'il puisse se concentrer sur ses études, il faut que la situation familiale s'améliore, mais mon mari gâche tout. Il ne travaille pas pour subvenir à nos besoins matériels et ne nous apporte aucun soutien moral. »

Incapable de retenir ses larmes plus longtemps, la femme s'assit sous l'avant-toit du temple et éclata en sanglots. Amma s'assit près d'elle, lui releva doucement la tête et essuya ses larmes en disant : « Ma fille, ne t'inquiète pas. Amma va essayer de parler à ton mari ; espérons qu'il écoutera Amma. S'il ne s'améliore pas et continue à troubler l'harmonie de la famille, Amma réfléchira à un moyen de t'aider. Ne pleure pas, calme-toi. »

Amma plaça la tête de la femme sur son épaule et continua à lui manifester son affection et sa sollicitude. Celle-ci se détendit un peu. « Ammachi » dit-elle, visiblement un peu consolée, « il a beaucoup de respect pour toi, dont il ne dit que du bien, mais on ne peut guère avoir confiance en lui. »

Amma répondit : « Laisse Amma essayer. » Elle se leva et s'apprêtait à partir lorsque la dévote appela : « Ammachi ! » Amma se retourna. « Qu'y a-t-il, ma fille ? As-tu besoin de quelque chose ? Avec quelque hésitation, elle avoua : « Ammachi, il n'y a rien à manger à la maison. Cela fait trois jours que je n'ai pas de travail. Jusqu'à hier, j'ai réussi à me débrouiller avec mes maigres économies, mais aujourd'hui, il n'y a pas un centime à la maison. Et en plus, mon fils doué pour les études a une forte fièvre ; je n'ai pas les moyens de l'envoyer à l'hôpital ou d'acheter les remèdes que le médecin pourrait lui prescrire. »

Amma lui dit en souriant : « Pourquoi hésites-tu à en parler à Amma ? » Puis elle ordonna à Kunjumol d'appeler Gayatri qui arriva en quelques minutes. Amma lui murmura quelque chose à l'oreille. Gayatri partit et en attendant qu'elle revienne, Amma engagea une conversation légère avec la villageoise.

Dès qu'Amma parle avec les villageois, elle devient l'une d'entre eux, s'identifie à eux. Ils se sentent si à l'aise avec elle qu'ils lui ouvrent leur cœur sans réticence, ils lui racontent tout, leur vie intime aussi bien que la gazette du village. Amma ne manifeste aucune impatience, elle écoute avec une grande attention leurs paroles et les met à l'aise. Beaucoup d'entre eux ne sont pas des dévots et n'ont pas même foi en Dieu. Pourtant, la présence d'Amma les touche. Après lui avoir parlé de leurs problèmes, ils déclarent : « Quoi qu'il en soit, elle nous apporte un grand soulagement et nous redonne confiance. »

Gayatri revint bientôt avec un sac en tissu rempli de riz, de fruits et de légumes. Amma lui prit le sac des mains et le donna à la femme. Se tournant vers Gayatri, elle lui dit : « Toi, donne l'argent. » Gayatri remit quelque argent à la femme tandis qu'Amma lui expliquait que cette somme devait lui permettre d'emmener son fils à l'hôpital et d'acheter les médicaments dont il pourrait avoir besoin. La villageoise quitta l'ashram le cœur rempli d'amour et de gratitude.

Vivez dans l'attente du Seigneur

Amma se dirigea ensuite vers les huttes des *brahmacharis* ; elle passa quelques minutes dans chaque hutte et donna des instructions aux *brahmacharis* sur la façon de suspendre leurs vêtements, de prendre soin de leur autel, de ranger leurs livres et de mettre de l'ordre dans leurs effets personnels. Dans l'une des huttes vivait un *brahmachari* fort brouillon, qui ne veillait pas à la propreté des lieux. De nombreux objets gisaient en désordre sur le sol et la photo sur l'autel était couverte de poussière. Sérieuse, Amma se tourna vers lui et dit : « Fils, ta chambre devrait-elle avoir cette allure ? Seule une personne dénuée de *shraddha* ou de *bhakti* se comporte ainsi. Regarde tes vêtements ; vois tes livres éparpillés sur le sol ; et cette photo, ta *dhyana rupam* (forme de méditation), est pleine de poussière. »

Amma prit la photo, la montra à la ronde en disant : « Regardez cette photo. C'est la forme sur laquelle il médite. Voyez comme il prend peu soin de sa *dhyana rupam*. Est-il possible d'agir de la sorte si l'on éprouve le moindre amour envers sa divinité d'élection ou son *guru* ? Les Écritures disent qu'il faut aimer sa divinité d'élection comme soi-même. »

Se tournant vers le *brahmachari* négligent, elle continua : « Il est évident que tu n'as pas nettoyé cette photo depuis longtemps. Cela montre que tu n'as pas d'amour pour ta divinité d'élection. Mes enfants, un *sadhak* est censé percevoir sa divinité d'élection, son *guru* ou Dieu, partout. Celui qui s'efforce de voir et de sentir la présence divine partout accorde de l'importance à la propreté extérieure. Il pense que son Dieu ou son *ishta devata* réside en tout lieu, s'y promène, y est assis. Brûlant d'un amour et d'une dévotion intenses, le *sadhak*, de tout son être, attend Son arrivée.

Dévoré d'une soif inextinguible, il veut boire Sa beauté, remplir son cœur de la présence du Seigneur et il attend donc avec impatience. Chaque pas qu'il entend, chaque mouvement qu'il perçoit, tout ce qu'il contemple, soulève en lui l'espoir de contempler son Seigneur, sa divinité d'élection. Il ne peut recevoir son Seigneur dans un endroit sale et minable ; il ne peut L'accueillir dans un lieu en désordre et malpropre. Dieu est son bien-aimé, mais il sait que Dieu est tout-puissant, omniprésent et omniscient, et qu'Il est plus pur que le plus pur. Cette conscience le remplit de crainte et d'un respect sacré.

Qu'offres-tu à la personne que tu aimes le plus au monde, à celle qui t'est la plus chère ? Qu'aimerais-tu lui donner ? Uniquement de bonnes choses. Jamais tu ne songerais à lui offrir rien de mauvais, n'est-ce pas ? Eh bien votre amour et votre affection pour Dieu, pour votre divinité d'élection ou votre *guru* se reflètent dans vos actions, dans la beauté de vos actions. Cela ne signifie pas que Dieu n'accepte que ce qui est bon. Il est vrai qu'Il accepte tout ce qui est offert avec dévotion et amour. Mais nous n'avons pas atteint cet état d'amour suprême où nous oublions tout, même notre propre individualité. Cet état d'amour suprême transcende le pur et l'impur. Ce qui caractérise un véritable dévot, c'est qu'il attend sans cesse l'arrivée du Seigneur ou du *guru* ; il attend, consumé de désir. Un tel *sadhak* est toujours prêt, intérieurement et extérieurement, à recevoir Dieu, à accueillir son *guru* ou son Seigneur. »

Un *brahmachari* demanda : « Amma, pourrais-tu expliquer ce que tu entends par « attendre » ? »

« Mon fils, attendre l'arrivée du Seigneur, le cœur brûlant d'impatience, tel devrait être l'état d'esprit permanent d'un *sadhak*. À chaque instant, tu devrais être prêt à Le recevoir et à L'accueillir. Ton autel n'est pas juste un endroit où placer des photos, mais une demeure où le Seigneur peut venir résider. Lorsque tu éprouves ce sentiment, il t'est impossible de manquer d'ordre et de propreté. Même si ta maison ou ton logement est petit, voire minuscule, tu dois en prendre soin. Efforce-toi d'y maintenir l'atmosphère sereine d'un temple. Les alentours devraient être entretenus dans le même état d'esprit. Tu dois arranger ta chambre, la réorganiser et la garder propre, comme si tu étais toujours prêt à accueillir ton Seigneur. Souviens-toi que ton Seigneur ou ton Amma peut entrer à tout instant, et cela t'aidera sans nul doute à garder la chambre propre et rangée. Tu désireras en effet que le lieu se prête à ce qu'Il ou Elle entre et S'asseye. Ton attitude mentale, ta pureté et ta propreté, se refléteront également dans tes actes.

Tu as entendu parler de Shabari, la grande adoratrice de Sri Rama. Telle était son attitude. À chaque instant de sa vie, elle attendait le Seigneur. Elle songeait : « Il peut venir à tout moment. Je dois donc être prête à L'accueillir. » Et elle l'était. Sa maison et ses alentours brillaient toujours de propreté ; chaque jour, elle nettoyait la pièce et faisait le lit du Seigneur, pour qu'Il puisse S'y reposer ; chaque jour, elle décorait la maison et pas une fois elle n'oublia de parsemer le chemin menant à sa petite maison de fleurs fraîches et parfumées. Elle cueillait pour le Seigneur les fruits les plus frais, les plus beaux. Les objets utilisés pour la *puja*, pour le lavement des pieds du Seigneur, étaient toujours bien astiqués, prêts à servir. Tous les matins, elle décorait magnifiquement le siège préparé pour le Seigneur et faisait pour Lui une guirlande de fleurs fraîchement cueillies. Un doux parfum remplissait l'atmosphère. Le nom du Seigneur était toujours sur ses lèvres. Sans quitter le chemin du regard, Shabari, la grande *bhakta*, attendit, attendit et attendit pendant de longues, longues années.

Les *gopis* de Vrindavan connurent une attente semblable après le départ de Krishna. Lorsqu'Il partit pour Mathoura, elles perdirent l'esprit et tentèrent de L'arrêter. Quand les messagers du roi Kamsa, Akroura et Oudhava, vinrent pour ramener Krishna à

Mathoura, les *gopis* les réprimandèrent sévèrement. Leur détresse était si grande qu'elles tinrent les deux innocents messagers pour responsables du départ de Krishna et les maudirent. « Ne vous inquiétez pas, » leur dit Krishna, « J'ai une mission à remplir à Mathoura. Dès qu'elle sera accomplie, sans perdre une seconde, je me hâterai de revenir vers vous. Comment pourrais-je demeurer loin de vous, vous qui incarnez l'amour ? » Mais Krishna ne revint jamais à Vrindavan.

Pour les *gopis*, le départ de Krishna marqua le début d'une longue, d'une interminable attente ; leur cœur battait, plein d'espoir. Espérant que Krishna viendrait, chaque jour elles préparaient pour Lui du beurre et du *ghee*. Pour accueillir leur bien-aimé Krishna, elles décoraient leur maison et traçaient devant la porte des motifs et des symboles de bon augure. Les yeux rivés sur le portail, chaque jour, les *gopis* attendaient. Leurs yeux étaient toujours pleins de larmes. Pour elles, tous les aspects de la nature, les animaux, les oiseaux, les arbres, les buissons, les plantes, les fleurs, les rivières, les montagnes et les vallées, tout attendait Krishna. L'ardeur de leur désir finit par les transformer en *Krishnamayis* ; elles étaient totalement imprégnées de Krishna.

Voilà pourquoi Amma a déclaré que tu étais dénué d'amour et de foi. Si tu possédais ces qualités, jamais un tel désordre n'aurait régné dans cette pièce. On y aurait respiré la sérénité et la pureté d'un temple. Cela montre que tu manques de *shraddha* et de *bhakti*, qui sont les deux qualités fondamentales d'un *sadhak*. »

Amma prit la photo et l'essuya avec le bout de son sari. Après l'avoir replacée sur l'autel, elle se mit à ramasser les vêtements et les livres qui gisaient sur le sol. Tout en rangeant les livres sur une petite étagère en coin, elle dit : « Regardez, il a pris des livres sur cette étagère, mais ne s'est jamais soucié de les remettre en place. » Puis elle demanda à l'un des *brahmacharis* d'aller chercher un bout de corde. Tandis qu'elle attendait son retour, Amma se retourna soudain et dit au *brahmachari,* resté dans la hutte : « Tu penses peut-être « Pourquoi Amma fait-elle tant d'histoires pour une bêtise ? » Tu penses que c'est le cœur qui a besoin d'être purifié, que c'est le cœur qui doit devenir le sanctuaire. » Se tournant vers les autres *brahmacharis,* elle dit : « Il pense que la propreté extérieure n'a pas grande importance. « Shabari ne mordait-elle pas chaque fruit qu'elle offrait à Dieu pour s'assurer qu'il était mûr et sucré ? Kannappa[4] n'offrait-il pas à Dieu de la viande et des fleurs qu'il avait portées sur sa tête ? Il baignait même l'image du Seigneur avec de l'eau qu'il avait transportée dans sa bouche. » Voilà ce qu'il pense. »

Le *brahmachari* pâlit et baissa la tête. Sur un ton léger, Amma avait mot pour mot répété ses pensées. Au bout de quelques secondes, il leva la tête et dit d'un ton plein de remords : « Amma, pardonne-moi. Tes paroles sont exactes. Tu as capté toutes mes

---

[4] Kannappa était un chasseur qui découvrit un temple consacré à Shiva alors qu'il chassait dans la forêt. Il éprouva spontanément une grande dévotion pour l'image du Seigneur Shiva qui était installée dans ce temple. Il ignorait tout des rituels d'adoration, mais il sentit la présence vivante du Seigneur dans l'image et se mit à l'adorer à sa façon. Il offrit au Seigneur la viande d'un sanglier fraîchement tué et pour Lui donner le bain, transporta dans sa bouche l'eau de la rivière, qu'il recracha sur l'idole ; il orna l'image de fleurs qu'il avait portées sur sa tête. D'un point de vue orthodoxe, tous ces actes étaient sacrilèges et transgressaient les règles de la pureté rituelle. Le prêtre qui trouvait chaque matin la viande dans le temple, devant l'idole, était furieux. Le Seigneur finit par lui révéler en rêve que Kannapa était Son plus grand dévot et qu'Il le lui prouverait le lendemain. Le prêtre se cacha dans le temple au moment où Kannappa était susceptible de venir. Lorsque Kannappa vint pour adorer le Seigneur, il remarqua que l'un des yeux de l'idole saignait. Il essaya différents remèdes, mais aucun ne parvint à arrêter l'écoulement du sang. Il se résolut enfin à donner son œil au Seigneur, à la place de l'œil malade. Il s'arracha l'œil et le plaça sur celui qui saignait. L'autre œil de l'idole se mit alors à saigner et il commençait à s'arracher l'autre œil quand le Seigneur, voyant sa dévotion, lui rendit la vue et proclama sa gloire.

pensées. Amma, je t'en prie, éclaire-moi. » Il avait les larmes aux yeux.

Le *brahmachari* était certes un peu contrarié d'être ainsi découvert devant tous. Sa confession déclencha de grands rires. Amma s'anima tout à coup et se mit à rire comme une enfant. Riant toujours, elle tirait et poussait ceux qui se trouvaient près d'elle. Elle attrapa soudain les longs cheveux de Balou et tira fort ; « Aïe, » cria-t-il, ce qui déclencha de nouveaux rires.

Les rires calmés, Amma s'assit par terre et reprit : « Fils, tes pensées sont exactes. Mais ton mental est-il aussi pur que celui de Shabari ou de Kannappa ? Il est vrai que le comportement de Shabari et de Kannappa n'était pas conforme aux règles traditionnelles, mais leur cœur était pur. Ils étaient innocents comme des enfants. As-tu la même innocence et la même pureté ? T'arracherais-tu les yeux comme Kannappa ? Serais-tu capable d'un tel sacrifice ? Ou ressembles-tu à Shabari, qui chaque jour, le cœur brûlant de désir et d'amour, attendait le Seigneur ? Tu n'es capable ni de l'un ni de l'autre. Quel sens ont donc de si nobles pensées ?

C'est l'amour pur et innocent qui incitait Shabari et Kannappa à faire de telles offrandes. Quand le cœur est rempli d'un tel amour, vous êtes absent, l'ego est absent. Dans cet état, l'amour seul est présent ; votre individualité disparaît et vous vous fondez en Dieu. Vous devenez innocent comme un enfant. Quand un enfant offre un cadeau, il est impossible de le repousser car l'amour de l'enfant est pur et sans tache. Quand vous baignez dans cet amour, les sentiments opposés tels que le pur et l'impur, le bien et le mal, n'existent pas. Il n'y a que l'amour. On ne peut pas repousser l'amour pur. Les objets offerts par Kannappa et Shabari avaient en eux-mêmes peu d'importance ; c'est leur cœur plein d'amour qu'ils offraient au Seigneur. Ils constituaient eux-mêmes l'offrande. Comme des enfants pleins d'amour, ils passaient outre les notions de pur et d'impur ; ils oubliaient devoirs et interdits.

Mon fils, certaines personnes, lorsqu'elles sont incapables d'accomplir l'acte juste ou trouvent que c'est trop difficile, essayent de justifier leur propre comportement. C'est la nature humaine : plutôt que de s'avouer fautives, elles cherchent une issue. Elles rationalisent leur attitude, même si cela n'a pas grand sens. C'est là une *vasana* très subtile. C'est encore un tour du mental. Prends garde et fais attention à cet aspect du mental. Un *sadhak* ne devrait pas tomber dans une telle faiblesse. »

Le *brahmachari* qui était parti chercher de la corde revint. Amma se leva et prit la corde. Avec l'aide des autres *brahmacharis*, elle fabriqua une corde à linge, en attachant les extrémités à deux poteaux. Puis, elle plia les vêtements un par un et les mit sur la corde. Elle fit ensuite le tour de la hutte en ramassant les objets inutiles et superflus éparpillés sur le sol. Certains objets étaient coincés dans les murs faits de feuilles de cocotier tressées, d'autres gisaient dans un coin obscur de la hutte. Il y avait des bouts de papier, de vieux vêtements, une brosse à dents usée, un tube de dentifrice vide, des stylos cassés,.... Avant de jeter un objet dans un seau, poubelle improvisée, Amma demandait à l'habitant de la hutte : « Veux-tu garder cela ? » ou bien : « En as-tu l'usage ? » S'il répondait : « Non » Amma le jetait dans la poubelle. S'il disait : « Oui », Elle le lui rendait. Ce tri dura un certain temps.

Amma examina ensuite *l'asana* posé devant l'autel. C'était un tissu épais sur lequel le *brahmachari* s'asseyait pour méditer. Elle y mit le nez et fit la grimace, pour indiquer qu'il sentait mauvais. Donnant *l'asana* à un *brahamachari*, elle dit : « Lave-le pour lui. »

Maintenant que tout était rangé, Amma elle-même balaya la pièce. Un *brahmachari* alluma un bâton d'encens et Amma s'assit sur une natte pour se détendre. Gayatri vint lui offrir à boire. Amma ne prit qu'une gorgée et lui rendit le verre. Gayatri attendit un moment, tenant le verre, espérant qu'elle demanderait à boire un peu plus, mais en vain. Elle finit par demander : « Encore un peu, Amma ? » « Non, cela suffit, » répondit Amma. Elle demanda à Gayatri de s'asseoir près d'elle, puis s'allongea, la tête sur ses genoux et chanta

Kannunir toratha ravukal

Combien de nuits ai-je passées,
Les yeux baignés de larmes ?
Incarnation de la compassion,
Ne viendras-Tu pas aujourd'hui ?
Sridhara Krishna,
À chaque instant de cette attente,
Prisonnier d'une pluie de feu,
Je brûle pendant une éternité.

Mes nuits se passent à T'attendre
Les éclairs, dont les épées dansantes zèbrent la nuit,
Me semblent annoncer le cortège de Tes serviteurs.
Je reste immobile,
Le moindre craquement dans les ténèbres
Résonne à mes oreilles comme le bruit de Tes pas.

Ô Kanna,
Toi qui es libre de souffrance à jamais,
Toi dont l'amour rend le cœur tendre,
Quand verrai-je Ton doux sourire ?
Quand viendras-Tu sauver cette fille
Qui sanglote et se noie dans ses larmes ?

Ô Madhava, Krishna,
Accorde-moi la bénédiction de renaître
En tant que brin d'herbe
Ou grain de sable sur Ton chemin.
Ou bien, fais de moi un grain de pâte de santal
À l'usage des serviteurs de Tes dévots.

Amma resta ensuite un moment en extase. Quand elle ouvrit les yeux, le même *brahmachari* reprit la parole : « Amma, en nettoyant cette pièce, tu m'as en réalité donné une punition. » Puis il se reprit : « Pardonne-moi, Amma, je ne devrais pas employer le mot punition. Je sais que tu ne punis personne. Tu nous corriges simplement pour nous enseigner à devenir meilleurs. Les leçons que nous recevons au travers de tes actes et de tes paroles sont pour notre bien. Tu ne nous « punis » que par amour et par compassion mais notre ignorance est telle que nous l'oublions la plupart du temps. Lorsqu'Amma a dévoilé mes pensées, alors qu'elle nettoyait ma chambre, et en particulier quand elle a pris mon *asana* sale pour le donner à un autre *brahmachari* en lui demandant de le laver pour moi, j'ai éprouvé de la honte et cela m'a blessé. J'ai pensé qu'Amma tentait délibérément de m'humilier devant les autres. Je sais bien que ce n'est pas l'attitude que devrait avoir un *sadhak* ; mais, Amma, je n'y peux rien, ces tendances et ces sentiments négatifs sont si puissants. » Il avait les larmes aux yeux et la gorge nouée par l'émotion, si bien qu'il dut s'interrompre.

Amma lui caressa le front et la tête avec beaucoup d'amour et de tendresse. « Ces larmes sont les impuretés contenues en toi », lui dit-elle. « Elles devraient se transformer en d'autres larmes. Ces larmes jaillissent de la souffrance et de l'angoisse provoquées par le monde. Mais les autres larmes sont des larmes de béatitude, versées par amour, par pure dévotion. » Amma souriait en parlant ; son sourire et son regard semblaient capables de soulager n'importe quelle souffrance, n'importe quel chagrin. La caresse divine de la main d'Amma apaisait le *brahmachari* et il se libérait à travers ses pleurs de son lourd sentiment de culpabilité. Il pleurait mais parvint au bout d'un moment à contrôler ses larmes et sembla bientôt se détendre, libéré de sa souffrance intérieure.

Le *darshan* d'Amma est un processus thérapeutique, une merveilleuse thérapie divine. Sa caresse guérit les blessures d'un passé douloureux, sa présence nous purifie, nous élève et nous emporte vers notre véritable Soi. Amma est l'incarnation de la pureté. Son contact transforme et purifie ceux qui en bénéficient. Ce processus de purification est parfois visible, parfois subtil. Cette étreinte, en apparence anodine, mais qui transforme les vies, ce regard qui fait fondre les cœurs, à combien de dévots sont-ils familiers ! Que vous en ayez conscience ou non, que vous vous en sentiez digne ou non, cette purification se produit. Comme la limaille de fer devient magnétique au contact prolongé d'un puissant aimant, une âme ordinaire est transformée en un être spirituel par le contact et l'association avec un *Mahatma* tel qu'Amma.

Comment se comporter face aux insultes

Maintenant que le *brahmachari* était réconforté, Amma reprit : « Mon fils, inutile de t'inquiéter. Les sentiments négatifs surgissent inévitablement, ce n'est que le passé qui remonte. Tu as du moins avoué tes sentiments. Cela prouve que tu n'es pas un hypocrite. Peu de gens sont capables de garder leur calme et leur sérénité lorsqu'on dévoile leurs erreurs et leurs faiblesses. Ces sentiments négatifs viennent de se manifester maintenant, en présence d'Amma, et les blessures guériront grâce à ton amour pour elle. Mais dans d'autres cas, les sentiments négatifs persistent et créent une nouvelle et profonde blessure. Prends garde à cela.

Les réactions négatives qui se succèdent forment en toi une longue, longue chaîne. Au cours des innombrables naissances que tu as prises, tu as été insulté et réprimandé bien des fois. Lorsque quelqu'un t'insulte, c'est à partir de son passé et toi aussi, lorsque tu réagis, tu réagis à partir du passé. Dans cette vie comme dans les précédentes, vous avez tous deux lancé et reçu des insultes. Vos actes et vos paroles, qu'ils soient positifs ou négatifs, reflètent votre passé. Le passé est emmagasiné en vous. Le magasin est plein, il déborde même. Pour se vider de l'ego, qui est la somme totale de tous ces mauvais sentiments, il faut d'abord en sentir le poids. Il est étonnant que vous ne sentiez pas la lourdeur de ce fardeau. Si vous commencez à en prendre conscience, c'est bon signe. À partir de ce moment-là, vous allez pouvoir vous en décharger.

Amma a entendu parler d'un disciple auquel son maître avait donné l'instruction suivante : il devait donner de l'argent à ceux qui l'insultaient et ne pas leur répondre un seul mot. Lorsque cette période d'épreuves fut terminée, le maître lui dit, « Maintenant tu peux accéder au monde de la connaissance véritable et apprendre la sagesse. » Alors que le disciple s'apprêtait à entrer dans le monde de la véritable connaissance, il rencontra un sage, assis à la grille d'entrée, qui insultait ceux qui approchaient et repartaient ensuite. Ce sage insulta aussi le disciple, qui aussitôt éclata de rire. « Pourquoi ris-tu quand je t'insulte ? » demanda le sage. « Parce que pendant trois ans j'ai dû payer pour ce genre de chose et maintenant, vous me le donnez gratuitement. Le sage lui dit : « Entre dans le royaume de la connaissance, il est à toi. »

Riez de bon cœur face à ceux qui vous insultent, voyant leur passé surgir à travers les mots. Récompensez ceux qui vous insultent. Essayez de ne rien leur répondre de méchant et peu à peu, de ne plus éprouver aucun mauvais sentiment à leur égard. Agissez, mais sans réagir. Grâce à cette attitude, vous pénétrerez dans les domaines les plus profonds de votre propre conscience.

Eh bien, quand tu as cru qu'Amma t'insultait, tu as pu te taire et ne pas réagir ; tu as de plus avoué que les paroles d'Amma t'avaient blessé ; c'est bon signe. Essaye d'agir de même avec les autres. Lorsque d'autres personnes t'insultent ou se mettent en colère contre toi, efforce-toi de ne pas ouvrir la bouche ; imagine que tu es en présence d'Amma et qu'en réagissant, tu lui manquerais de respect. Essaye d'éprouver du respect pour l'autre personne car en réalité, ce qu'elle fait est bénéfique pour toi. Elle t'enseigne à garder le silence, elle t'enseigne la patience. Efforce-toi d'éprouver de la pitié pour elle, pour son passé douloureux, de développer de la sollicitude et de la compassion. « Pauvre homme, les profondes blessures de son passé le font souffrir. Il est malade, je dois l'aider autant que je peux. »

Il se peut que tu réagisses encore à l'intérieur. Mais même si tu bous intérieurement, essaye, grâce à une compréhension adéquate, d'analyser et de prendre conscience des faits, afin de voir que ton accusateur souffre des blessures de son passé. Tu ne veux certes pas faire de mal à un être blessé et qui souffre. Ce serait de la cruauté et tu ne souhaites pas te montrer cruel. Tu es un *sadhak*, un chercheur spirituel ; la gentillesse et la compassion sont les qualités que tu désires manifester.

Peut-être éprouveras-tu du respect, mais pas de compassion ni de sollicitude. Dès que naît la compassion, tu pardonnes. Tu oublies les insultes. Celui qui éprouve de la compassion ne peut pas réagir, il ne manifeste rien d'autre que de la compassion. Dans l'état actuel de ton mental, c'est là un stade difficile à atteindre ; mais cela ne fait rien. Il n'est pas si facile de lâcher prise. Tu ne parviendras peut-être pas à éprouver de l'amour. Dans la situation qui vient de se produire, ton silence est d'abord né du respect, de la révérence ou appelle cela de la crainte, que tu éprouves envers Amma. Mais à l'intérieur, tu réagissais encore un peu. Mais au bout d'un moment, tu as réfléchi et médité ; cela t'a permis d'avouer ta réaction intérieure à Amma. Si donc tu éprouves du respect pour l'autre personne, considère-la comme un maître qui t'enseigne la patience ; ou bien imagine qu'Amma parle à travers elle, et tu réussiras à te taire. C'est exactement comme si tu recevais une réprimande de la part du maître d'école parce que tu t'es mal conduit ou n'as pas appris ta leçon. Tu ne lui réponds pas en criant, tu te tais par respect, n'est-ce pas ? Garde le silence et éloigne-toi de la personne qui t'insulte. Si tu restes en sa présence, tu pourrais bien finir par réagir, même si, au début, tu avais réussi à te taire. Éloigne-toi donc de ce genre d'atmosphère.

Si tu es contraint de rester, essaye de te rappeler de tendres souvenirs, les moments inoubliables que tu as vécus avec ton maître spirituel, le jour où tu l'as rencontré, la compassion et l'amour dont il t'a comblé. Les pensées nobles et les souvenirs chers t'aideront à garder le silence.

Cependant, même si tu ne répliques pas, tu nourris peut-être en pensée de la haine et de la rancune envers cette personne à cause de son comportement vil et offensant. Mais tu dois prendre garde à n'éprouver aucun ressentiment envers elle. La blessure de la colère et de la haine, ne la garde pas dans ton mental. Rappelle-toi que la personne voulait t'enseigner une leçon, qu'elle avait un message pour toi. Ouvre tes oreilles pour l'entendre, ouvre ton cœur pour l'absorber. Il te faudra ensuite travailler pour accepter. Médite, prie, chante, répète ton *mantra*, absorbe-toi dans une profonde contemplation, afin d'éliminer ces perturbations émotionnelles et d'autres qui pourraient survenir.

CHAPITRE 5

Un inoubliable voyage en bateau

Vendredi 7 septembre 1984

Dans la soirée, Amma partit rendre visite à un dévot. Comme il habitait dans un village situé à plusieurs kilomètres de l'Ashram, Amma décida d'y aller en bateau. Peu après la fin des *bhajans*, Ounni, qui habitait juste devant l'ashram, était prêt avec le bateau. Le groupe qui se rendait chez le dévot comprenait Amma, Gayatri, Damayanti-*amma* (la mère d'Amma), Harshan (le cousin d'Amma), Sathish (le frère d'Amma), Balou, Rao et Sri Koumar. Ils partirent vers vingt heures trente, avec Ounni comme batelier.

Pendant qu'ils glissaient sur la lagune, le reflet de la lune sur l'eau créait des jeux d'ombre et de lumière. Le clair de lune baignait la nature entière. Un sentiment de paix envahissait le mental devant le spectacle de l'étendue, de l'infini du ciel. Une douce brise ajoutait encore à cette sensation de calme. Amma contemplait le ciel serein. Assise dans le bateau, dans le clair de lune, elle resplendissait d'une extraordinaire beauté.

Puis, comme si elle parlait à la lune, au ciel, à l'infini ou à l'inconnaissable, Amma leva l'index, montrant du doigt quelque chose d'indéfini. Elle resta un moment dans cette position et se mit à chanter. Les passagers reprirent le chant en chœur, avec force, enthousiasme et joie.

Adiyil parameshvariye

Ô Déesse suprême,
Mère de l'univers,
Tu es mon seul but en ce monde.

Ô Mère aux yeux merveilleux comme les pétales
du lotus bleu,
C'est Toi qui préserves les trois mondes,
Toi qui résides dans le lotus de maya,
Ô Beauté, Toi la source universelle,
Délivre-moi de ma souffrance.

Déesse de miséricorde,
Toi qui détruis l'avidité
Et nous guide hors du monde de la transmigration,
Protège-moi !

Ô Mère,
Toi qui donnes la dévotion et la libération,
Ô Katyayani, Toi dont la réputation s'étend au loin,
Je me prosterne devant Toi.

Ô Déesse Terre,
Toi la sagesse et la connaissance,
Tu es le seul délice et la seule nourriture.
Tu es la création entière.
Toi qui exauces les désirs,
Délivre-moi de l'orgueil,
Demeure en mon cœur afin de dissiper ma douleur.

En chantant, Amma gardait les yeux fixés sur le ciel sans nuages. Elle entama un second chant et partit en *samadhi*. Les bras tendus dans une imploration à l'Être suprême, Amma resta quelque temps immobile. Ses yeux, ouverts, ne cillaient pas. Un sourire radieux éclairait son visage et ajoutait encore à la beauté lumineuse et céleste dont elle rayonnait. Elle brillait comme un second clair de lune.

L'extase d'Amma dura plusieurs minutes. Lorsqu'elle revint à son état ordinaire, Amma remarqua que deux *brahmacharis* parlaient. Amma leur dit : « Mes enfants, les paroles superflues comptent parmi les pires ennemis du *sadhak*. Ce voyage avec Amma, dans l'intimité, est une occasion rare. Elle pourrait ne jamais se représenter. Voyez comme la nuit est belle. Contemplez l'étendue, l'infini du ciel et la beauté de la lune qui brille parmi les étoiles scintillantes. Goûtez le calme et le silence. Appréciez la douceur de la tendre brise qui souffle, regardez les arbres et les buissons qui bordent la lagune. Écoutez le *pranava mantra* dont l'écho nous parvient de l'océan. Regardez les eaux bleu sombre et goûtez la beauté de la nature en ayant conscience qu'il s'agit d'une manifestation du Divin.

Autrefois, Amma ne dormait jamais la nuit. Elle restait éveillée et appelait Dieu. Elle pleurait, priait, méditait et dansait, éperdue de béatitude. Les nuits de pleine lune étaient ses moments préférés. Durant ces nuits silencieuses et paisibles, Amma perdait conscience de tout ce qui l'entourait, son aspiration vers le Divin atteignait son apogée. Elle passait la nuit entière à voir toute chose comme une manifestation de l'Absolu, à pleurer, à prier et à danser en extase.

Les *sadhaks* aiment la nuit. C'est alors qu'ils peuvent plonger profondément dans leur propre conscience. Au début, il est bon pour le progrès spirituel de prier et de méditer la nuit, surtout après minuit, quand le monde entier dort. Pour un *sadhak*, c'est le moment le plus favorable aux pratiques spirituelles. Lorsqu'il atteint un stade plus avancé, il est capable de méditer et de prier à tout moment, sans considération de temps ni de lieu. Quand il parvient à une telle concentration, peu lui importe la nuit ou le jour. Mais ce n'est possible que lorsque son esprit est parfaitement fixé sur l'objet de sa méditation, si bien qu'il ne se soucie plus de l'heure ou du lieu. Où qu'il soit, il demeure absorbé. Mais avant qu'un *sadhak* atteigne ce stade où la méditation devient spontanée, il lui faut choisir des conditions idéales pour méditer.

Mes enfants, ne perdez donc pas de telles occasions en parlant de choses futiles. Consacrez ces instants à la méditation, à la prière silencieuse et à la répétition du *mantra*. Regardez le ciel et efforcez-vous de visualiser la forme de votre divinité d'élection. Essayez d'imaginer qu'Il ou Elle se déplace avec vous, que son visage est dessiné à l'intérieur du disque lunaire ; ou bien encore, imaginez que la lune est le visage de la Mère divine, de Krishna ou de Rama.

Tâchez de sentir dans le souffle de la brise la tendre caresse de votre *Ishta Devata*. En regardant le miroir de l'eau, visualisez son visage souriant. Vous pouvez imaginer qu'Il ou Elle vous appelle, vous prend dans ses bras, vous embrasse, vous caresse, vous bénit, puis se cache dans les nuages et en sort peu après. En exerçant ainsi votre imagination, vous plongez de plus en plus profondément dans votre propre conscience. Vous installez la forme de votre *Ishta Devata* dans le sanctuaire de votre cœur. Peu à peu, vous vous ouvrez, vous rapprochant ainsi de votre propre Soi. »

Amma conclut en demandant à tous de méditer, de répéter leur *mantra* ou d'imaginer qu'ils se fondaient dans l'infini en regardant le ciel. Silencieuse, elle contemplait le firmament. Le bateau glissait doucement au fil de l'eau, seul le clapotis de l'eau venait rompre le silence tandis que la barque, gracieuse, remontait le courant. La méditation et la prière silencieuse durèrent une demi-heure. Même ensuite, peu de paroles furent échangées. Amma chanta,

Mara yadukula hridayeshvara

Ô Toi le plus charmant,
Seigneur du cœur des Yadavas,
Toi qui as le teint d'un nuage d'orage,
Toi qui portes en Ton cœur la déesse Lakshmi,
Ô Toi aux yeux de lotus,
Où sont Tes doigts,
Qui, en caressant la flûte,
Jouent des mélodies dont la douceur
Nous emporte au pays des rêves ?

Toi qui vécus à Vrindavan en tant que fils de Nanda,
Toi qui danses et joues
Dans le cœur du seigneur Chaïtanya et de tant d'autres,
Tu es lié à Tes dévots.
Tu es l'origine et la fin de toute chose.
Les mains jointes, nous T'adorons.

Le chant d'Amma, la béatitude dont il débordait, donnèrent au silence plus de profondeur encore. Tous les cœurs étaient touchés par le caractère sacré de ce moment. La présence d'Amma dans le bateau demeurait la source, le cœur et l'âme de ces instants divins. Dans cette atmosphère paisible et sereine, Amma murmurait son mantra favori, « Shiva… Shiva… Shiva… » et en le répétant ainsi de temps à autre d'une voix douce, elle aidait chacun à demeurer au centre de sa conscience, malgré la tendance naturelle à laisser dériver le mental.

Au bout d'une heure et quart, le petit groupe atteignit la demeure du dévot. La barque s'arrêta devant la maison, située sur la rive de la lagune, mais personne n'avait envie d'en sortir ou même de dire un mot. La béatitude et la paix qui émanaient d'Amma imprégnaient l'atmosphère au point que nul ne voulait gâcher ces précieux moments en tenant une conversation inutile. Voyant que personne ne bougeait, Amma dit : « Eh bien, les enfants, que se passe-t-il ? Êtes-vous tous en *samadhi* ? » Les paroles d'Amma les tirèrent de leur état méditatif et ils se dépêchèrent de sortir du bateau.

Se réjouissant de voir Amma et ses *brahmacharis*, la famille les conduisit vers l'entrée principale, où le mari, la femme et les enfants accomplirent ensemble la cérémonie du lavement des pieds d'Amma. Leur fille cadette mit la guirlande autour du cou d'Amma et le père et la mère offrirent ensemble le camphre enflammé au cours de *l'arati*. Ils burent ensuite l'eau sacrée de la *pada puja*, s'en aspergèrent et aspergèrent la maison. Ils se prosternèrent devant Amma et elle manifesta envers chacun son amour et sa compassion, avec le naturel et l'innocence qui lui sont propres.

La soirée commença avec le *Lalita Sahasranama*, la psalmodie des Mille Noms de la Mère divine, et se poursuivit avec des chants dévotionnels. Amma elle-même accomplit la cérémonie finale de *l'arati*, qui consiste à décrire des cercles devant les images placées sur l'autel en tenant du camphre enflammé. Ce culte et les prières récitées en conclusion créèrent dans la maison une atmosphère sereine, mais ce fut surtout la présence d'Amma qui donna à la cérémonie une qualité de perfection divine.

Minuit arriva bien vite ; on servit un dîner tardif, mais Amma ne prit que quelques cuillerées d'un plat de garniture et quelques gorgées d'eau. Les membres de la famille désiraient qu'elle mange plus mais Amma, avec beaucoup d'amour, refusa. La maîtresse de maison se lamentait : « C'est peut-être parce que nous manquons de dévotion qu'Amma ne veut rien manger chez nous. » Avec beaucoup d'affection et d'emphase, Amma répondit : « Non, non, ma fille, pas du tout. Tu connais la nature d'Amma ; elle est imprévisible. Amma n'a pas faim et il est très tard. Vous avez déjà nourri Amma de votre amour, c'est lui qui a rassasié Amma. »

Amma laissa néanmoins la femme la nourrir d'un morceau de *dosa*, une crêpe de farine de riz. Tandis qu'elle mettait les morceaux dans la bouche d'Amma, comme une mère nourrissant son enfant, la femme rayonnait d'affection et de joie. Cet amour innocent incita sans doute Amma à ouvrir spontanément la bouche une seconde fois, puis une troisième, avant de la refermer en disant : « Cela suffit, ma fille. » La femme, ravie, embrassa Amma sur les deux joues et distribua le reste de la crêpe comme *prasad*.

Après le dîner Amma sortit de la maison, aux dimensions plutôt modestes, qui n'était qu'une hutte de feuilles de cocotier tressées. La famille s'excusant de la petitesse de la maison, Amma leur répondit : « Mes enfants, vos cœurs sont bien assez grands. » La cour qui s'étendait devant la maison était recouverte de sable blanc et laiteux. De là, on accédait directement à la lagune, où le bateau était amarré. Amma était assise sur le sable près de la lagune, entourée des membres de la famille, des *brahmacharis*, de Damayanti-*amma*, d'Ounni et de Satish.

La fille cadette vint s'asseoir sur les genoux de sa maman. Celle-ci raconta aux *brahmacharis* : « Voilà l'enfant qu'Amma a sauvée. Nous vouons depuis à Amma une reconnaissance et une dévotion éternelles. Nous pensions que notre fille ne vivrait pas longtemps. La petite souffrait d'asthme chronique. Nous avions essayé toutes sortes de traitements, sans succès. Nous étions totalement impuissants et en dernier recours, nous sommes venus voir Ammachi. Elle donna à l'enfant un peu d'eau sacrée. Elle en bénit un peu plus et nous dit de lui en donner une gorgée ou deux par jour. Elle nous recommanda aussi de lui frictionner la poitrine avec de la cendre sacrée. Nous ne fîmes rien de plus, et l'asthme ne revint jamais. Notre fille est maintenant en excellente santé. »

Amma ne prêta guère attention au récit de la femme. Elle demanda à l'enfant : « Tu n'as pas sommeil ? » La petite fille secoua la tête en disant : « Comment pourrais-je avoir sommeil quand Ammachi est là ! » Avec un grand sourire, Amma s'exclama : « Petite futée, petite espiègle ! » Puis elle invita l'un des *brahmacharis* à chanter un *kirtan,*

Mauna ghanamritam

Demeure du silence infini,
Paix éternelle et beauté,
Où s'est dissout le mental de Gautama Bouddha,
Lumière qui détruit l'esclavage,
Rive de la joie que la pensée ne peut atteindre.

Connaissance qui donne à jamais l'équanimité,
Demeure sans commencement ni fin,,
Béatitude que l'on éprouve lorsque le mental est calme,
Source de toute-puissance,
Demeure de la conscience infinie.

« Tu es Cela » : le but qu'indique cette parole,
Ce but qui nous donne la béatitude éternelle de l'état non-duel,
C'est ce but que je désire atteindre,
Et Ta grâce seule peut m'y conduire.

Amma réclama ensuite un autre chant. Elle paraissait désireuse d'éviter la conversation pendant quelque temps. Le second chant terminé, elle dit : « Un autre. » À la fin du troisième *bhajan*, elle demeura silencieuse, contemplant le ciel bleu sombre. Dix ou quinze minutes s'écoulèrent dans un silence que vint soudain rompre le bruit d'un moteur, signalant le passage du ferry quotidien devant la maison. Amma montra du doigt le gros bateau, dont le moteur avait des ratés, en disant : « Amma voyageait sur le même genre de bateau quand on l'envoyait servir chez d'autres membres de la famille. Sur le bateau, Amma fredonnait *omkara* (la syllabe sacrée OM) ou bien chantait des *kirtans* au rythme du moteur. Ce voyage constituait pour Amma une expérience spirituelle élevée. Sans perdre un seul instant, Amma chantait, priait, répétait le *mantra* et méditait, en gardant le souvenir constant de sa divinité d'élection.

Un des *brahmacharis* remarqua : « Amma, cette absorption dans le divin se produisait pour toi sans effort et spontanément, car c'est là ta nature. Mais nous qui sommes encore identifiés aux corps mental et physique, nous qui sommes sous l'emprise des *vasanas* et des pensées, comment pourrions-nous y parvenir ? Comment pourrions-nous même songer à atteindre cet état sans ta grâce ? »

Amma répliqua : « Mes enfants, celui dont la détermination est assez forte peut accomplir ce qu'il veut. Le sentiment : « Je suis faible ; c'est trop difficile ; c'est impossible à atteindre pour un être tel que moi, » ne convient pas à un chercheur spirituel. Il devrait être persuadé que ce pouvoir existe en lui et qu'il peut le découvrir. La beauté et la puissance d'un saint ou d'un sage demeurent en chacun de vous. Chacun de vous est une source de pouvoir infini. Cependant, lorsque vous voyez un saint ou un sage, un être puissant, vous reculez en disant : « Non, c'est réservé à ces gens spéciaux. Je ne suis pas capable d'en faire autant. Je dois déjà m'occuper de mon minuscule univers et il me suffit bien. Le divin n'est pas mon affaire, je ne veux pas fourrer mon nez là-dedans. » Une telle attitude ne t'aidera pas à sortir de la minuscule et résistante coquille de ton petit ego. C'est une faiblesse qui engendre la détresse et l'inaction. C'est pourquoi le Védanta nous conseille de méditer sur l'affirmation védique : « Je suis *brahman*, je suis Dieu. Je suis l'Univers. Je suis la puissance absolue, la totalité de la conscience, qui confère à toute chose sa beauté et son éclat, la vie et la lumière. »

Le mépris de soi est mauvais pour un *sadhak*. Ce sentiment n'est pas bon non plus pour ceux qui vivent dans le monde. Dieu nous a bénis en nous accordant le don précieux d'une naissance humaine. Notre corps, notre mental et notre intellect sont bien développés. Nous pouvons apprendre ou faire ce que nous voulons. Il s'agit simplement d'utiliser les outils et les facultés que Dieu nous a données pour atteindre le but que nous nous sommes fixé. Si nous optons pour la voie spirituelle, il ne s'agit pas de rester inactif en attendant que vienne la grâce de Dieu. La réalisation ne vient pas d'elle-même, elle exige un grand travail. Elle ne s'achète pas. Cela n'a rien à voir avec le fait d'aller acheter une glace. Même cet achat implique un travail. Comment la glace a-t-elle été fabriquée ? Elle ne s'est pas matérialisée d'un seul coup. Comment avez-vous obtenu l'argent nécessaire pour l'acheter ? C'est de l'argent durement gagné, n'est-ce pas ? Imagine que le pâtissier-glacier vende de la glace, que tu aies l'argent nécessaire, mais que tu ne l'achètes pas. C'est très simple, tu ne mangeras pas de glace, n'est-ce pas ? Pourtant, tu as très envie de déguster une glace. Alors tu restes au lit et tu songes à de la glace au chocolat. Tu rêves aux différents parfums, tu rêves que tu manges et savoures la glace, mais tu n'en as pas pris une bouchée. La glace est pourtant là ; il y a un grand choix de parfums. Tu possèdes l'argent et peux en acheter tant que tu veux, mais tu n'as pas envie de te lever et d'aller chez le marchand de glace. Tu te contentes d'y songer, d'en rêver.

De même, Dieu est là, le *guru* est là, et Sa grâce est toujours présente. Vous possédez toutes les aptitudes nécessaires pour accéder à la connaissance, pour obtenir cette expérience. Vous avez une carte et les paroles du *guru* vous indiquent la marche à suivre. Jamais le vent de Sa grâce ne cesse de souffler, jamais le fleuve de Son être divin ne cesse de couler, jamais le soleil de Sa connaissance ne cesse de briller. Il a fait Sa part, Son travail est terminé depuis bien longtemps.

Pourtant, vous croyez qu'il Lui reste encore quelque chose à faire et que Sa grâce ne se répand pas sur vous. Vous pensez que Sa bénédiction, Sa grâce vous manquent et vous attendez encore qu'Il vous les accorde sans vous-même fournir aucun effort. Vous attendez le jour, le moment où Il touchera votre cœur. Cette attente n'est pas un problème, mais êtes-vous réellement capables d'attendre avec la foi et la concentration des *gopis* de Vrindavan ou de Shabari, la grande dévote de Sri Rama ? Non, vous en êtes incapables. Vous attendez peut-être, mais pas de tout votre être. Vous ne brûlez pas d'amour et de dévotion. Vous attendez, mais vous êtes occupés ailleurs ; vous n'attendez pas uniquement Sa grâce, mais bien d'autres « choses importantes » que vous espérez voir se produire dans votre vie ; vous désirez en outre la grâce de Dieu, et vous voulez l'obtenir gratuitement.

Vous attendez peut-être Dieu ou Sa grâce, mais le souvenir de Dieu ne surgit en vous que tous les trente-six du mois, le dimanche, ou au mieux deux ou trois fois par jour. De plus, ces quelques moments où vous songez à Dieu sont ternes et sans intensité, car vous êtes préoccupés par une multitude d'autres choses soi-disant importantes. Si vous attendez fidèlement Sa venue, pas de problème. Mais assurez-vous que votre attention entière soit centrée sur Lui. Si vous êtes préoccupés d'autre chose, comment Dieu pourrait-Il venir ? Comment Sa grâce pourrait-Elle se répandre sur vous ? Le *guru* est là. Sa grâce ne cesse de s'épancher, elle est toujours présente. Mais vous désirez qu'Il vienne sans être invité, sans aucun effort de votre part. Sous prétexte de L'attendre, vous gaspillez votre temps. Vous ne considérez pas cette attente fidèle comme une part intrinsèque de votre vie. Cette période d'attente, vous ne la prenez pas au sérieux, vous ne la vivez pas de tout votre être. Vous déclarez : « J'attends que Dieu vienne, que Sa grâce se manifeste. Sa compassion est infinie, Il viendra donc. D'ici là, vaquons à d'autres occupations importantes. » C'est de la sottise. Vous ne recevrez pas la grâce de Dieu et vous n'aurez pas non plus le courage de faire face aux situations difficiles avec une telle foi. Vous pouvez devenir le maître de l'univers, ce potentiel existe en vous, mais il faut y travailler. En réalité, vous êtes déjà le maître de l'univers ; vous êtes l'empereur du monde, mais vous rêvez que vous êtes un mendiant qui doit solliciter sa nourriture. À l'instant même où vous cesserez de rêver, où vous prendrez conscience que l'état dit « de veille » est en réalité un rêve, vous comprendrez que vous êtes le Seigneur de l'univers et vous vous éveillerez à la conscience divine.

Le monde entier, chaque objet de l'univers, le soleil, les étoiles, les galaxies, la voie lactée, la terre, les montagnes, les vallées, les rivières, l'océan, les arbres, les animaux, les oiseaux, les plantes, les fleurs et le mental de tous les êtres humains, vous contrôlez tout ; vous êtes maître de tout. L'univers entier attend de vous accueillir et de vous accepter comme son Seigneur. Mais vous continuez à mendier, votre bol à la main. Ouvrez les yeux et essayez d'y voir clair. Vous êtes un roi déguisé en mendiant. Jetez vos habits de mendiant. L'univers attend que vous revêtiez une robe d'empereur. Sortez du rêve, libérez-vous de l'illusion d'être faible.

Amma a entendu raconter l'histoire suivante : un étudiant passait un examen. Il s'agissait d'écrire un essai sur la signification du miracle de l'eau transformée en vin par le Christ. Dans la salle d'examen, les étudiants écrivaient frénétiquement, remplissant des pages entières pour donner leur interprétation du miracle. Lorsque le temps imparti fut presque terminé, le surveillant découvrit qu'un des étudiants n'avait rien écrit, pas un seul mot. Il insista pour qu'il écrive quelque chose sur sa copie avant de la rendre. L'étudiant prit son stylo et écrivit : « L'eau rencontra son Maître et rougit. »

Mes enfants, tout est contenu en vous. Vous maîtrisez les cinq éléments. Il vous suffit de les regarder, de les toucher, pour en faire ce que vous voulez. Ne songez donc pas : « Amma, cela t'est arrivé à toi et à toi seule et ne pourrait pas m'arriver, j'ai trop de *vasanas* et de faiblesses. Cela ne peut pas m'arriver, à moi. Je vais donc attendre que tu m'accordes ta grâce pour que cela se produise. »

Ne croyez pas que Dieu entrera sans être convié. Bien qu'Il n'ait pas été invité, Il est déjà l'hôte omniprésent en ce monde, dans chaque recoin, dans chaque interstice, dans chaque centimètre carré d'espace. Il n'existe pas même un intervalle entre deux atomes où Il ne soit pas. Partout en ce monde, Il est présent sans qu'on L'invite. Mais il vous reste à Le reconnaître. »

Dieu, celui que l'on n'a pas invité

Le *brahmachari* demanda : « Je ne comprends pas. Tu dis que Dieu ne viendra pas sans être convié, et tu affirmes aussi qu'Il est partout présent dans l'univers, sans qu'on L'ait invité. Cela semble contradictoire. »

Amma répondit : « Mes enfants, Dieu est compassion. Il attend à la porte de chaque cœur. En tout lieu, Il est le convive que l'on n'a pas invité, car Il est là, que vous L'appeliez ou non. Que vous soyez croyant ou athée, Il demeure en vous, nul besoin de L'inviter. Dieu Se cache en chaque forme, en chaque chose. Il donne aux objets leur beauté et en fait ce qu'ils sont. Il est la formule cachée de la vie. Mais Il ne Se révélera pas spontanément à vous. Si vous ne L'appelez pas, vous ne sentirez pas Sa présence. La prière constitue l'invitation. À vous de L'invoquer par la prière et la méditation. Psalmodier, chanter, répéter le *mantra* sont diverses manières de L'inviter, de Lui demander de Se révéler.

Vous devriez posséder la faculté et le pouvoir de reconnaître Dieu, Dieu présent en chaque objet et en chaque être. C'est impossible si vous ne percevez pas Dieu à l'intérieur de vous. Une fois que vous connaîtrez votre nature réelle, qui est divine, vous reconnaîtrez la divinité de chacun. Vous verrez alors Dieu partout installé, sans qu'on L'ait invité.

Mes enfants, Dieu ne peut forcer la porte. Il n'est pas agressif, car Il est amour. Dieu n'est pas une personne ; Il est pure conscience. Il ne peut forcer la porte, car la pure conscience ne peut pas se montrer agressive. Invitez-Le et Il entrera. Sans même que vous L'invitiez, Il attend à la porte, Il attend d'être appelé. Tant que vous ne L'invitez pas, Dieu reste à la porte de votre cœur, sans Se révéler. Éternellement présent, Il attend avec amour et compassion. Sa gloire et Sa splendeur sont éternellement présentes mais demeurent cachées, car vous n'avez pas invoqué le pouvoir de Sa présence par la prière et la méditation. Si vous L'invitez en priant et en méditant, Dieu entrera dans votre cœur et révélera Sa présence. Vous saurez alors qu'Il a toujours été là, attendant que vous L'appeliez. »

Tous écoutaient, captivés, inspirés par les paroles d'Amma. Il était maintenant deux heures du matin. Personne n'avait sommeil, pas même la benjamine de la famille qui, encore assise sur les genoux de sa mère, contemplait le visage d'Amma. La maman dit : « Regardez cette enfant. D'habitude, elle ne peut pas rester debout après neuf heures, mais aujourd'hui, elle est parfaitement réveillée, alors qu'il est deux heures passées ! » Amma regarda la petite fille et lui demanda : « Mon enfant, tu ne veux pas aller au lit ? Tu n'es pas fatiguée ? » La petite fit signe que non.

Ils restaient assis en silence, observant Amma qui regardait au-delà du ciel nocturne. Puis elle tendit la main vers le ciel et se mit à chanter,

En manasinnoru maunam

Triste est mon mental,
Parce que Sri Krishna n'est pas venu.
Je ne L'ai pas vu aujourd'hui ;
Mon cœur est déchiré de désir
Et cette douleur s'épanche en un torrent de larmes.

N'est-Il pas encore rentré des pâturages avec le troupeau ?
Ou bien n'est-Il pas encore réveillé ?
Krishna au teint sombre
A-t-Il oublié que mon cœur pleure de désir pour Lui ?

Peut-être n'a-t-Il pas encore dégusté son beurre et son lait ?
Peut-être Son tendre pied a-t-il glissé et est-Il tombé ?
Ou Ses dévots se sont-ils rassemblés autour de Lui
Pour boire le miel de Ses pieds ?

Pourquoi Kanna n'est-Il pas venu aujourd'hui ?
Ô Toi qui as la couleur d'un nuage d'orage,
M'as-Tu oubliée ?
Viens, je T'en prie, essuyer les larmes de mes yeux !

Le chant terminé, Amma resta assise en méditation pendant dix ou quinze minutes. Elle se leva ensuite, et tout le monde en fit autant, pendant qu'Amma remarquait : « Mais où est donc Harshan ? Il n'est pas là. » On le chercha du regard, mais Harshan restait invisible. En fait, personne ne se souvenait l'avoir vu depuis l'arrivée du bateau. D'ordinaire, jamais il ne manquait une telle occasion ; il ne quittait pas Amma, gesticulait et lançait des plaisanteries. Mais aujourd'hui, il était resté bien silencieux pendant la traversée. Le petit groupe se dispersa et Amma partit de son côté.

Soudain, un bruit rompit le calme de la nuit: quelqu'un criait, toussait et crachait. Tout le monde se précipita vers le coin sud-ouest de la maison, et on découvrit Amma auprès d'Harshan.

À leur arrivée, il avait quitté le bateau pour aller dormir sur le sable, c'est pourquoi il était absent lors de la *puja*, des *bhajans* et du repas. Supposant qu'il était parti s'allonger quelque part pour dormir, Amma était partie à sa recherche et l'avait trouvé derrière la maison, assoupi, la bouche grande ouverte. Espiègle, Amma lui avait versé du sable dans la bouche. Harshan toussait et crachait maintenant, pendant qu'Amma riait de bon cœur et savourait la scène comme une enfant.

Amma était d'humeur joueuse ; elle riait et riait ! Tout en riant, elle taquinait Harshan : « Tu étais confortablement endormi pendant que les autres priaient et méditaient. La douleur succède au plaisir, c'est la règle. Tu as joui et il te faut maintenant payer ! »

Harshan ne se plaignait pas, car il connaissait les différents *bhavas* d'Amma. Il goûtait toujours ses facéties, même quand il en faisait les frais. Les rires calmés, lorsqu'Harshan eut fini de se rincer la bouche, on entama le voyage de retour. Il était trois heures trente du matin.

Une heure plus tard, Amma et le petit groupe avaient accompli la moitié du trajet. Ounni continuait à ramer. Damayanti-*amma* et Harshan étaient profondément endormis sur une natte étalée dans le bateau. La lune brillait de ses rayons argentés, comme pour répandre à profusion la béatitude que lui procurait la divine présence d'Amma. Les nuages, flottant dans le ciel, semblaient danser en extase. Les arbres et les plantes, sur les rives de la lagune, dansaient aussi, agitant leurs feuilles et leurs branches, comme pour célébrer un grand événement. Le silence régnait, l'atmosphère était propice à la méditation. Amma paraissait absorbée dans son monde intérieur et solitaire. Immobile, elle contemplait le ciel. Les *brahmacharis* et Gayatri regardaient le visage d'Amma, buvant l'éternelle beauté dont elle rayonnait.

Cette ambiance silencieuse et méditative dura un moment. Voyant qu'Harshan et Damayanti-*amma* dormaient, Amma dit : « Il fait frais. » et se tournant vers Gayatri : « As-tu quelque chose pour les couvrir ? » Gayatri fouilla dans le sac et en sortit un châle qu'Amma déploya sur Damayanti-*amma*. Puis elle prit le voile d'un des *brahmacharis* pour en couvrir Harshan avant de reprendre sa place.

Lentement, la lumière de l'aube se répandait sur la lagune. Perchés sur les branches des arbres, voletant joyeusement de ci, de là, les oiseaux psalmodiaient leur *mantra* du matin. Leurs chants magnifiques créaient une atmosphère joyeuse. Tournée vers l'est, Amma goûtait la beauté naturelle de l'aurore. Elle éclatait de temps à autre d'un rire extatique. C'était parfois simplement le son « Ho... ho... ho... », comme pour exprimer un état exalté. Dans l'ivresse de l'union spirituelle, elle gardait les bras levés vers le ciel. Son visage rayonnait d'extase et de béatitude et dans le silence de l'aube dorée, ses brusques éclats de rire créaient un rythme divin. Ounni cessa de ramer, captivé par la beauté du *bhava* d'Amma, et laissa la barque dériver quelque temps ; un grand bateau à moteur passa, créant des remous à la surface de l'eau. Le petit bateau chargé des passagers de l'ashram se mit à tanguer, mais Ounni sortit aussitôt de sa rêverie et maîtrisa habilement l'embarcation.

Amma se mit spontanément à chanter

Brahmarame

Ô colibri de mon mental,
Toi qui cherches le pur nectar,
Tu erres, épuisé par cette quête.

Il est un bosquet d'arbres en fleurs
Où la douleur n'existe pas;
Situé sur la berge de la rivière dévotion,
Il est rempli de béatitude.

Ô mon mental, ne désespère pas,
Car un jour, ta mère viendra demeurer
En celui dont le cœur est pur.

Ô Shakti,
Toi que les sages révèrent comme la source de l'intelligence,
Toi qui détruis la souffrance,
À Toi j'offre ma douleur,
Toi en qui tout existe.

Ô Mère, quand donc viendras-Tu ?
N'attends pas que toute mon énergie ait été dissipée.
Quand me prodigueras-Tu Ta grâce ?
Tu es mon seul appui.
Qui d'autre que Toi pourrait me soutenir ?

Dans l'atmosphère de l'aube, le chant créait des vagues de béatitude spirituelle et d'amour suprême. Telle une magnifique statue de marbre, Amma demeura immobile et silencieuse, jusqu'à ce que le bateau arrivât à l'ashram, peu après cinq heures trente du matin.

CHAPITRE 6

Comment vivre dans le contentement

Samedi 8 septembre 1984

Le temps était clair, l'air vif et lumineux. Il était environ neuf heures trente ; les résidents et quelques dévots s'assemblèrent devant le temple autour d'Amma. La *puja* du matin était terminée et les gens goûtaient simplement la présence d'Amma. Un dévot saisit l'occasion pour poser une question : « Amma, pourquoi accordes-tu autant d'importance à la voie de la dévotion ? »

« Mes enfants, » répondit Amma, « il y a bien des raisons pour considérer la voie de la dévotion comme la mieux adaptée à la plupart des gens. D'abord, elle procure beaucoup de contentement à ceux qui la suivent. Une personne contente possède de l'enthousiasme et de la vigueur, elle est optimiste et dotée d'un esprit aventureux. Le dévot considère la vie et ses péripéties comme un cadeau et cette attitude lui insuffle une patience et une force immenses. Contrairement à ceux qui suivent des voies différentes, il ne croit pas que le bonheur lui revienne de droit. Il accueille tout comme un don de Dieu et ne possède aucun droit acquis. Cette attitude l'aide à tout accepter, le bon et le mauvais, comme un cadeau, elle lui inspire foi et courage. Le cœur du dévot est plein d'amour et de compassion, il a l'innocence d'un enfant et son caractère est aimable. Désireux de ne blesser personne, de ne pas faire de mal, il ne peut nuire à quiconque. Il possède aussi la capacité de renoncer à son confort et à son plaisir pour assurer la joie et la paix d'autrui. Il est confronté dans la vie aux mêmes problèmes que tout le monde, mais sa force mentale et son équanimité lui permettent de rester calme et tranquille face à l'adversité. Il pratique l'acceptation, car de son point de vue, la vie et tous les événements qui s'y déroulent sont des dons, non des droits.

Cette capacité d'être content et détendu lui vient de la foi inébranlable et de l'amour qu'il nourrit envers le pouvoir suprême. Ce pouvoir suprême revêt à ses yeux un nom et une forme. Il L'appelle Krishna, ou bien Christ ou Bouddha. La puissance du nom qu'il répète, l'image mentale de la forme qu'il chérit, sa foi en la présence constante du Seigneur à ses côtés ne le quittent pas et le protègent de tout danger. Elles l'aident à être toujours content, détendu, optimiste et de bonne humeur, en toutes circonstances.

Prenez l'exemple des *gopis* et des *gopas* de Vrindavan. Ils étaient toujours heureux, pleins de béatitude, de vigueur et de gaieté. Le travail qu'ils accomplissaient possédait un charme spécial, une beauté particulière. Ils étaient toujours d'humeur festive et l'on ne voyait que des visages réjouis et heureux, car leur vie étincelait de joie ; la vie était pour eux une fête, ils ignoraient l'oisiveté, et ils chantaient et dansaient, joyeux, en accomplissant leur travail. Même les tâches domestiques telles qu'emmener paître les vaches, les traire, vendre le lait et le beurre, étaient pour eux une source de félicité. Leur vaillance et leur force étaient extraordinaires, et ils affrontaient courageusement les épreuves. De tempérament aventureux et aimant, ils vivaient la vie dans sa plénitude.

Quelle était la source de leur contentement, de leur joie ? Leur foi en Sri Krishna, leur Bien-aimé. La foi en Son omnipotence, l'adoration qu'ils Lui portaient, les aidaient à accueillir comme une fête tous les événements de la vie. Sa présence les rendait courageux, intrépides. Ainsi, la dévotion et l'amour de Dieu est la voie qui mène au contentement. C'est la seule voie qui nous permette d'atteindre la paix, la joie, le courage et l'intrépidité. Ces qualités, qui contribuent à nous apporter la plénitude de la vie, ne sont pas facilement accessibles à ceux qui suivent d'autres voies.

Regardez Hanuman, le grand dévot de Sri Rama. Il demeure un magnifique exemple de travail infatigable, d'énergie inépuisable. C'est un être qui a accompli de grandes choses. Pas une fois, Hanuman n'a dit « non », quelle que soit la tâche qui lui était proposée. Les obstacles n'étaient rien pour lui. Chaque fois que Rama fut confronté à un événement tragique, Hanuman était à Ses côtés, prêt à exécuter Ses ordres. Ce qui était apparemment impossible devint possible grâce à ses efforts constants, à sa détermination et à sa foi inébranlable. Il incarnait la force, le courage, la vigueur, l'intrépidité, la détermination, l'optimisme, le discernement et le contentement. Il resta cependant l'humble et simple dévot de Sri Rama, dans un abandon total de lui-même au Seigneur.

Le contentement provient de l'absence d'ego et celle-ci vient de la dévotion, de l'amour et d'un abandon complet de soi au Pouvoir suprême. Les gens pleins d'ego ne peuvent être ni contents ni heureux. Ils sont tendus car ils ont peur, et cette peur les rend presque fous. Ces gens sont la plupart du temps assoiffés de pouvoir, et cette avidité les aveugle. Ils veulent s'emparer de tout, tout posséder, sans hésiter à employer des moyens méprisables et mauvais ni à détruire d'autres personnes. Ils sont hantés par la peur incessante d'être privés de leur pouvoir et de leurs possessions, ce qui accroît encore leur peur et leur mécontentement. Regardez les dictateurs, ce sont les gens les plus égocentriques qui soient. Avides de pouvoir, d'une position élevée dans la société, ce sont des fauteurs de guerre qui ne se soucient pas de la paix et du bonheur de la société. Ils ne s'inquiètent même pas de leur femme et de leurs enfants. Ils ne se préoccupent que d'eux mêmes et du sort qui les attend demain ou dans l'avenir. Ils n'ont aucun scrupule à faire le mal pour accroître leur pouvoir. Le mécontentement engendre en eux une tension permanente et ils répandent autour d'eux des vibrations négatives qui contaminent les autres. Ainsi, à leur contact, les âmes sombrent dans la tristesse et le mécontentement.

Hiranyakasipou, le père de Prahlada, est un exemple typique de ceux qui abusent du pouvoir. Mes enfants, si vous examinez sa vie, vous obtiendrez un excellent tableau du manque total de compassion des êtres dont l'ego a pris des proportions extrêmes. De tels êtres sont pleins de mécontentement, de colère, de peur et de cruauté. Hiranyakasipou tenta même de tuer Prahlada[5], son fils, afin de protéger son pouvoir, son nom et sa réputation. Mais voyez Prahlada : face à l'adversité, il garda le calme et l'impassibilité d'une montagne. Il était intrépide, courageux et toujours content. Pourquoi ? Parce qu'il était un véritable dévot du Seigneur. Même lorsqu'il fut jeté dans l'océan, condamné à être écrasé par un éléphant fou ou brûlé vif, sa joie ne le quitta pas. Il garda son calme et sa sérénité au milieu de toutes ces épreuves. Il était content quels que soient les événements, bons ou mauvais, car il considérait la vie et toutes ses péripéties comme un cadeau de Dieu. Tous les véritables dévots ont cette attitude.

On ne parvient à l'état de contentement qu'en s'abandonnant à la volonté divine, grâce à une acceptation totale. Cet état s'épanouit en vous quand vous accueillez sans partialité les expériences

---

[5] Prahlada était le fils d'Hiranyakashipou, roi des démons. Bien que né dans une famille de démons, il était par nature rempli de dévotion à Dieu et le réceptacle de toutes les saintes qualités. Hiranyakashipou considérait le Seigneur Vishnou comme son pire ennemi. Lorsqu'il s'aperçut que son fils était un dévot du Seigneur, il le persécuta et s'efforça de le tuer. Tous ses efforts furent vains car Prahlada s'était complètement abandonné à Vishnou, qui le protégeait. Vishnou finit par tuer Hiranyakashipou, mit Prahlada sur le trône et lui accorda la bénédiction de la réalisation du Soi.

que la vie vous apporte. Si vous pouvez sourire face à la mort et même l'embrasser, votre contentement est plein et entier. Même si l'abandon à Dieu ne se produit pas immédiatement, vous devez au moins être disposé à vous abandonner à la volonté suprême. Vous n'accéderez à cet état de contentement permanent qu'à cette condition. Si vous cultivez l'attitude d'acceptation, un jour viendra où vous trouverez cet état. Ne perdez pas votre temps en attendant que le contentement vienne à vous ; rien ne se produira. Chez celui qui attend passivement, le mécontentement domine. Préparez votre mental et efforcez-vous d'être disposés à accepter et à vous abandonner. Essayez d'accepter et de recevoir le bon comme le mauvais, de développer une attitude qui vous permette de sourire même devant la mort. C'est le chemin qui mène au contentement. »

Humilité et renoncement

Un auditeur commenta : « Amma, Ton explication est lumineuse. Cependant, contrairement à ton affirmation, Ravana, qui était aussi un dévot du Dieu Shiva, passa le plus clair de ses jours dans un état de mécontentement et de tension. Il existe donc des dévots qui ne vivent pas dans cet état. »

Amma répondit : « Mes enfants, il est vrai que Ravana était un dévot du Seigneur Shiva, mais sa dévotion n'était qu'un moyen d'accroître son pouvoir matériel. L'aspect spirituel en était totalement absent. Autrement dit, il n'avait aucun renoncement. Il désirait ardemment accumuler, posséder et jouir autant que possible. Bien que fort et courageux, il n'avait ni amour, ni compassion. Comme n'importe quel autre dictateur, il recherchait le pouvoir, ne se souciait que de lui-même et de sa propre sécurité. Le pouvoir qu'il tenait de Dieu l'aveugla et augmenta son ego au point qu'il essaya même de soulever le Mont Kailash, la demeure du Seigneur Shiva. Ravana manquait d'humilité et de renoncement.

Sans renoncement et sans humilité, impossible de trouver le contentement. Un dévot véritable est doté de ces deux qualités. Celui qui en est dépourvu n'est jamais content, car il désire encore la prospérité matérielle. Ses désirs sont insatiables et innombrables. Il n'est jamais content de ce qu'il a. Il songe en revanche au moyen d'acquérir plus de richesse, plus d'argent, une maison plus grande, une plus belle voiture, toujours plus de confort.

La devise d'une personne pleine d'ego est : « Plus... toujours plus... » Pour assurer son confort et sa satisfaction, elle souhaite toujours remplacer un objet de qualité inférieure par celui de qualité supérieure. Mais jamais elle ne remplace ses viles pensées par de nobles pensées. Elle n'a aucun souci de la qualité de ses paroles et de ses actes. Le regard tourné vers l'avenir, réfléchissant sans cesse au moyen d'obtenir ceci ou cela, elle passe sa vie entière à échafauder des plans, à calculer et à rêver. Incapable de vivre dans le présent et d'apprécier ce qui s'offre à elle, elle ne peut même pas savourer sa nourriture, car tandis qu'elle mange son déjeuner, elle réfléchit à son dîner. Comment une telle personne serait-elle heureuse et contente ? Impossible. Vivant ainsi, elle est presque morte, pareille à un cadavre ambulant, dépourvue de la beauté et du charme de la vie.

Le passé et le futur n'ont pas de réalité, ce sont des illusions. Le passé s'est enfui, il est mort et ne reviendra pas ; le futur n'est pas encore là, nous ignorons même si nous serons en vie dans un moment. Tout peut arriver, à tout instant. Ne menez donc pas une vie illusoire, ne vous construisez pas un monde de rêve pour y vivre. Il est impossible de vivre dans le futur ; on ne peut vivre que dans le présent car lui seul est réel. Presque tous les dictateurs, les athées et ceux qui courent comme des fous après le monde et ses plaisirs, vivent dans le futur. Jamais ils ne vivent dans le présent ; ils ne sont donc jamais contents.

Ravana était un dévot mais il utilisait Dieu comme un intermédiaire. La dévotion n'était qu'un moyen d'assouvir ses monstrueux désirs. S'il en avait eu la possibilité, il aurait dévoré Dieu Lui-même. Alors que la dévotion de Rama apportait le salut à la société, celle de Ravana semait la destruction.

Mes enfants, vous dites qu'il existe des dévots qui vivent dans le mécontentement. Mais les croyants authentiques, dotés d'une véritable foi, ne sont jamais mécontents. Une personne dont la foi vacille ne vit pas dans le contentement. Sa foi n'est pas entière ; elle connaît le doute. Celui qui recherche fiévreusement la prospérité matérielle est toujours mécontent. La dévotion de tels êtres n'existe qu'en paroles, elle n'est que superficielle et ne va pas plus loin que l'épiderme. Il n'y a aucun amour dans leur dévotion. Pour eux, Dieu est un intermédiaire qui se préoccupe de satisfaire leurs souhaits et leurs désirs.

Leur Dieu est assis sur un trône doré, là-haut dans les cieux ; c'est un Dieu qui juge et qui punit, un Dieu qui n'aime que ceux qui L'aiment. Ils croient que Dieu n'aime pas ceux qui adorent d'autres divinités, prient d'autres aspects du Divin. Ils pensent que Ganesh se mettra en colère s'ils adorent Krishna, que Shiva les punira s'ils adorent Vishnou. Ils nourrissent beaucoup de croyances étranges. Le Dieu auquel ils croient est inaccessible, inhumain et on ne peut L'approcher. Il n'aime pas ceux qui ne s'efforcent pas de Lui plaire et peut même les maudire ou les punir. Pouvez-vous appeler cela de la dévotion ? Une telle relation à Dieu ne peut être qualifiée de dévotion. Cela revient à se séparer de Dieu, à se séparer de son propre Soi. Comment de telles personnes pourraient-elles jamais être en paix ? Elles ne voient pas l'ensemble mais uniquement des parties. Leurs prières sont remplies de plaintes insignifiantes. Elles n'ont aucun amour, aucune dévotion. Leur égoïsme, leur avidité et leur haine s'expriment à travers leurs prières.

Écoutez cette histoire. Un veuf invita un jour un *sannyasi* à prier pour le repos de l'âme de sa défunte épouse. Le *sannyasi* commença ses prières : « Puissent tous les êtres trouver le bonheur ; qu'il n'y ait plus de douleur ; que ce qui est favorable emplisse l'univers entier ; puissent tous les êtres atteindre la perfection. » Le mari, qui écoutait, fut très contrarié. Il dit au *sannyasi* : « Swami, je pensais que tu prierais pour l'âme de ma femme, mais pas une seule fois je ne t'ai entendu prononcer son nom. » Le swami répondit : « Je suis désolé, mais je ne peux prier ainsi. Ma foi et mon *guru* m'ont enseigné à prier pour tous, pour l'ensemble de l'univers. En réalité, seule la prière formulée pour le bien du monde entier bénéficie aux individus. Ta femme ne recevra sa bénédiction, son âme ne trouvera la paix que si je prie pour tous. Il m'est impossible de prier d'une autre manière. » Le swami était si obstiné que notre veuf n'eut pas le choix : il lui fallut céder à ses exigences. Il conclut : « D'accord, vous pouvez prier à votre guise. Mais pouvez-vous au moins exclure mon voisin de vos prières ? »

Mes enfants, si vous arrosez les branches d'un arbre, vous gaspillez l'eau. C'est en arrosant les racines que les branches et les feuilles seront nourries. Eh bien, c'est uniquement si nous prions pour l'évolution de la société entière que la prière nous sera bénéfique. Malheureusement, nos cœurs sont fermés et nous ne sommes plus disposés à partager ; telle est l'attitude qui prévaut de nos jours. Seul le gain personnel nous intéresse, ce que nous pouvons gagner et obtenir pour nous-même. »

Cela suscita une autre question : « Amma semble s'élever contre l'accumulation des richesses. Mais comment peut-on attendre des gens qu'ils abandonnent ce pour quoi ils ont travaillé dur toute leur vie ? Comment pourraient-ils vivre sans rien désirer ? En renonçant tout bonnement à l'ego ? Cela paraît impossible pour des gens normaux qui vivent dans le monde. »

« Impossible... impossible ! » s'exclama Amma. « Mes enfants, voilà tout ce que vous savez dire. Vous rendez tout « impossible ». Impossible n'existe pas. Rappelez-vous que vous vivez à l'époque de la conquête de l'espace. L'être humain a marché sur la Lune. Il y a quelques jours, un des enfants occidentaux d'Amma lui racontait qu'en Occident, les gens travaillent rarement de leurs mains, car ils ont des machines qui exécutent la plupart des travaux. Cet occidental fut surpris de nous voir passer des heures à porter des sacs de ciment sur la tête. Il nous faut toute la nuit pour transporter ce qu'une machine pourrait, dit-il, déplacer en moins d'une heure.

Dans le futur, les gens auront peut-être des cuillères électroniques pour se nourrir. Ils n'auront alors plus besoin de leurs mains. Et pourtant, vous continuez à dire « impossible ». Il est facile de répondre « impossible » dès qu'on vous demande quelque chose. Cela n'exige aucun effort, juste quelques mouvements de la langue. Existe-t-il rien de possible selon vous ? Le mot impossible est la malédiction de l'humanité ; efforcez-vous de la transcender ; travaillez dur et vous verrez que rien n'est impossible.

Il est vrai que l'être humain ne sait pas vivre sans désir, sans ego ; il n'est certes pas facile d'abandonner ce que l'on a accumulé grâce à des années de travail acharné. Amma veut simplement dire que nous ne devrions pas vivre dans un monde de rêve, mais nous concentrer davantage sur le présent que sur le futur ou le passé. Vous pouvez garder votre ego si vous le désirez, pas de problème, mais ne le laissez pas vous dévorer. On peut utiliser son ego pour fournir des efforts dans son travail, pour acquérir et pour jouir de la vie. C'est possible, mais il ne faut pas se laisser aveugler par l'ego et aller à l'encontre de sa conscience, de sa nature humaine. Efforçons-nous de vivre comme des êtres humains, pas comme des animaux.

La cécité est une infirmité tolérable et on peut dans une certaine mesure s'en accommoder. On peut vivre comme un être humain tout en étant aveugle, mais quand on est aveuglé par l'ego, la cécité est absolue. Si vous perdez la vue mais que votre cœur est plein de lumière et d'amour, vos actes, tout votre être, expriment cette lumière et cet amour et vous restez un être humain, qui rayonne la lumière et l'amour de la vie. Tandis que l'aveuglement induit par l'ego, lui, vous jette dans des ténèbres absolues, où vous n'entendez ni ne voyez plus rien correctement. Les informations transmises par les yeux et les oreilles sont déformées, et vous réagissez en conséquence. Vous souffrez et vous faites souffrir les autres.

Peut-être avez-vous entendu l'histoire de Sourdas, le grand dévot. Il était aveugle, mais ce n'était pas un problème car il était plein d'amour et de compassion. Sourdas chantait la gloire de son Bien-aimé Krishna et menait une vie joyeuse, pleine de béatitude. Sri Krishna et Son épouse Radha apparurent un jour devant Sourdas et lui rendirent la vue. Mais après avoir contemplé la beauté enchanteresse de son Dieu, Sourdas dit à Sri Krishna : « Seigneur, maintenant rends-moi de nouveau aveugle car je ne veux pas regarder le monde avec les yeux qui ont contemplé Ta Forme divine. »

Le *bhava* d'Amma changea soudain. Levant les deux mains vers le ciel, elle se mit à appeler : « Krishna... Krishna... Krishna... ». Son imploration était si puissante qu'elle créait des vagues d'amour suprême dans l'air tranquille du matin. Le désir de Dieu brûlait dans tous les cœurs, tandis que chacun contemplait Amma. Le cri d'Amma s'était terminé dans le silence. Assise, parfaitement immobile, un sourire radieux aux lèvres, Amma semblait en *Krishna Bhava*. Dans l'air du matin, la présence du Divin dansait, étincelante. Une légère brise soufflait ; Amma se mit à chanter

Anjana sridhara

Ô Sridhara,
Bel enfant couleur de saphir,
Je Te salue les mains jointes,
Gloire à Krishna que nous adorons !

Ô Toi pur joyau,
Ô Fils de Vasoudeva,
Délivre-moi de mes souffrances.

Ô Krishna,
Enfant divin,
Protège-moi.

Ô petit pâtre,
Viens vite,
Que j'entende le son de Ta flûte.

Il s'écoula un moment avant que l'un des *brahmacharis* rappelât à Amma l'histoire de Sourdas. Amma reprit : « Il vous est peut-être difficile d'assimiler le message essentiel que véhicule l'histoire de Sourdas. Il n'en reste pas moins que des êtres tels que lui ont existé et furent capables de vivre dans l'état de contentement bien que privés de la vision extérieure. Pour que l'œil intérieur s'ouvre, il faut se livrer à des pratiques spirituelles rigoureuses. Une fois cet œil intérieur ouvert, les yeux physiques sont secondaires. Vous pouvez, là aussi, vous récrier « impossible », mais revenons à notre sujet de discussion.

Il n'est pas nécessaire d'abandonner tout ce que vous avez obtenu par un travail acharné. Gardez vos richesses et jouissez de la vie, mais tandis que vous êtes dans la société, que vous profitez de la compagnie de votre famille et de vos enfants, tandis que vous travaillez et négociez avec des hommes d'affaires, ne laissez pas votre pouvoir ou votre situation vous aveugler. Accordez-vous le droit d'exprimer au moins un peu d'amour et de sollicitude lorsque c'est nécessaire.

Que votre pouvoir, votre situation, votre nom et votre réputation ne vous incitent jamais à regarder les autres de haut. Si un être en détresse s'approche de vous, vous devriez être capable de lui offrir un sourire chaleureux, un mot de compassion, être capable de l'écouter. Même si vous n'avez rien à lui donner, souriez-lui et consolez-le de quelques paroles affectueuses. Vous devriez pouvoir lui dire, « Frère, je comprends tes problèmes. Il est évident que tu traverses une période difficile. Je voudrais bien pouvoir t'aider en partageant ta souffrance. Je suis dans une situation qui malheureusement ne me le permet pas. Je t'en prie, pardonne-moi. »

Ces paroles auront sur lui un effet apaisant. Elles agiront comme un baume sur son cœur douloureux. Il sera consolé et pensera : « Oh ! Il m'a au moins apporté quelque réconfort avec ses paroles pleines de gentillesse. Quel grand soulagement de savoir qu'il existe en ce monde des êtres dont le cœur est bon. » Cela lui redonnera de l'espoir et de l'enthousiasme. Il ne sombrera pas dans le désespoir et la dépression. Il n'envisagera pas de se suicider.

Imaginez que vous vous montriez impitoyable envers un homme en détresse, sans montrer à cet être qui souffre aucune compassion, aucune sollicitude. Vous le menacez et le chassez. Bien d'autres avant vous l'ont peut-être traité ainsi, avec dureté, sans amour, et votre attitude irréfléchie et brutale lui fait perdre tout courage. Ces rejets accumulés ont peut-être fait de lui un homme déçu et frustré ; il se pourrait qu'il sombre dans le désespoir et perde le goût de vivre. Dans son désespoir, il pourrait même mettre fin à ses jours. Qui est responsable de sa mort ? Qui l'a poussé au suicide ? Vous y avez contribué, vous, et tout ceux qui l'ont maltraité. Votre ego, votre pouvoir et votre situation vous ont aveuglés ; ils ont fait de vous un être sans cœur. Vos paroles et vos actes n'ont fait que refléter l'aveuglement intérieur engendré par l'ego.

Ne renoncez pas à vos richesses, n'abandonnez pas vos désirs. Gardez-les, mais efforcez-vous de rester un être humain digne de ce nom. Essayez de ressentir la souffrance d'autrui ; vous n'êtes ni une machine, ni un animal, ni un démon. Vous êtes un être humain, vous représentez l'espèce humaine. Tâchez donc de faire preuve d'amour et de compassion, car ce sont là les signes d'une vie évoluée. Rappelez-vous que seul un être humain peut développer la compassion et l'amour, seul un être humain peut faire preuve d'empathie. Vous songez peut-être : « S'il souffre, c'est son *karma*. » Ce n'est pas votre affaire de songer à son *karma*. Si son *karma* est de souffrir, considérez que le vôtre est de l'aider. C'est seulement en aidant les autres que vous pourrez évoluer. Aucune autre espèce ne possède ce don précieux accordé par Dieu : la faculté de comprendre, de faire preuve de compassion. Utilisez-le. N'en faites pas mauvais usage.

La faculté de croître en amour et en compassion est presque oubliée. En ne l'employant pas, vous rejetez Dieu, vous vous opposez à Lui et refusez Son cadeau. C'est la pire chose qui puisse vous arriver. Si quelque chose ne va pas dans votre travail, cela peut s'arranger. Les pertes matérielles ne sont pas irréparables. Si vous perdez par exemple une grosse somme, on peut la remplacer. Mais si vous rejetez le don de Dieu, c'est irréparable. Il veut que vous en fassiez bon usage. En le rejetant, vous empêchez le flot de Sa grâce de vous parvenir ; vous construisez un barrage entre Lui et vous. Ce barrage, c'est votre ego.

Mes enfants, Amma sait qu'à l'exception de quelques-uns, qui se comptent sur les doigts de la main, les êtres humains sont ambitieux et remplis de désirs. Il est impossible à la plupart de ceux qui vivent dans le monde de vivre sans agir et sans désirer le fruit de cette action. Il est cependant possible de vivre joyeux et content dans le monde. L'être humain possède la faculté d'être content, s'il dirige son énergie et ses aptitudes dans la bonne direction. »

« Comment peut-on occulter le passé et le futur pour investir toutes les énergies dans le présent ? » demanda un des *brahmacharis*.

« Écoute attentivement », répondit Amma. « Imagine que l'unique enfant d'un couple soit frappé d'une maladie mortelle. Le docteur déclare qu'il y a peu d'espoir, à moins d'un miracle. Le remède qu'il prescrit à l'enfant peut s'avérer efficace ou inutile. Le médecin leur conseille : « Priez le Tout-Puissant ; Lui seul peut rendre le remède efficace. Lui seul peut sauver l'enfant. » Le père et la mère ont d'ordinaire peu de foi en Dieu. Mais le désespoir les incite à suivre l'avis du docteur. Ils prient alors tous deux avec ardeur. Pourquoi ? C'est que la menace est sérieuse et qu'il y a urgence. Ils vivent maintenant dans le présent. Ils regardent leur fils, observent son visage, vérifient sa respiration ; ils caressent ses membres délicats et attendent avec anxiété qu'il ouvre les yeux ; lorsqu'ils ne voient aucune amélioration, ils appellent Dieu et prient. Pour obtenir la bénédiction de Dieu, on fait la lecture d'un texte des Écritures. Ils accueillent avec amour et compassion ceux qui viennent voir l'enfant. En cet instant, même si leur pire ennemi arrivait, ils lui offriraient une chaise et lui parleraient avec gentillesse, car ils n'éprouvent plus de haine envers quiconque. Ils ne disent du mal de personne. Les voilà soudain humbles et aimants. Comme si le fait de vivre dans le présent avait fait d'eux pour une courte période des saints, des êtres éveillés… jusqu'à ce que l'enfant soit sauvé ou meure. Mais dans l'un ou l'autre cas, leurs anciennes tendances reprendront vite le dessus.

Quelle est l'explication de leur comportement actuel ? Comment oublient-ils à ce moment-là le passé et le futur ? Ils ne se soucient pas de la dispute qu'ils ont eue la veille, ils l'ont oubliée. La vie de leur enfant est en danger et leur but commun est qu'il guérisse. Ils travaillent donc de concert, avec beaucoup d'amour. C'est peut-être la première fois de leur vie qu'ils s'aiment vraiment. Ils ne ressentent aucune inimitié envers quiconque. Face à la crise, ils ne songent pas au futur. Demain, le moment suivant, n'existent pas pour eux. Pendant qu'ils contemplent, pleins d'espoir, le visage de leur fils, il leur est impossible de penser à l'avenir. Leurs pensées se concentrent sur le présent. Va-t-il ouvrir les yeux ? Le moindre mouvement du corps de l'enfant avive leur espoir. Ils vivent dans le présent, attentifs aux événements, refusant d'envisager la possibilité du décès de leur fils. Ils ne veulent songer qu'à la vie. L'inquiétude qu'ils éprouvent pour leur fils les unit, le soutien mutuel qu'ils s'apportent, la sollicitude des visiteurs, les remplissent de gratitude.

D'où leur vient cette faculté de se montrer humbles, aimables et affectueux, même envers des gens que d'habitude ils n'apprécient pas ? Comment développent-ils la capacité de vivre dans le présent, d'oublier le passé et le futur ? D'où tiennent-ils ce grand pouvoir de concentration ? C'est qu'ils vivent dans le présent, dans l'instant, tandis que la vie de leur fils ne tient qu'à un fil. Un besoin, une nécessité constante les aide à vivre dans le présent. La menace qui pèse sur la vie de leur fils les aide à prier, à faire preuve de compassion et d'amabilité envers tous. Ils ont le sentiment que l'enfant a besoin de la grâce de Dieu, mais aussi de la bénédiction et des prières de chacun. Ils demandent donc à tous les visiteurs de prier ; « S'il vous plaît, priez pour lui, priez pour notre fils. » Ce n'est qu'un exemple pour vous montrer que vous possédez la capacité mentale et la force de canaliser toutes vos énergies dans le présent, oubliant les regrets liés au passé et les inquiétudes concernant le futur. Rappelez-vous que la mort vous menace à chaque instant. Cette prise de conscience ébranle l'ego. La pensée de l'immanence de la mort nous aide à vivre dans le présent, à éprouver de la sollicitude pour autrui. Nous ne pouvons canaliser nos énergies correctement que si nous prenons conscience de la nécessité d'un tel effort ; comprenons que nous gaspillons notre abondante énergie et que nous devons la tourner vers de plus nobles buts. Lorsque vous vous rendez compte de cette immense perte, vous savez que vous devez économiser votre énergie et en faire un usage adéquat afin d'en retirer un bénéfice extraordinaire. Vous pouvez garder le même champ d'activité et devenir une source de puissance qui incitera bien des êtres à suivre votre exemple, si vous concentrez vos énergies correctement. »

Soyez satisfaits de ce que vous avez

Un calme parfait régnait. On n'entendait que le bruit du vent dans les cocotiers et le doux mugissement des vagues de la côte. Tournant son regard au loin, vers le ciel, Amma se mit à chanter, en y mettant son cœur et son âme,

Hridaya nivasini Amme

Ô Mère, Toi qui habites dans mon cœur,
Incarnation de l'Amour,
Ton Nom sacré ne quitte pas mes lèvres.

Ô Mère du monde,
Accorde-moi la grâce de chanter Ta gloire.
Je ne désire pas les plaisirs du monde,
Je ne veux que T'adorer avec pure dévotion.

Au cours d'innombrables naissances,
sans Te connaître, j'ai porté bien des jougs.
Mais depuis que je suis venu à Toi,
J'ai déposé mon fardeau.

Ô Mère, hormis Toi,
Mon regard ne trouve rien qui dure.

Laisse-moi m'oublier,
Laisse-moi me fondre dans le courant de Ta Conscience.

Mère m'a révélé
Qu'Elle et moi ne sommes pas séparés,
Que nous ne faisons qu'Un,
Mais je n'en ai pas l'expérience.

Je désire seulement rester près de Toi,
Être Ton enfant.
Avec amour et affection,
Mère prend soin de Ses enfants.

Le simple contact de Sa main
Me lave de mes péchés.
Ô Mère, ne suis-je pas Ton enfant ?
Pourquoi cela prend-il aussi longtemps ?

Je compte chaque minute,
En songeant que je suis Ton enfant.
Ô Mère, pourquoi ne puis-je m'approcher de Toi ?
Je T'en supplie, montre-moi le chemin.

Ô Mère,
Je ne suis rien
Tu es tout ce qui existe ;
Tu es le Tout.

Le chant terminé, Amma reprit la parole. Regardant les cocotiers, dont les silhouettes se détachaient sur le ciel et, un peu plus loin, les eaux de la lagune, elle dit : « Voyez la beauté de la nature. Vivre en harmonie avec la nature suffit à procurer joie et contentement. »

Le *brahmachari* Rao dit : « Il est triste que les êtres humains, qui sont dit-on, les créatures les plus évoluées sur cette terre, ne comprennent pas cette vérité. Il semble que leur nature soit maintenant de se plaindre et d'être mécontents. »

Amma dit : « Il y eut une époque où tant et tant de gens dans le monde étaient si malheureux qu'ils gémissaient et se lamentaient pour obtenir de Dieu quelque soulagement. Tous ceux qui étaient mécontents de leur sort se plaignaient, et disaient qu'ils aimeraient bien échanger leur destin avec celui de quelqu'un d'autre. Dieu répondit à leur appel et leur apparut. Ceux qui avaient des doléances se rassemblèrent dans une large vallée, en Sa présence. Dieu leur dit : « La paix soit avec vous. J'ai entendu vos gémissements de douleur et Je suis venu en réponse à vos prières. Déposez vos ennuis et vos souffrances devant Moi. Les maladies, les infirmités ou les douleurs qui vous incommodent, qui vous rendent malheureux, abandonnez-les maintenant.

Les gens s'empressèrent de jeter dans la vallée leurs fardeaux, leurs souffrances et leurs peurs. Le tas de malheurs forma une montagne qui combla le vallon. Dieu déclara ensuite : « En échange de ce que vous avez abandonné, vous êtes maintenant libres de choisir dans cette montagne le fardeau que vous préférez. »

Il y eut une épouvantable mêlée, chacun attrapant un fardeau de douleur qui avait appartenu à quelqu'un d'autre, espérant qu'il serait beaucoup plus léger que celui qu'il supportait jusqu'alors. Le mendiant échangea son fardeau contre celui du riche, la femme stérile choisit celui de la mère de famille nombreuse. Cela continua un bon moment ; tous étaient heureux et soulagés. Dieu les quitta, et ils rentrèrent chez eux.

Mais selon vous, qu'arriva-t-il le jour suivant ? Les jérémiades recommencèrent, cent fois plus véhémentes qu'auparavant. De nouveau, Dieu descendit et leur apparut. Ils se mirent à crier et L'implorèrent de leur rendre leurs anciens problèmes car ils ne pouvaient tolérer la nouvelle souffrance, le nouveau chagrin qu'ils avaient choisis ; Dieu accéda à leurs prières et ils reprirent leur ancienne vie, satisfaits pour un temps, mais bien vite de nouveau mécontents. »

L'histoire fit rire tout le monde car chacun se reconnaissait dans ce portrait.

Amma reprit : « Mes enfants, apprenez à être satisfaits de ce que vous avez. Ne désirez pas ce qui n'est pas vôtre, ne convoitez pas le bien d'autrui. Ne songez pas que la souffrance de votre semblable n'est rien comparée à la vôtre, ou que vous vous sentiriez beaucoup mieux dans les bottes de quelqu'un d'autre. C'est faux. Chaque individu a sa collection de problèmes et de soucis. Vous ne pouvez pas échanger vos ennuis contre ceux d'un autre car vous ne seriez pas capable de supporter sa souffrance. C'est vrai aussi de la joie. Vous pensez que votre voisin est plus heureux que vous et vous priez Dieu qu'il vous rende pareil à lui ; mais quand vous éprouvez son bonheur, vous vous apercevez que vous avez en réalité prié pour ce qui ne vous convenait pas. La joie et la souffrance de votre voisin lui appartiennent. Du même coup, vos joies et vos souffrances sont votre apanage exclusif. Comprenez cette vérité et soyez satisfaits de ce que vous avez. Vous ne pouvez obtenir ni plus ni moins que ce qui vous a été attribué ; ce qui est vôtre vous est destiné. »

Un autre *brahmachari* commenta : « C'est pourquoi les Écritures disent aussi : « Le moment qui vient ne nous appartient pas. Le bien que tu veux faire, fais-le donc maintenant, sans attendre à demain. » Est-ce vrai, Amma ? »

« La menace de la mort est la plus effrayante pour notre ego ; elle est permanente, et pourtant nous ne la percevons pas, » répondit Amma. « La mort approche à pas de velours, sans que nous l'entendions, c'est pourquoi nous nous obstinons dans nos tendances négatives et refusons de changer. Ignorant avec superbe le grand défi que constitue la mort, nous ne pratiquons pas l'amour et la compassion et n'avons pas envie de partager les chagrins et les souffrances d'autrui. C'est la raison pour laquelle nous manquons d'humilité. La plus humiliante des expériences, la mort, nous guette à chaque pas. Ne dites donc pas « demain ». C'est maintenant qu'il faut agir, maintenant qu'il faut prêter serment de changer notre approche de la vie.

Écoutez cette histoire : un brahmane vint un jour trouver le grand roi Youdhishthira, pour lui demander de l'aider à financer le mariage de sa fille. Youdhishthira lui dit : « Révéré brahmane, reviens demain matin, je te donnerai alors les fonds nécessaires. » Le pauvre brahmane quitta le palais, bien déçu. Il avait beaucoup de dispositions à prendre et avait espéré obtenir l'argent immédiatement.

Peu après, on entendit l'écho des cymbales, des trompettes et des tambours de guerre résonner dans toute la citadelle. Ce phénomène était fort inhabituel, car cette musique célébrait d'ordinaire avec jubilation le retour victorieux du roi après une bataille. Comme Youdhishthira ne menait alors aucune guerre, il fut contrarié par ce tumulte. Il envoya un messager se renseigner, et celui-ci rapporta que les musiciens jouaient sur l'ordre de Bhima[6]. Bhima fut aussitôt convoqué et sommé de s'expliquer. Il répondit fort poliment : « Votre Majesté, je célébrais simplement votre victoire. » « Ma victoire ? » s'exclama Youdhishthira. « Mais il n'y a pas eu de victoire ! » Bhima dit : « Oh si, mon Seigneur ; vous avez remporté une victoire. Vous avez renvoyé ce brahmane en lui disant de revenir demain. Cela signifie que vous avez remporté une victoire sur la mort, car qui donc est assuré

---

[6]   Bhima était le second des cinq frères Pandavas, apparentés à Sri Krishna. Les Pandavas, combattant du côté de la justice, vainquirent leurs cousins les Kauravas dont les actes étaient toujours mauvais. Bhima était réputé pour sa force.

de l'instant qui vient, sans parler du lendemain, sinon celui qui a vaincu la mort ? »

Le sage Youdhishthira comprit le message caché que recélait l'action de Bhima. Il se rendit compte de son erreur et la confessa exprimant sa gratitude envers Bhima qui lui avait ouvert les yeux. Il fit appeler le brahmane et lui donna une somme plus que suffisante pour célébrer le mariage de sa fille.

Mes enfants, si nous en sommes conscients, la menace permanente de la mort nous incite à cultiver la foi et à nous rapprocher de Dieu. La mort nous arrachera toutes nos possessions. Ce corps que nous chérissons et dont nous prenons grand soin ne nous accompagnera pas. Nous ne pourrons pas même emporter une épingle. Comprenez cette grande vérité, prenez refuge aux pieds du Seigneur et soyez satisfaits et heureux de votre lot. »

Les dernières paroles d'Amma résonnaient dans tous les cœurs, « …prenez refuge aux pieds du Seigneur et soyez satisfaits et heureux de votre lot… »

Amma se mit à chanter,

Parinamam iyalatta

Ô suprême Déesse,
Toi l'Immuable,
Bénis-moi et libère-moi de la douleur.
N'es-Tu pas la Parèdre de Shiva,
Qui réduisit en cendres les trois cités (tripoura) ?

Je T'en prie, daigne dissiper l'obscurité.
La pleine lune illuminera-t-elle bientôt ma nuit ?
Ignores-Tu les ténèbres de mon cœur ?
Comme tombent les pétales d'une fleur,
Les jours s'en vont,
Et pourtant Tu ne viens pas.

Ô Mère,
N'es-Tu pas tout ce que désire
Un petit enfant ?
Un arbre immense ne sert-il pas de support
À une petite plante grimpante ?

Ô Mère, seul et désespéré,
Je ne sais que faire.
Aide-moi donc et laisse-moi m'unir à Toi.

Ô Mère,
Je m'écroule épuisé dans ce désert,
Incapable même de me traîner jusqu'à Toi.

Ô Déesse,
Vois quel est mon sort !
Prends pitié de moi !
Accorde-moi de trouver refuge à Tes Pieds.

Le chant terminé, le silence prévalut. L'un des *brahmacharis* saisit cette occasion pour clarifier un autre doute. « Amma, on dit que celui qui recherche le bonheur le manque à coup sûr. Pourquoi ? »

« Parce que la quête du bonheur engendre l'insatisfaction, » répondit Amma. « Le fait de chercher provoque inévitablement de l'agitation. Un mental agité est malheureux. Le bonheur que vous recherchez est toujours dans le futur, jamais dans le présent. Le présent est à l'intérieur ; le futur à l'extérieur. Dans votre impatience de trouver le bonheur, vous créez l'enfer dans votre mental. Après tout, qu'est-ce que le mental ? C'est l'accumulation de vos tendances négatives, de votre insatisfaction, de vos misères. Le mental est l'ego, et l'ego ne peut pas être heureux. Comment pouvez-vous chercher le bonheur avec un tel mental ? Plus vous cherchez, plus vous êtes malheureux. Le bonheur survient quand le mental et toutes ses pensées égocentriques disparaissent. Pour être heureux, oubliez votre poursuite du bonheur. Arrêtez de vivre dans le passé ou dans le futur. Cessez de courir après le bonheur, et vous constaterez que vous n'êtes plus malheureux. Vous voilà content, à l'instant même où vous abandonnez votre quête du contentement.

Priez Dieu de vous accorder la paix du mental en toutes circonstances. Dans une prière sincère, nous demandons à Dieu un contentement inébranlable.

Le Dieu Vishnou dit un jour à un de ses dévots : « Je suis fatigué de tes demandes incessantes. Je t'accorde trois vœux ; après cela, je ne te donnerai plus rien. L'adorateur de Vishnou, enthousiasmé par ces paroles, n'hésita pas à formuler son premier vœu. Il demanda la mort de sa femme, afin de trouver ensuite une meilleure épouse. Ce souhait lui fut aussitôt accordé.

Mais quand les parents et amis s'assemblèrent pour les funérailles, ils célébrèrent les qualités de la défunte, et le dévot se rendit compte qu'il avait agi avec trop de hâte. Il avait été aveugle à ses vertus. Il commença à se demander s'il trouverait jamais une aussi bonne épouse. Quand vint le moment de formuler son second vœu, il demanda donc à Vishnou de la ramener à la vie. Il ne lui restait plus alors qu'un seul souhait. Il ne voulait pas risquer la moindre erreur, car il n'aurait ensuite aucune chance de la réparer. Il consulta bien des sources et différentes personnes lui suggérèrent de demander la santé et la richesse. Certains de ses amis lui conseillèrent de demander l'immortalité. Mais à quoi sert l'immortalité, objectèrent les autres, sans une bonne santé ? Et à quoi bon la santé quand on n'a pas d'argent ? Et s'il n'avait pas d'amis, à quoi lui servirait d'avoir de l'argent ?

Les années passèrent, sans qu'il parvienne à se décider. Allait-il demander la santé ou la richesse, le pouvoir ou l'amour ? Il finit par demander au Seigneur : « Je T'en prie, dis-moi ce que je dois demander. » Le Seigneur pouffa de rire devant l'embarras du dévot et dit : « Demande à être content en toutes circonstances. »

Renoncez et jouissez de la vie. Le véritable joyau, le vrai bonheur, est en vous. Apprenez à trouver le contentement dans cette expérience de joie intérieure. Quand vous mangez une banane, vous ne consommez que le fruit. Vous laissez la peau, car elle vous donnerait mal au ventre. Agissez de même avec la richesse, le statut social et la réputation : ne les laissez pas être le cœur de votre existence. Certes, ils semblent procurer le bonheur, mais un tel bonheur est passager et cousu de souffrance. Rappelez-vous que votre existence réelle est à l'intérieur. »

Un autre *brahmachari* demanda : « Amma, en parlant du contentement véritable, tu as dit qu'il n'était possible que pour celui qui, saisissant l'aspect spirituel de la dévotion, renonçait aux biens de ce monde. Que veux-tu dire par là ? »

Amma répondit : « Le verbe renoncer effraie certaines personnes. Si l'on ne trouve le contentement qu'en renonçant, alors mieux vaut rester mécontent, tel est leur sentiment. Ils se demandent comment ils pourraient mener une vie heureuse sans la richesse, sans une belle maison, un amour de chat, un époux ou une épouse, sans tous les agréments et les commodités de la vie. Sans cela, la vie serait impossible, pensent-ils, elle serait un enfer.

Mais connaissez-vous un seul être que ses possessions rendent vraiment heureux et content ? Les gens qui recherchent le bonheur dans les commodités et le confort sont les plus malheureux. Plus vous accumulez de richesses et de confort, plus vos soucis et vos problèmes augmentent, car les désirs n'ont pas de fin. La chaîne de l'avidité et de l'égoïsme s'allonge toujours, elle est sans fin. Qui songe au moyen d'accumuler plus, encore plus, toujours plus, ne peut connaître le contentement. Cela ne signifie pas que pour être content, il ne faut jamais vouloir combler aucun désir. Ce n'est pas l'essentiel. L'essentiel est d'apprendre à être content de ce qui nous échoit. Le seul but de notre vie ne devrait pas être d'accumuler des richesses, de rechercher les honneurs et une position sociale. Labourez le champ, semez, prenez grand soin des jeunes plants, ôtez les mauvaises herbes, arrosez et mettez de l'engrais, puis attendez patiemment. Si ces actions sont accomplies dans un esprit d'abandon à Dieu et d'amour, la récolte sera superbe. Toutes les actions portent des fruits. L'avenir constitue le fruit, ne vous en inquiétez pas ; attendez avec patience en restant concentré sur le présent, en agissant avec amour et concentration. L'action constitue le présent. Aimez chaque action ; trouvez la béatitude dans tout ce que vous faites. C'est cela, l'essentiel. Quand on est capable de vivre pleinement chaque instant de ses actes, on obtient forcément de bons résultats.

On ne profite pleinement de ce que l'on a qu'en vivant dans le présent. Cela signifie que vous cessez de vous inquiéter du résultat futur de vos actes présents et des conséquences de vos actes passés. « Renoncer » signifie en fait renoncer au passé et au futur. Le passé est la poubelle dans laquelle vous avez jeté toutes vos actions passées. C'est un entrepôt rempli de bon et de mauvais. Le passé est une blessure. N'y touchez pas, ne la grattez pas, ne la rendez pas plus profonde encore. Si vous grattez la blessure — c'est-à-dire, si vous ruminez le passé — elle s'infectera. Ne faites pas cela. Essayez plutôt de guérir. Ce n'est possible que grâce à la foi et à l'amour de Dieu, ce n'est possible que dans le présent. Vivez dans le souvenir de Dieu, répétez Son nom, méditez sur Sa forme, récitez votre *mantra*. C'est le meilleur remède aux blessures du passé. Prenez ce médicament pour oublier le passé et ne vous souciez pas de l'avenir.

La véritable dévotion requiert le renoncement. C'est ce qui manque à la plupart des soi-disant dévots ; ils ressassent sans arrêt le passé ou rêvent à l'avenir, construisant des châteaux en Espagne. Même pendant qu'ils répètent le nom de Dieu, ils sont perdus dans leurs souvenirs ou tissent le futur de leurs rêves. Ils passent ainsi à côté de la beauté du nom de Dieu. Ils ne goûtent pas la divine beauté de leur divinité d'élection ou la forme de leur *guru*, si plein de compassion et d'amour, et ils manquent ainsi la grâce. Leurs prières sont vides ; jamais ils ne regardent dans leur cœur et ils ignorent l'extase de la dévotion et de l'amour. Leur méditation est sèche, car ils manquent de concentration. Ils passent à côté de la beauté du présent, pour la bonne raison qu'ils sont incapables de renoncer au passé ou au futur. Leurs actions sont dépourvues de beauté et leurs paroles n'inspirent personne.

L'aspect spirituel de la dévotion consiste à vivre dans le présent ; le soi-disant dévot se soucie plus de l'aspect matériel de sa foi. Pour lui, la dévotion est une occupation à temps partiel. Ses prières et sa méditation ne sont pas réelles. Il est incapable de lâcher prise. Son attachement est tel qu'il s'exclame parfois : « Oh, je ne peux oublier mes souvenirs ; ils s'emparent de moi et me lient. » Hélas ! Les souvenirs ne peuvent l'enchaîner, ils sont inertes, sans vie. Ils n'ont par eux-mêmes aucun pouvoir. C'est lui qui leur donne ce pouvoir et qui tend les mains vers eux. S'il lâchait prise, il serait libre. Il philosophe beaucoup à propos du renoncement et de l'abnégation mais il n'est pas sincère.

Amma a entendu raconter l'histoire suivante :

Un homme déclara tout de go : « J'aime la voie du renoncement et du service désintéressé. »

Celui auquel il s'adressait lui dit : « Hé, sais-tu ce que signifie renoncer, se sacrifier pour autrui ? »

« Oui, je sais. » répliqua le premier.

« Eh bien, si tu possèdes deux télévisions, tu devrais en donner une à quelqu'un qui n'en a pas. »

« Oh oui, je peux faire cela », dit le premier.

« Parfait, » dit le second, « Et si tu as deux voitures, en donner une à qui n'en a pas. »

Le premier dit : « Pas de problème, considère que c'est fait. »

Étonné par la générosité de cet homme, le second continua : « Donc, si tu avais deux vaches, tu en donnerais une, n'est-ce pas ? »

« Non, cela n'est pas possible, je ne peux pas le faire, » s'exclama le premier.

Le second fut stupéfait : « Pourquoi pas ? C'est bien la même logique, non ? Si tu es prêt à donner une télévision et une voiture, pourquoi hésites-tu à te séparer d'une simple vache ? »

Le premier lui expliqua : « Non, ce n'est pas du tout la même logique. Je ne possède qu'une voiture et un seul téléviscur, mais j'ai bien deux vaches ! »

Un rire général suivit cette merveilleuse illustration de l'enseignement d'Amma. Elle reprit ensuite : « Mes enfants, voilà le style de renoncement dont nous sommes capables. Nous inventons toutes sortes d'excuses : « Si seulement j'avais ceci, je vous aurais aidé. Si j'avais cela, je vous aurais donné ce dont vous aviez besoin. » Mais quand nous avons les moyens d'aider, nous oublions nos promesses. Nous faisons des promesses en l'air, mais jamais nous ne voulons nous séparer de ce que nous possédons. »

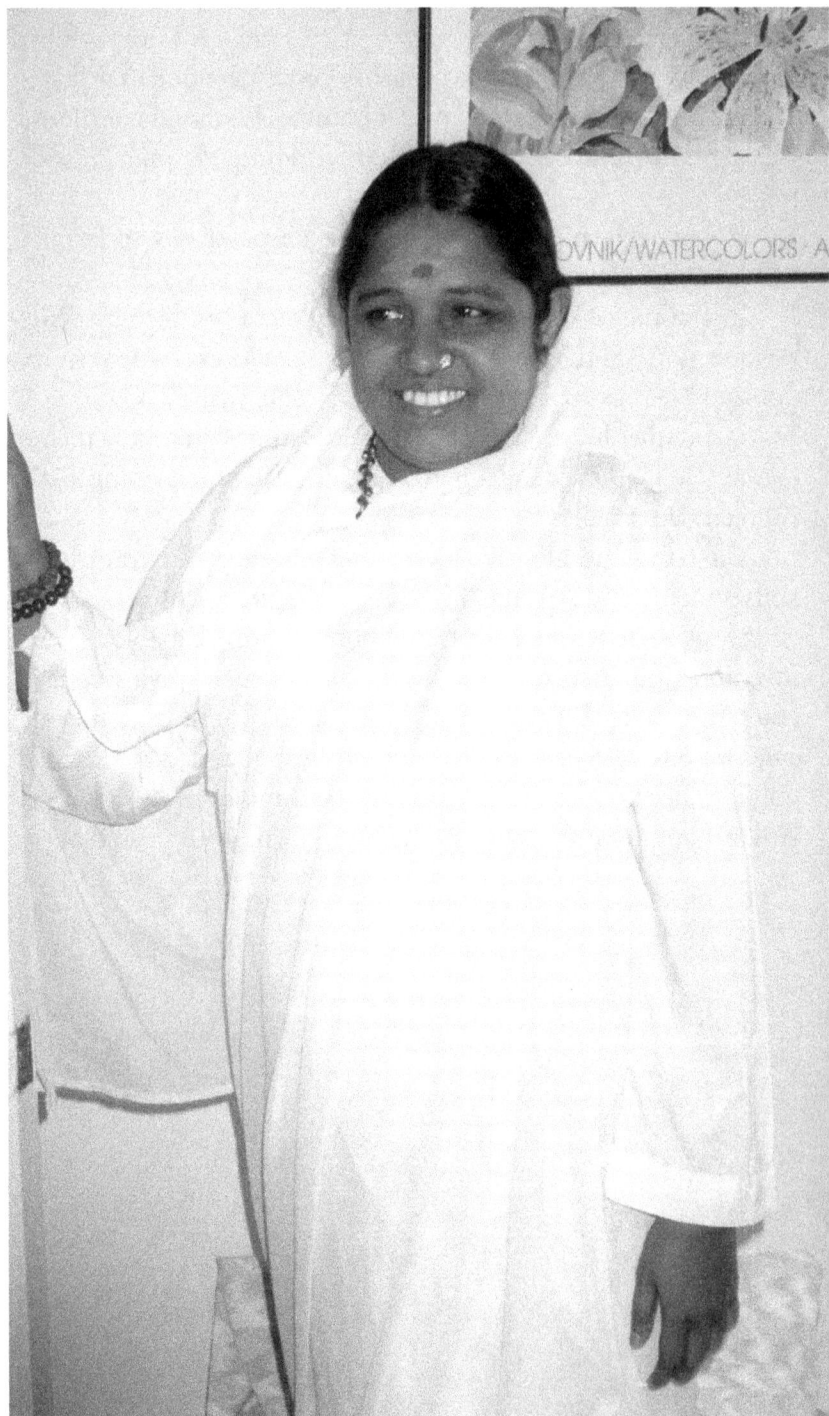

CHAPITRE 7

Sahasra-seersha purushaha
Sahasra-aksha-h sahasra-paath
Sa-bhoomim visvatho vrittva
Atya-tishtah-dhasangulam

« Lui, le Seigneur cosmique, le *Purusha* aux mille têtes, aux mille yeux, aux mille jambes, imprègne tout l'univers et au-delà. »

Purusha suktam

Grand ou petit, majeur ou mineur, aucun événement, aucun détail n'échappe au regard d'Amma.

Elle voit tout. Les Écritures affirment que le Seigneur cosmique, le *Purusha*, est doté de mille têtes, de mille yeux et de mille jambes, qu'Il imprègne tout l'univers et au-delà.

Dans ce contexte, le nombre mille symbolise l'infini. Celui qui a réalisé Dieu ou l'Infini, voit comme au travers d'un nombre infini d'yeux, entend comme par un nombre infini d'oreilles, et goûte dans un nombre infini de bouches. Celui qui est un avec *Brahman* perçoit à travers tout objet de la création. Comme le mental de chaque créature dans les trois mondes fait partie de cet infini, un tel être perçoit le monde au travers de chaque mental. Ainsi, rien de ce qui arrive dans le monde ne peut lui échapper.

Son regard voit tout. Le regard d'Amma est donc le regard cosmique. Son mental est le mental cosmique, car Amma ne fait qu'un avec l'univers. Elle est l'Infini. Dans la Bhagavad Gita, le Seigneur Krishna dit, en faisant référence au Pourousha suprême : « Toutes les têtes sont Siennes, tous les yeux sont Siens, toutes les jambes sont Siennes. » Cette vérité vaut aussi pour Amma. Rien n'échappe à son regard.

Peu après son installation à l'ashram, un des *brahmacharis* eut une expérience qui le convainquit qu'aucun de ses actes n'échappait à Amma. Au début de l'année 1982, un dévot offrit un soir à ce *brahmachari* un gros paquet de biscuits, en lui précisant qu'il était destiné à tous les résidents de l'Ashram. Celui-ci ne comptait, à l'époque, pas plus de douze résidents, et le *brahmachari* avait au départ la ferme intention de partager les biscuits avec ses frères spirituels. Mais ensuite, assis dans sa petite hutte, il songea : « Personne ne sait que ce dévot m'a donné ces biscuits, et maintenant il est parti. Inutile d'en parler aux autres. Autant les garder pour moi et les manger dans les jours qui viennent. » Le *brahmachari* cacha donc le paquet de biscuits derrière la photo d'Amma et le recouvrit du tissu qui ornait l'autel. C'était-là une bonne cachette, croyait-il. Son autel se trouvait dans un coin sombre de la hutte et de toutes façons, pourquoi quelqu'un irait-il fureter sur son autel ? Puis le *brahmachari* sortit et continua ses activités. Mais en présence d'Amma, qui peut prédire ce qui peut arriver ? Dans la soirée, l'imprévisible se produisit.

Les *bhajans* terminés, Amma se dirigea vers la cocoteraie. Elle s'y promena quelques minutes, puis, sans raison apparente, entra dans la hutte du « voleur de biscuits ». Il était assis dehors, mais quand il vit Amma pénétrer dans sa hutte, il accourut aussitôt. Pendant quelques secondes, Amma resta au milieu de la pièce, et soudain, elle passa la main derrière la photo et en sortit les biscuits. Le *brahmachari* pâlit et baissa la tête, rempli de honte. Il tomba bientôt aux pieds d'Amma et se mit à pleurer. Un sourire malicieux sur les lèvres, Amma restait là, les biscuits à la main. Au bout d'un moment, elle demanda au *brahmachari* de se relever. Il se mit debout, mais sans lever la tête et demanda pardon à travers ses larmes.

Rayonnant toujours d'un sourire enchanteur et malicieux, Amma lui tendit froidement le paquet de biscuits. Elle n'eut pas même un froncement de sourcils en disant : « Fils, prends les biscuits. Ils sont pour toi. Tu peux les manger seul. Ne te sens pas coupable. » Lorsqu'il entendit les paroles tranchantes d'Amma, malgré leur apparente douceur, le *brahmachari* s'écria : « Amma, je t'en prie, cesse de me torturer ! » Amma ne put alors dissimuler plus longtemps son amour et sa compassion. Elle posa la tête du *brahmachari* sur son épaule et le consola en disant : « Fils, ce n'était qu'une plaisanterie. Amma sait que tu as agi comme un enfant innocent. Ne t'inquiète pas. Après tout, c'est Amma qui t'a pris la main dans le sac. N'aie pas honte et ne sois pas blessé. Mais mon fils, essaye de ne pas être égoïste. Si tu ne peux pas partager la moindre chose avec tes propres frères spirituels, comment veux-tu un jour renoncer à ton égoïsme pour aimer et servir le monde ? Cet endroit est le lieu où tu dois commencer, efforce-toi donc d'être plus ouvert et de partager. »

Cet incident est l'un des innombrables exemples du pouvoir des « mille yeux » d'Amma. Il nous montre avec quelle beauté et quel charme Amma met le doigt sur les erreurs de ses enfants et les corrige. La manière dont elle le fait ne peut blesser. Même si cela engendre un peu de souffrance, Amma en connaît le remède. Pour aider les *sadhaks* à prendre conscience de leurs erreurs, elle les fait peut-être souffrir un peu ; mais l'amour inconditionnel et la compassion qu'elle leur manifeste sont tels qu'ils apaisent et guérissent leur douleur.

Le respect de la vie

Vendredi 14 septembre 1984

Quelques jours plus tôt, un des résidents avait transplanté un jeune manguier qui se trouvait sur un terrain récemment acquis par l'ashram. Comme il n'appréciait pas de voir le manguier à cet endroit, il le transporta dans un coin, avec l'aide d'autres résidents. Personne n'eut toutefois l'idée de demander la permission d'Amma avant de déplacer l'arbre.

Un ou deux jours plus tard, sans prévenir, Amma inspecta le nouveau terrain. Quand les *brahmacharis* virent Amma se diriger dans cette direction, ils se regardèrent et se mirent à chuchoter. Ils avaient peur car le manguier dépérissait depuis qu'il avait été transplanté. Dès qu'Amma arriva sur le terrain, elle dit : « Il manque quelque chose ; qu'est-ce qui manque ? » Ils pâlirent tous, sans rien dire. « Shiva ! Où est le manguier ! » s'exclama-t-elle. Personne ne souffla mot, personne n'osait rien dire. Amma demanda encore une fois : « Qu'est-il arrivé à cet arbre ? Quelqu'un l'a-t-il coupé ? »

Le *brahmachari* Païfinit par s'avancer pour dire d'une faible voix : « Amma, Nedoumoudi a transplanté l'arbre de l'autre côté, et nous l'avons aidé. »

« Où ? Où l'avez-vous planté ? » dit Amma d'un ton très inquiet.

Le *brahmachari* Païmontra le chemin, et Amma, suivie de tout le groupe, marcha jusqu'à l'endroit où se trouvait le manguier. En voyant ses branches flétries, Amma s'exclama d'une voix brisée de chagrin : « Shivane ! Qu'avez-vous fait à cet arbre ? Comment avez-vous pu faire ça ? Quel grand péché ! Pourquoi ne m'avez-vous pas demandé avant de le déplacer ? Jamais je ne vous l'aurais permis ! Je ne peux supporter la vue de ce pauvre arbre agonisant. »

Les paroles d'Amma traduisaient beaucoup de chagrin et de souffrance. Son visage même exprimait la douleur. Elle manifestait les sentiments d'une mère pour son enfant blessé et s'accroupit sur le sol nu, tête baissée, se tenant le front. Ceux qui étaient proches d'elle remarquèrent qu'elle essuyait des larmes. Tandis que certains se demandaient pourquoi Amma pleurait pour une telle sottise, d'autres étaient éperdus d'admiration pour l'amour divin et la compassion qu'elle manifestait envers l'ensemble de la nature, même envers les plantes. Bouleversés par l'émotion d'Amma, certains ne purent retenir leurs larmes.

Le temps passa. Au bout d'un long moment, Amma dit : « Mes enfants, ne détruisez plus jamais la vie de cette façon. Il ne convient pas que des *sadhaks* agissent ainsi. Notre but est de percevoir la vie partout. Evitons de détruire. Dieu seul peut créer, préserver et détruire. Ces trois fonctions dépassent nos capacités ; ces hauts faits sont l'apanage de Dieu. Ne recommencez donc pas. Si vous êtes incapables de juger les choses et les situations par vos propres moyens, consultez quelqu'un de plus savant ou de plus sage. Et si personne ne peut vous conseiller, tenez-vous tranquille ; il est plus sage de ne rien faire que de faire des bêtises.

Nous devons garder en mémoire le fait que tout est sensible, que tout est plein de conscience et de vie. Tout existe en Dieu. La matière n'existe pas ; la conscience, seule, existe. Si nous abordons les situations avec cette attitude, il nous est impossible de détruire. L'idée même de destruction disparaît. C'est alors seulement que vous pouvez aider et servir autrui, pour leur bénéfice et pour le bien du monde.

Quand Amma dit « le monde », Elle ne désigne pas uniquement les êtres humains. « Le monde » inclut tout — les humains, les animaux, les plantes et les arbres. Les êtres humains sont certes les créatures dont l'évolution est la plus avancée, mais cela ne signifie pas que les autres formes de vie soient dépourvues de sentiments ; les Védas et les Upanishads disent que tout est rempli de conscience.

Dieu est en tout ; il n'est dit nulle part que Dieu ne réside que dans les êtres humains et non dans les animaux ou les autres aspects de la vie. Il est dans les montagnes, les rivières, les vallées, les arbres. Il est dans les oiseaux, les nuages, dans les étoiles, le soleil et la lune, partout. Dieu demeure dans *sarva charaachara*, dans l'animé et l'inanimé. Comment peut-on tuer et détruire si l'on a compris cela ?

Vous pensez peut-être que les humains peuvent parler, marcher, agir et penser, alors que les plantes en sont incapables. Vous croyez qu'elles sont sans vie, que vous pouvez donc les couper, les détruire et les utiliser pour vos desseins égoïstes. Cependant tout, dans la nature, remplit une fonction. Il n'y a pas d'erreur dans la création. Tout, dans la nature, est bien calculé et mesuré avec précision. Les proportions sont parfaites.

Toute créature, tout objet créé par Dieu est incomparable. Songez aux miracles de la nature. Les chameaux ont reçu la bénédiction d'une poche spéciale, qui constitue une réserve d'eau ; le kangourou a un berceau, dans lequel il transporte son bébé partout où il va. Même les créatures ou les plantes les plus insignifiantes, nuisibles en apparence, ont une fonction ; elles ont un rôle à jouer dans le drame de l'univers. Amma a entendu dire que les araignées maintiennent l'équilibre de la population des insectes ; les serpents limitent le nombre des rongeurs et même le minuscule plancton unicellulaire dans l'océan sert de nourriture aux baleines. Nous ne connaissons pas la fonction de chaque créature. La nature demeure pour nous un mystère. Nous agissons donc stupidement et détruisons les arbres, les plantes et les animaux. Bien des herbes et des plantes ayurvédiques ont à nos yeux l'allure de mauvaises herbes et notre ignorance nous porte à les détruire. Mais un médecin ayurvédique, grâce à ses études, connaît leur utilité et leur importance.

L'existence même de l'être humain dépend de la nature. La nature est une part indispensable de la vie sur terre. Sans la nature, pas de créatures, humaines ou autres. L'un de nos devoirs essentiels est donc de prendre soin avec amour de tout ce qui vit. Il peut vous sembler moins grave de détruire un arbre ou une plante que de tuer un être humain. C'est une idée fausse. Les plantes et les arbres ont eux aussi leurs émotions et ils éprouvent de la peur. Lorsque quelqu'un s'approche d'un arbre ou d'une plante avec une hache ou un couteau, l'arbre ou la plante tremble de peur. Il faut une oreille subtile pour entendre ses cris, un œil subtil pour voir sa détresse, et un mental subtil pour éprouver sa peur. Vous ne voyez pas sa souffrance, mais vous pouvez la ressentir si votre cœur est compatissant. Pour voir la souffrance d'une plante, l'œil de votre mental doit être ouvert. Votre œil physique est malheureusement incapable de percevoir les choses subtiles ; c'est pourquoi vous détruisez un arbre ou une plante sans défense.

Des recherches scientifiques ont prouvé que les humains et les animaux n'ont pas le privilège exclusif des sentiments et des émotions ; les plantes et les arbres en éprouvent eux aussi et ils les expriment même dans une certaine mesure. Si notre attitude est juste, nous apprenons à comprendre leur langage. Il y a des siècles, les saints et les sages de l'Inde, ayant effectué des recherches poussées dans le laboratoire de leur propre conscience, proclamèrent que les plantes et les arbres éprouvaient des sentiments et pouvaient même les exprimer, si notre attitude envers eux était pleine d'amour et de compassion.

L'histoire de Shakountala illustre très bien cette affirmation. Shakountala était la fille adoptive d'un sage du nom de Kantva. Très jeune, Shakountala manifesta un amour spontané pour la nature, pour les animaux, les plantes et les arbres. Elle les aimait et prenait soin d'eux comme de sa propre vie.

Chaque jour, Shakountala arrosait les plantes et les arbustes de l'ermitage et passait beaucoup de temps dans le jardin à leur exprimer son amour. Elle caressait et embrassait même les plantes. Elle faisait montre du même amour à l'égard des animaux et des oiseaux. Sa plante préférée était un jasmin, auquel elle était très attachée. Elle passait chaque jour des heures à laver ses feuilles et à respirer ses merveilleuses fleurs.

Un roi vint un jour chasser dans la forêt. Il vit Shakountala et tomba amoureux d'elle. Le roi et Shakountala se marièrent. On dit que le jour où Shakountala quitta l'ermitage, les plantes et les arbres se courbèrent, comme s'ils ployaient de chagrin. Shakountala alla dire au revoir à chaque plante, chaque arbre et chaque animal. Ses yeux étaient remplis de larmes. Le daim et les paons versaient des larmes de chagrin, tandis qu'elle prenait congé d'eux. Et le jasmin, sa plante favorite, attrapa même ses chevilles, enroulant ses vrilles autour d'elles, comme pour l'empêcher de partir. »

Amma se tut, interrompant le flot de ses profondes paroles. Elle contemplait le manguier. Elle resta un moment silencieuse, le regard fixé sur l'arbre. En peu de temps, elle glissa dans un état méditatif. Elle était assise, les yeux clos, et des larmes roulaient sur ses joues. Peut-être éprouvait-elle de la compassion pour le manguier, peut-être ses larmes coulaient-elles pour une autre raison, que nous ignorerons toujours.

Ne soyez pas égocentriques

« Amma, nous sommes désolés d'avoir été si négligents. » murmura l'un des *brahmacharis*, la voix pleine de regrets sincères. « Nous ne voulions pas détruire l'arbre. »

Ouvrant les yeux, Amma dit : « Quel malheur que la destruction soit devenue la devise de l'homme moderne. Personne ne désire véritablement le bonheur d'autrui. Les gens sont devenus égocentriques et égoïstes. Ils cherchent à se détruire mutuellement. Ils veulent tout détruire. Quand l'avidité et l'égoïsme s'emparent d'un homme, ils engendrent en lui des idées de destruction. L'amour, la compassion, sont des forces qui unissent. Elles seules sont capables de créer le sens de l'unité et de la coopération. Quand l'être humain ne songe qu'à lui-même et à ses propres désirs, il se limite ; il devient presque aveugle et ne voit rien que lui-même et son petit ego parfaitement égoïste.

Amma a entendu l'histoire de quelques jeunes hommes qui désiraient devenir les disciples d'un certain maître spirituel. Le maître emmena les candidats disciples jusqu'à un puits et demanda à chacun d'eux de regarder au fond et de lui dire ce qu'il voyait. À l'exception d'un seul, tous répondirent qu'ils ne voyaient que leur propre reflet dans l'eau. « Vous ne voyez rien d'autre ? » demanda encore une fois le maître. La réponse invariable fut « non » à l'exception de l'un d'entre eux qui déclara : « Je vois moi aussi mon reflet dans l'eau, mais je vois également le reflet des arbres et des plantes qui poussent autour du puits. » Le maître accepta ce jeune homme comme disciple et dit aux autres : « Vous n'avez rien vu en-dehors de votre propre image. Cela prouve que vous êtes égocentriques. Ce jeune homme a vu d'autres choses, il a vu les plantes et les arbres. Cela montre qu'il n'est pas égocentrique. Sa vision est plus claire que la vôtre. C'est lui que j'accepte comme disciple. »

Mes enfants, un être égocentrique n'éprouve ni compassion ni amour. Un tel être peut s'avérer nuisible pour la société et facilement détruire, sans aucun motif. La destruction arbitraire est un mal. Certains pays en ont froidement attaqué d'autres sans autre motif que la poursuite égoïste de leur intérêt. L'égoïsme, l'avidité et l'égocentrisme sont mauvais. Le mal peut facilement s'emparer du mental d'un être humain. Mes enfants, ne laissez pas le mal dominer votre mental. C'est un péché de détruire intentionnellement. Ne vous laissez pas régenter par le péché. Une personne dont le mental est destructeur n'a aucun sentiment ; elle ne songe qu'à la cruauté. Uniquement centrée sur elle-même, elle ne peut voir l'Un qui sous-tend le multiple, car elle est incapable de voir ou de sentir la vie qui vibre en chaque chose. Tout ce qu'elle voit est « autre ». Dénuée de compassion et d'amour, elle ne peut percevoir la vie, l'essence de tout ce qui existe. Elle ne voit que de la matière inanimée et cette optique la rend destructrice.

Un être destructeur est rempli de haine et de colère. La colère et la haine aveuglent les humains et les poussent à se détruire mutuellement. Partout dans le monde, les gens s'entretuent. C'est ce qui arrive quand les forces destructrices de la colère et de la haine s'emparent du mental humain. Mais la véritable nature de l'être humain est Conscience. L'homme est Dieu, mais il l'a oublié. Quel malheur ! Quelle chute ! Quelle dégénérescence !

Il était une fois trois pays qui se livraient une guerre constante, si bien que Dieu finit un jour par s'inquiéter. Chaque pays désirait la destruction des deux autres et de leur population. Non seulement les dirigeants, mais aussi les peuples des trois pays se haïssaient mutuellement. Dieu finit par convoquer une assemblée de représentants des trois pays et leur demanda : « Mes chers enfants, pourquoi ces luttes et ces querelles ? La paix a disparu et les gens vivent dans une terreur permanente. Dites-Moi, que voulez-vous ? Pourquoi vous battre, alors que Je suis là pour satisfaire vos désirs ? Allons, si vous avez des problèmes, confiez-les Moi. Je les résoudrai. Mais plus de destruction. » Puis, S'adressant au représentant du premier pays : « Dis-Moi, que veux-tu ? »

Le représentant de ce pays regarda Dieu avec arrogance et dit : « Écoute, d'abord nous ne croyons pas en Ton existence. Nous avons nos propres dirigeants, c'est en eux que nous avons foi. Si Tu veux que nous croyions en Toi, il faut que Tu nous donnes une preuve de Ta puissance. »

« Quelle preuve veux-Tu ? » demanda Dieu. Montrant du doigt l'ambassadeur du deuxième pays, le représentant du premier dit : « Détruis-le ainsi que le pays entier. Que la destruction soit totale. Si Tu en as le pouvoir, nous croirons en Toi. Nous construirons pour Toi des temples, des églises et des mosquées, nous encouragerons les gens à T'adorer. »

Stupéfait, Dieu resta sans voix. Le silence de Dieu incita le premier représentant à reprendre la parole : « Bien, » reprit-il, « Tant pis. Ton silence indique que Tu ne le peux pas. Eh bien, puisque c'est ainsi, nous nous en chargerons de toute façon. Cela nous prendra peut-être un peu plus longtemps, mais ce n'est pas un problème. »

Dieu Se tourna alors vers le représentant du deuxième pays. Le peuple du second pays étant croyant, Dieu pensait qu'il répondrait de manière plus polie et agréable. Cependant, lorsque Dieu lui demanda ce que son pays désirait, l'ambassadeur répondit : « Mon Seigneur, notre désir est bien modeste. Nous demandons simplement à ce que notre ami, le premier pays, soit rayé de la carte. Qu'il disparaisse sans laisser de traces, remplacé par un blanc. Nous ne voulons pas voir le nom de notre ami apparaître sur la carte. Néanmoins, Seigneur, si Vous refusez de laisser agir Votre grâce et Votre bénédiction, nous le ferons sans aucun doute en Votre nom avec nos armées. »

Cette fois, Dieu fut vraiment choqué. Si même ceux qui croyaient en Lui tenaient ce discours, quelle serait l'attitude des athées ? Il fut un moment réduit au silence. Enfin, plein d'espoir, Il se tourna vers le représentant du troisième pays, qui avait l'apparence d'un gentleman aux manières polies. Le représentant du troisième pays sourit à Dieu et Le salua les mains jointes. Ce geste remplit le cœur de Dieu d'optimisme. Il soupira et songea : « Lui du moins Me comprend. Me voilà heureux et content, en pensant que Je peux sauver au moins un pays de la voie qui mène à la destruction. » Lui rendant son sourire, Dieu lui demanda : « Oui, Mon fils, quel est ton désir ? »

Le représentant du troisième pays s'inclina une fois encore devant Dieu et déclara froidement : « Divin Seigneur, nous n'avons aucun désir qui nous soit propre. Sois plein de compassion et accorde à ces deux pays la satisfaction de leur désir, et nous serons par là-même comblés ! »

Telle est l'attitude de chaque pays, de tout être humain. Destruction, destruction, destruction. Mes enfants, cessez de détruire ! Ce n'est pas votre voie. Votre voie est celle de l'amour et de la compassion. Votre voie est celle de l'empathie, vous devez ressentir la souffrance et la joie d'autrui comme étant les vôtres. »

Gayatri apporta une boisson pour Amma, mais elle la refusa en disant : « Amma n'a pas envie de boire ou de manger après avoir vu ce que ses enfants ont fait. Leur action irréfléchie, accomplie sans discernement, a provoqué une grande souffrance dans son cœur. » Se tournant vers les *brahmacharis*, elle poursuivit : « Par votre erreur de jugement, vous avez détruit une vie. Vous devriez vous repentir et ne plus commettre ce genre d'erreur. Mais comme vous n'éprouvez aucune sollicitude pour la vie que vous avez inutilement détruite, Amma n'a pas envie de boire ou de manger aujourd'hui. »

L'idée qu'Amma, à cause d'eux, allait se passer de manger et de boire, plongea les *brahmacharis* dans le remords et la tristesse. Jamais ils n'auraient cru que les événements prendraient un tour aussi grave. Quand Amma s'était mise à raconter des histoires, les *brahmacharis* avaient espéré que l'incident du manguier était clos et que leurs ennuis étaient terminés. Mais la déclaration d'Amma les bouleversa de nouveau.

Amma retourna vers l'arbre. Cette fois, elle l'embrassa et déposa un baiser sur le tronc. Comme si elle s'adressait à la vie même de l'arbre ou à quelque divinité présidant à sa destinée, elle dit : « Mes enfants ont agi sans discernement. Ce sont des enfants ignorants. Je considère que c'est ma faute. Comment pourrait-il en être autrement ? Je ne les ai pas assez bien éduqués pour qu'ils comprennent et sentent que la vie vibre dans toute la création. Je te demande pardon pour mes enfants. Pardonne leur cet acte ; ils ont agi par ignorance. » Par cet acte étrange mais magnifique, Amma donna à tous une grande leçon d'humilité et d'amour. Les *brahmacharis* et les résidents avaient honte. Ils n'auraient jamais imaginé que l'on puisse demander pardon à un arbre. Qui peut agir ainsi, sinon un être qui voit la vie en toute chose ? Qui peut donner un tel exemple d'humilité et de compassion, sinon un être rempli d'amour et de compassion, une personne établie en permanence dans l'état suprême ? Comment celui qui désire sincèrement progresser sur la voie spirituelle pourrait-il jamais oublier un tel événement ? Les leçons ou les expériences irremplaçables dont nous gratifie Amma, les actes inhabituels qu'elle accomplit, sont inoubliables. Le souvenir de tels événements ou incidents reste à jamais gravé dans le cœur du *sadhak*, au plus profond de son être.

Éperdus de remords, les *brahmacharis* suivirent Amma en disant : « Amma, ne jeûne pas ! Nous ne répéterons pas cette erreur. Amma, s'il te plaît, ne jeûne pas. Nous ne recommencerons pas. Amma… »

Amma semblait sourde à leurs prières. Elle s'apprêtait à monter l'escalier qui mène à sa chambre quand soudain Nedoumoudi, le *brahmachari* qui avait eu l'idée de déplacer l'arbre, se mit à pleurer. Il pleurait et implorait Amma : « Pardonne-moi ! Je ne commettrai plus jamais une telle faute. À partir de maintenant, je ne ferai plus jamais rien sans te consulter. C'est ma faute, Amma. Tu m'as donné une bonne leçon. Je t'en prie, ne jeûne pas, Amma !

Je jeûnerai aussi longtemps que tu voudras. Mais je t'en prie, Amma, je t'en prie, ne torture pas ton corps. C'est moi, moi seul, qui devrais souffrir ! Même lorsqu'Amma pleurait et demandait à l'arbre de lui pardonner, cela ne m'a pas ému. Quel ego ! Quel pécheur je suis ! » Et il se mit à se frapper la tête.

En voyant la douleur du *brahmachari*, le cœur d'Amma fondit. Elle se tourna vers lui, et lui prit les mains. « Fils… fils… fils chéri d'Amma. Ne t'inquiète pas. Amma ne jeûnera pas. Ne te frappe pas, tu t'es suffisamment repenti. Calme-toi maintenant. Amma va manger. »

Cet incident illustre bien la façon dont Amma punit ses enfants. On ne peut en réalité parler de punition, car c'est un terme trop négatif dans ce contexte. Amma ne pénalise pas ses enfants. Elle agit simplement en sorte qu'ils prennent conscience de leurs erreurs. Une fois que la prise de conscience a eu lieu : « J'ai commis cette faute, je n'aurais pas dû le faire, je dois me repentir », nous sommes sur la bonne voie. Pour réparer ou rattraper une faute, il faut d'abord en prendre conscience. Si nous ne comprenons pas que nous avons commis une faute ou que nous avons là une faiblesse qui constitue un obstacle sur notre chemin, comment pourrons-nous la surmonter, la vaincre ? Amma nous montre nos faiblesses et nos erreurs. Elle n'attend pas toujours que nous découvrions par nous-mêmes les domaines dans lesquels nous avons besoin de travailler, mais crée les circonstances nécessaires pour que nous en prenions conscience. Et elle le fait en donnant l'exemple. Il n'est pas facile, lorsqu'on a été témoin d'un acte exemplaire, lorsqu'on a assimilé la leçon, de recommencer la même erreur. L'exemple et l'enseignement profond d'Amma aident le chercheur à être plus vigilant, plus prudent, et l'incitent à faire preuve de discernement avant d'accomplir une tâche ou de prendre une décision. Les soi-disant punitions d'Amma sont des expériences précieuses qui guident ses enfants sur le droit chemin.

On ne peut pas vraiment appeler les leçons données par Amma des punitions, ce sont en réalité des bénédictions. Les réprimandes ou les punitions infligées par Amma sont une des formes que revêt sa grâce, lorsqu'elle s'écoule vers le *sadhak*.

Amma s'assit sur la dernière marche de l'escalier. Nedoumoudi se cachait le visage dans les mains et continuait à pleurer. Amma lui caressait la tête, le regard plein de compassion. Gayatri tenait toujours la boisson qu'elle avait apportée pour Amma. Amma prit le verre et but une gorgée. Relevant la tête du *brahmachari*, elle lui versa un peu de cette eau dans la bouche et fit ensuite boire chacun de la même manière. Un large sourire s'épanouit bientôt sur tous les visages. Chacun se réjouit d'avoir la bénédiction d'Amma et de savoir qu'elle ne jeûnerait pas. Amma leur adressa encore un sourire et dit : « Mes enfants, les esprits sont maintenant très agités, calmons-nous. »

Amma chanta alors

Paurnami ravi

Ô Mère,
Tu es la splendeur de la lune
Brillant dans le ciel les nuits de pleine lune ;
Tu es un soir de printemps,
Qui arrive dans un merveilleux palanquin
Couvert de fleurs odorantes.

Ô Mère,
Tu es le son magnifique
Qui s'éveille sur les douces cordes de la tamboura.
Tu es un poème lyrique
Dans l'imagination bouillonnante du poète.

Tu es l'Un en lequel se fondent
Les sept couleurs de l'arc en ciel

Et les sept notes de la gamme.
Tu es le parfum de la fleur,
La beauté de l'arc en ciel,
Et la fraîcheur de la brise.

L'atmosphère était de nouveau calme et paisible et en chacun se grava la mémoire de cette expérience merveilleuse, digne objet de contemplation.

Un Mahatma ne peut pas détruire

Samedi 15 septembre 1984

C'était le moment de la méditation du matin. Amma était assise au milieu des cocotiers, entourée des résidents de l'Ashram. Elle observait chacun de près, pour voir s'il méditait avec *shraddha*. Même lorsque le temps de la méditation fut écoulé, à neuf heures trente, personne ne bougea, personne ne parla pendant un certain temps. Puis un des *brahmacharis* posa une question : « Amma, tu as dit que celui qui éprouve de l'amour et de la compassion ne peut pas détruire la vie. Mais Krishna et Rama tuèrent de nombreuses personnes. Jésus chassa les marchands du temple à coups de fouet. Ces Maîtres sont connus pour être des incarnations de l'amour et de la compassion, et pourtant ils blessèrent la vie. N'y a-t-il pas là une contradiction ? »

« Rappelez-vous tout d'abord, dit Amma, que Krishna et Rama n'étaient pas seulement des êtres parfaits, ils étaient aussi rois. À ce titre, leur premier devoir était de protéger leur pays et leur peuple de tout danger. Chaque fois que le *dharma* était menacé, il leur fallait combattre pour détruire les forces de l'injustice et du mal.

Rama et Krishna étaient des incarnations du pouvoir universel. Ils étaient la puissance de Dieu sous forme humaine et Ils avaient donc le pouvoir de créer, de préserver et de détruire. Tu dis qu'Ils ont détruit la vie. Mais ne sais-tu pas qu'Ils ont aussi créé et préservé la vie ? Les grandes épopées nous rapportent bien des incidents qui en témoignent. Nous ne possédons pas le pouvoir de créer ni de préserver, pourtant nous continuons à détruire, en cherchant toujours des excuses à nos actes. Voyant que d'autres personnes détruisent, nous croyons pouvoir légitimer nos pires forfaits. Si nous accusons un être supérieur de détruire, nous avons le sentiment de justifier notre comportement. Nous savons que nous agissons mal mais nous en rejetons le blâme sur quelqu'un d'autre. Il est ridicule de blâmer Dieu pour nos erreurs. Dieu est le Créateur, le Créateur de tout l'univers, tandis que l'homme est Sa création. Dieu est omnipotent, omniprésent et omniscient, alors que l'homme est limité, restreint à son corps, son mental et son intellect. Dieu agit à partir d'une connaissance pure et complète, mais l'homme agit par ignorance. Rama, Krishna et Jésus étaient omnipotents, omniprésents et omniscients. Quand tu dis que Krishna a tué, tu oublies qu'Il a aussi donné la vie. Rappelle-toi qu'Il a ramené le petit-fils d'Arjouna à la vie. L'enfant était mort-né, mais Krishna lui redonna la vie. Il accorda aussi l'accomplissement ultime de la naissance humaine, la libération, au chasseur dont la flèche tua Son corps. On dit que les gens qu'Il tua furent tous libérés à jamais du cycle des naissances et des morts.

Lorsque vous tuez, ou détruisez quelqu'un ou quelque chose, vous ne faites qu'allonger la chaîne de votre *karma*. Ce sont le mental destructeur, ta colère, ta haine, ton égoïsme ou ton avidité qui te poussent à agir ainsi. La colère, l'avidité ou l'égoïsme en toi t'incitent à faire le mal et cette action ajoute encore à la chaîne de la colère, de l'avidité et de l'égoïsme que tu portes en toi. Elle insuffle de l'air dans le ballon de ton ego et tu enfles encore plus. Chaque fois que tu agis avec égoïsme, colère ou avidité, tu allonges d'une journée inutile la durée de ton voyage vers la perfection, vers la liberté éternelle.

Si tu ne t'inquiètes pas du nombre de naissances que tu prendras ni de la quantité de souffrance qu'il te faudra endurer, c'est ton affaire. Mais tu fais du mal aux autres. Non seulement en blessant ou en tuant quelqu'un, mais rien qu'en éprouvant de la colère, en te comportant avec avidité ou égoïsme envers les autres, tu déclenches en eux les mêmes sentiments négatifs. Tes sentiments négatifs réveillent les leurs. Eux aussi souffriront, ajoutant ainsi au *karma* qu'ils ont en réserve. Ils renaîtront avec les *vasanas* supplémentaires qu'ils ont accumulées. Par ta colère ou ton égoïsme, tu as donc allongé la chaîne du *karma* de quelqu'un d'autre. Tu es responsable, puisque cela s'est produit à cause de ta colère et de ton avidité. Tel est le genre de destruction que tu opères.

La même chose est vraie dans le cas des arbres, des plantes et des autres formes de vie. Quand tu les détruis, tu ne le fais pas par amour ni compassion. La plupart du temps, ce sont la colère, la haine, l'égoïsme ou l'avidité qui te poussent. Chaque fois que tu détruis une plante ou un animal, tu libères un de ces sentiments négatifs sous la forme de vibrations. Ces vibrations négatives font souffrir cette forme de vie. Ce que tu leur donnes, ils te le renvoient. Si tu les aimes et éprouves pour eux de la compassion, ils te le rendront. Mais quand l'amour et la compassion sont absents, quels sentiments existent, en-dehors des sentiments négatifs ? Quelques animaux ou serpents peuvent se défendre, lorsque l'homme se comporte cruellement. Quelques plantes ont aussi un certain degré de protection, mais en général, les arbres et les plantes sont sans défense et ne peuvent répondre à l'attaque. Ils ne peuvent exprimer leur colère, leur peur ou leur amour, du moins pas de façon compréhensible ou perceptible par la plupart des gens. Les saints disent que les plantes expriment leurs sentiments, mais les gens ordinaires ne peuvent le percevoir. De nos jours, la science moderne a inventé des instruments capables de détecter et d'enregistrer les sentiments des plantes, parfois même d'en mesurer l'intensité. Les scientifiques ont donc pu observer que les plantes souffrent, elles aussi, lorsqu'elles sont en butte à des actes dépourvus d'amour et de compassion. En leur faisant du mal, vous ajoutez à leur *karma*. Votre égoïsme bloque leur évolution vers une forme plus élevée de vie et les empêche d'atteindre la liberté éternelle. Mes enfants, que croyez vous ? N'est-ce pas là leur nuire ?

Amma s'arrêta lorsqu'une dévote du nom de Sarasamma arriva et se prosterna devant elle. Sarasamma se plaignit de son fils, qu'elle trouvait très désobéissant. Tout en parlant, cette femme pleurait et elle posa la tête sur l'épaule d'Amma. « Ma fille, ne t'inquiète pas, » lui dit Amma. « Tout ira bien. C'est son âge qui est la cause de son comportement. Il est au début de l'adolescence, n'est-ce pas ? Il est donc normal qu'il ait cette attitude. C'est le moment où l'ego immature est à son apogée. À cet âge de la vie, les jeunes gens ont l'impression qu'ils peuvent se débrouiller seuls, sans les conseils ni l'assistance de quiconque. Ils ont le sentiment que leurs parents et la société les ont contrôlés pendant toutes ces années, et ils veulent maintenant être libres. Le garçon veut simplement être indépendant, il ne veut ni écouter ni obéir. Aucun conseil ne peut influencer son mental. Il devient si orgueilleux que son cœur se ferme, sans que rien puisse y pénétrer. Il croit déjà tout savoir et a le sentiment que la vie n'était jusqu'alors que ténèbres, que ses parents l'avaient mis dans une prison et que maintenant, il est libre. Il ressemble à une fleur à peine épanouie, la tête haute. La fleur ne sait pas qu'elle se fanera bientôt et baissera la tête. L'adolescent orgueilleux arbore donc un air arrogant, désobéissant à tous et rejetant tout. Mais lorsqu'il affrontera la vie, son ego sera écrasé ; il sera contraint de baisser la tête. La vie lui donnera des leçons. Au bout de quelque temps, son ego mûrira et il aura une meilleure compréhension de la vie. Il sera plus humble et apprendra à obéir.

Quand un officier de police nouvellement recruté se présente pour prendre son premier service dans la rue, il est terriblement imbu de lui-même. Sa fierté peut le pousser à commettre des bévues, par exemple attraper la mauvaise personne ou frapper quelqu'un sans motif valable. Il fait grand étalage de son pouvoir, qui lui monte à la tête et l'aveugle. Cela est assez naturel. Mais l'expérience lui donnera bientôt des leçons. Si vous rencontrez le même policier quelques années plus tard, il aura changé au point que vous ne le reconnaîtrez peut-être pas. Son ego aura gagné en maturité et sa personnalité entière, son apparence, en seront transformées. La vie vous pétrit jusqu'à ce que vous appreniez vos leçons.

Ma fille, c'est la même chose avec ton garçon. Ne t'inquiète pas et n'aie pas de craintes à son sujet. Il ressemble à un policier nouvellement recruté. » Tout le monde rit, même Sarasamma.

« Il sera bientôt plus mûr, » reprit Amma. « Cultive la patience, attends un peu et ne manque pas de l'envoyer ici. Dislui qu'Amma aimerait le voir. »

« Il viendra dès qu'il saura qu'Amma l'appelle. » Sarasamma semblait heureuse ; elle était visiblement consolée.

Quand Sarasamma cessa de parler, Amma quitta soudain le plan normal de la conscience pour un autre monde. Les bras tendus, elle se mit à chanter,

Chintakalkkantyam

Ô Glorieuse lumière d'éternelle béatitude,
Qui se lève en moi lorsque s'évanouissent les pensées,
J'ai tout abandonné avec joie
Pour contempler Tes Pieds de Lotus.

Puisque Tu es là, que Tu es mienne,
Nul besoin pour moi d'autres parents.
Je veux vite éliminer l'ignorance de l'égoïsme.

Ce mental ne sera plus jamais triste,
Car la fleur de ses désirs est tombée.
Que le mental se dissolve dans une brillante lumière
Et goûte la paix éternelle.

Viens, je T'en prie, demeurer en moi,
Aide-moi à vivre comme l'air,
En contact avec tout,
Mais sans être lié à rien.

Ô Homme ! Réfléchis !
Ne vis-tu pas comme un animal ?
Quel est le véritable but de ta vie ?

Le chant terminé, quand Amma revint à la conscience normale, un des *brahmacharis* dit : « Amma, je ne crois pas que tu avais fini de répondre à la question au sujet de Rama et de Krishna détruisant la vie. »

« C'est exact, » reprit Amma. Tu dis que, comme les autres, les *Mahatmas* détruisent la vie. Mais ils ne peuvent pas agir ainsi. Les *Mahatmas* furent et sont tous de grands sauveurs de l'humanité, de la Création. Même lorsqu'Ils tuent ou détruisent, en réalité, Ils purifient et sauvent. S'Ils détruisent, ce n'est qu'en surface. Ils ne peuvent ni tuer ni détruire car Ils n'ont pas d'ego. Ils sont Conscience et la Conscience ne peut ni tuer ni détruire. Seule une personne dotée d'un ego peut se comporter ainsi.

Quand Rama ou Krishna tuaient quelqu'un, Ils n'éprouvaient aucune colère, aucune haine. Comme toujours, leur attitude était faite de détachement et de désintéressement total. Même alors, Ils étaient remplis d'amour et de compassion. Une forme cruelle était peut-être perceptible de l'extérieur, mais elle recelait à l'intérieur une compassion et un amour infinis. Un *Mahatma* n'est pas attaché à son corps. Le corps peut exprimer la colère, mais jamais le Soi. Il n'est que le témoin. La colère et la forme cruelle que vous voyez à l'extérieur ne sont qu'une façade. Les *Mahatmas* sont remplis d'énergie et de vibrations divines, ce sont les seules qu'Ils puissent émettre. Ils n'ont même pas besoin d'émettre cette énergie divine, elle est simplement leur nature. Lorsqu'elle rend son dernier souffle, la victime du Seigneur sent cette énergie divine, s'apaise et se calme. Elle se fond en Lui ou obtient une naissance supérieure, noble, dotée de hautes qualités.

Si la victime éprouvait de la colère ou de la haine envers le Seigneur, cela même ne créerait pas pour elle un autre cycle de *karma*, car le Seigneur est Conscience. Ses sentiments négatifs sont libérés sans créer d'impact négatif à l'autre extrémité, et donc sans former de chaîne négative. Les sentiments se perdent dans l'espace, dans la Conscience. Ainsi, même en libérant des énergies de colère et de haine, l'ego des victimes se dissout et disparaît, leur âme est purifiée et transformée. Leurs *vasanas* sont alors épuisées et ces êtres transcendent le cycle du *karma* ou bien obtiennent une naissance supérieure. Une fois les *vasanas* épuisées, l'âme est libérée des liens qui l'enchaînaient à ce monde.

Il n'y a donc aucune comparaison entre le meurtre ou la destruction accomplis par un *Mahatma* et ceux effectués par un simple mortel. Les *Mahatmas* bénissent leurs victimes, en leur accordant soit une naissance nouvelle et meilleure, soit même la libération. On ne peut donc considérer le meurtre ou l'anéantissement apparent que comme une bénédiction. Le *Mahatma* est le véritable sauveur, tandis que les êtres humains se livrent à la destruction. Même si un *Mahatma* coupe un arbre ou une plante, même s'Il blesse quelqu'un ou lui nuit, c'est pour l'élever. La victime reçoit en réalité de l'aide, elle est transportée vers un plan supérieur de conscience. Comme nous ne voyons les événements que de l'extérieur, nous ne discernons que le mal. Si, grâce aux pratiques spirituelles, nous développons un œil et un mental subtils, nous percevrons alors le grand service rendu par le *Mahatma* sous l'apparence d'une destruction. Il ne tue que l'ego, libérant le soi individuel des griffes de la négativité. La transformation, la purification qui se produisent en présence d'un *Mahatma* et grâce à ses actions sont si subtiles qu'il faut un œil et un mental subtils pour les voir et les comprendre. Aveuglés comme nous le sommes par notre ego, nous ne voyons pas réellement ce qu'Ils font. L'œil extérieur est l'œil de l'ego. L'œil véritable est l'œil intérieur, l'œil de la conscience des consciences. Cet œil seul nous donnera une vision réelle. »

Amma se leva et monta dans sa chambre. Gayatri lui emboîta le pas tandis que les *brahmacharis* la suivaient des yeux. Quand elle eut disparu, ils demeurèrent immobiles, baignant encore dans la lumière rayonnante de son être.

CHAPITRE 8

Amma se souvient de tous

Jeudi 20 septembre 1984

Comme pour prouver que les *Mahatmas* sauvent la vie sous toutes ses formes, ainsi que l'avait affirmé Amma, le manguier transplanté fit de nouvelles feuilles alors que tout le monde l'avait cru mort. Il avait perdu toutes ses feuilles et son jeune tronc était devenu mou. Mais après avoir reçu l'attention d'Amma, il commença soudain à donner des signes de vie. Et maintenant, au soulagement général, il paraissait en bonne santé. C'est alors que les résidents comprirent pourquoi Amma avait étreint et embrassé le tronc. En agissant ainsi, elle avait dû lui infuser une nouvelle vie. Qui peut comprendre le sens des actes d'un *Mahatma*, à moins qu'il ne le révèle lui-même ?

Ce jour là, un dévot qui ne pouvait pas venir très souvent à l'Ashram demanda à Amma : « Je suis la plupart du temps physiquement séparé de toi. Je te vois rarement plus d'une fois par mois. Quand je ne suis pas là, Amma, te souviens-tu jamais de moi ? »

« Amma se rappelle chacun, » répondit-elle en riant. « Comment Amma pourrait-elle oublier quiconque, quand l'univers entier est contenu en elle ? Vous êtes tous des fragments d'Amma. Comment le Tout pourrait-il oublier le fragment ? Le fragment existe à l'intérieur du Tout et peut se croire différent de lui. Mais le Tout, qui est l'âme de toute chose, sait que le fragment n'est pas différent de Lui. Cette Âme suprême est amour pur et transcendant ; elle ne peut percevoir le fragment comme différent d'elle-même et il n'est donc pas question d'oublier. Amma se souvient constamment de vous, mais il est tout aussi important que vous vous souveniez d'Amma. Lorsque vous vous rappelez que vous êtes l'enfant d'Amma, le fils ou la fille d'Amma, le disciple ou le dévot d'Amma, quand vous vous rappelez qu'elle est toujours avec vous, qu'elle voit toutes vos actions et qu'elle seule vous protège et vous guide, vous vous rappelez le Tout, votre nature réelle et votre véritable demeure.

Les pratiques spirituelles telles que la méditation et la prière sont aussi une façon de se souvenir du Tout, de Dieu, en qui vous existez. Elles vous rappellent : « Je ne suis pas un simple fragment, je suis un fragment du Tout ; en réalité, je ne fais qu'un avec le Tout. » La prière et le souvenir de Dieu ou du *guru* vous rappellent cette grande vérité : vous n'êtes pas qu'un individu limité, une entité séparée, mais vous êtes Sien, vous êtes Lui. Lorsque ce souvenir plein d'amour se lève en vous, vous ne pouvez jamais être séparé d'Amma, et Amma non plus ne peut jamais plus être séparée de vous.

Un être aveuglé par l'ego oublie autrui, car il est égoïste. Il n'éprouve ni sollicitude ni compassion envers les autres et vit dans son petit monde particulier ; il voit chaque objet comme différent de lui-même et perçoit autrui comme un être séparé. Il voit le multiple et ne peut donc pas voir la vie dans son ensemble. Mais la vision d'un *Mahatma* est totalement différente. Il a complètement vidé son mental pour le remplir de compassion et d'amour, il est donc dépourvu d'ego. Il est parfaitement éveillé et sa conscience omniprésente voit tout et entend tout. Tout se produit à l'intérieur de lui. C'est en lui que l'univers entier existe.

Il *est* l'univers. Telle est la signification du *Vishvaroupa Darshana* de Sri Krishna[7]. Rien n'est différent de lui. Saisissant son unité avec l'ensemble de la création, il contemple tout comme étant sien, comme son propre soi.

Les *Mahatmas* vivent dans l'amour et la compassion. Oubliant leur existence individuelle et sacrifiant tout bien-être physique, non seulement ils aiment les autres et se souviennent constamment d'eux, mais ils servent le monde de façon désintéressée. Comme ils sont morts à leur ego, ils ne peuvent songer à leur propre bonheur ou bien-être. La question que tu as posée n'a donc pas de sens, mon fils. Ta femme, tes enfants, tes parents et tes amis peuvent t'oublier. Quitte-les un temps, et ils t'oublieront. Quand un homme meurt, sa femme pleure peut-être et se rappelle les tendres moments passés auprès de son mari. Mais elle apprendra bientôt à l'oublier et qui sait, se remariera un jour ? Et le mari agit de même si c'est l'épouse qui décède.

Parce que les gens sont limités, égoïstes et égocentriques, il ne peut en aller autrement dans les relations humaines. Les gens ordinaires, sous la pression de leurs *vasanas*, oublient forcément. Après le décès du mari ou de la femme, on se souviendra de lui ou d'elle une fois par an, à la date anniversaire du décès. Ou bien une grande photo placée sur le manteau de la cheminée évoquera son souvenir tous les trente-six du mois. Un soupir vous échappera et vous murmurerez : « Ah ! Il (Elle) était une bonne personne, mais que faire ? Je n'y peux rien. Je dois vivre, j'ai donc trouvé un autre partenaire. Tout m'y poussait. » Terminé. Plus question de cultiver sa mémoire ! De longs intervalles d'oubli séparent les moments où le souvenir revient.

---

[7] Krishna accorda à Arjouna le *Visvarupa darshana* pendant le discours qu'Il lui tint dans la *Bhagavad Gita*, qui fait partie de l'épopée du *Mahabharata*. Dans une vision mystique, le Seigneur révéla à Arjouna qu'Il était l'univers entier, que le soleil était Son œil, que la lune était Son mental, etc. Arjouna vit que toute forme était une forme de Dieu.

Mais un *Mahatma* est au-delà d'une telle faiblesse. Son cœur est vaste comme l'univers. Il est l'espace infini contenant tout et tous. Il ne dort pas. Il est parfaitement éveillé et il ne peut donc pas oublier.

Mon fils, Amma se souvient de toi, non seulement de toi, mais de chacun. Comment Amma pourrait-elle oublier quiconque, alors qu'elle est en chacun. Cesse de douter et tâche de transcender ta vision limitée. Ne demande pas : « Te souviens-tu jamais de moi ? », ne songe pas que tu es physiquement séparé d'Amma ou que tu ne la vois qu'une fois par mois. Ce ne sont que des questions et des doutes qui se lèvent dans le mental. Cesse d'écouter ton mental et tu sentiras Amma là, dans ton cœur. Tu sauras alors qu'Amma ne t'a jamais oublié, que tu as toujours existé en elle et qu'il en sera de même dans le futur.

Écoute cette histoire : un amant vint frapper à la porte de sa bien-aimée. « Qui est là ? » demanda-t-elle de l'intérieur. « C'est moi », dit l'amant. « Va-t-en. Cette demeure est trop petite pour deux ». Terriblement affligé, l'amant rejeté s'en alla. Il passa des mois dans la solitude à méditer les paroles de sa bien-aimée. Il finit par revenir et frappa de nouveau à sa porte. « Qui frappe ? » dit la voix venant de l'intérieur. « C'est toi », fut la réponse. Et la porte s'ouvrit aussitôt.

L'amour ne contient jamais deux. Il ne peut contenir qu'un. L'amour est *purnam*, plénitude. Dans le souvenir constant et plein de dévotion de l'amour, le « toi » et le « moi » se dissolvent et disparaissent. L'amour seul demeure. L'univers entier est contenu dans cet amour pur et total. L'amour est infini ; rien ne peut en être exclu. L'amour imprègne tout. »

Cette déclaration montre la nature réelle d'Amma, qui est aussi vaste que l'univers. « Je vois l'univers entier comme une bulle au-dedans de moi », dit Amma. L'infini est sa nature. Dans le chant *Ananda Vidhi*, Amma décrit l'état de réalisation : « ... À partir de ce moment-là, je ne perçus plus rien comme différent de mon propre Soi. Me fondant dans cette béatitude de l'union éternelle avec la suprême Shakti, je renonçai au monde avec tous ces objets. » L'état de renoncement suprême est l'état de détachement absolu. Cet état transcende toute forme, on perd la conscience individuelle pour se fondre dans l'infini.

« Si tu te rappelles sans cesse Amma, si tu l'aimes, cela suffit. Si tu penses à elle avec dévotion et ferveur une fois par jour, c'est assez. » Amma poursuivit : « Mon fils, l'amour ne connaît ni distance, ni séparation. C'est ton amour pour Amma qui te garde près d'elle. Que tu l'aimes ou non, que tu sois capable ou non de sentir son amour, Amma t'aime et elle est avec toi. Mais tu ne sentiras sa proximité et sa présence que si tu l'aimes. Sri Krishna dansait chaque jour en extase avec les *gopis* de Vrindavan sur la berge de la rivière Yamouna. Krishna disparut un jour et resta longtemps sans revenir. Les *gopis* sombrèrent dans un profond chagrin. Certaines pleuraient, d'autres s'évanouissaient, d'autres encore appelaient : « Krishna, Krishna, Krishna..., « comme si elles étaient devenues folles. Enfin, tard dans la nuit, Krishna revint. S'oubliant elles-mêmes, les *gopis* coururent vers Lui et l'implorèrent : « Ô Krishna ! Toi qui es si affectueux envers Tes dévots, pourquoi nous as-Tu punies ainsi ? Pourquoi as-Tu disparu, nous laissant seules ? Notre amour pour Toi n'est-il pas assez pur ? Ô Krishna, Tu es notre Dieu et notre Seigneur bien-aimé. N'abandonne pas ces *gopis*, qui n'ont d'autre refuge que Tes Pieds de Lotus. »

Krishna sourit et répondit : « Chères *gopis*, comment pourrais-Je jamais être loin de vous, qui êtes pleines d'amour pour Moi ? Même l'air que vous respirez est rempli de Mon nom et de Ma forme et le battement de votre cœur chante Mes louanges. Chères *gopis*, dans l'amour innocent et pur, la distance, la différence n'existent pas. Bien que le soleil brille haut dans le ciel, les lotus fleurissent à la surface de l'étang. Le lotus de votre cœur a fleuri dans le soleil de votre amour pour Moi. Nous sommes unis à jamais. » Mes enfants, de même, lorsque vous vous rappelez constamment Amma avec amour et dévotion, comment pouvez-vous éprouver le sentiment de la différence ou de la distance ? Amma est en vous et vous êtes en elle. »

Les paroles apaisantes d'Amma rendirent le dévot visiblement heureux ; il la regardait en souriant. Il exprima ensuite le désir de chanter pour Amma et choisit le *bhajan*

Orunalil varumo

Quand viendras-Tu sur l'autel de mon cœur,
Avec Ta lampe à la lumière éternelle ?
Ce suppliant n'a plus d'autre désir,
Ô Mère de la Béatitude céleste.

J'ai cherché la Déesse Ouma jusque sur les sommets
Ô Devi, bénis-moi de la caresse de Tes douces mains,
Bénis-moi, Ô Devi. Ô Mère,
Quand me prodigueras-Tu Ta grâce ?
Donne-moi refuge, car je n'en puis plus.

S'il est vrai que Tu demeures en moi,
Quand viendra donc le jour de la Réalisation ?

Altruisme et intellect

Samedi 22 septembre 1984

Tard dans l'après-midi, Amma était assise dans la cocoteraie entourée de quelques-uns des *brahmacharis*, de Gayatri, de Koun-joumol et d'un petit nombre de dévots. Un des *brahmacharis* demanda : « Amma, une personne dont les actions sont désintéressées a-t-elle besoin de pratiquer une discipline spirituelle ? »

« Mes enfants, » dit Amma, « l'altruisme parfait n'est possible qu'après la réalisation du Soi. Toutes les actions que nous qualifions auparavant de désintéressées ne sont que des efforts pour atteindre cet état ultime de renoncement. L'action désintéressée n'est possible que lorsque l'ego est totalement anéanti. Jusque là, tous les actes sont entachés d'égoïsme. Vous pensez peut-être que vos actes sont purement désintéressés, mais si vous y regardez de plus près, vous verrez qu'il y a toujours un motif égoïste sous-jacent.

Mes enfants, le désintéressement est le but à atteindre. L'action associée à la méditation, au *japa*, aux litanies et à d'autres pratiques spirituelles, nous permet d'atteindre l'état de détachement. Il faut toujours un équilibre entre l'action et la méditation. L'action seule ne peut vous mener au but. L'action accomplie dans une attitude d'abandon au Divin, avec amour, telle est la voie juste. L'action doit être bien ancrée dans les principes fondamentaux de la spiritualité, sinon elle ne vous conduit pas au but. Seuls les actes accomplis avec l'attitude juste peuvent vous mener à cet état de renoncement.

Nous voyons les gens travailler. Le travail seul ne les rend pas altruistes. Ils travaillent pour gagner leur vie, pour obtenir des honneurs, un statut, une position sociale, et leur travail renforce donc leur ego, il le nourrit. Ces gens ont des désirs à satisfaire car ils portent encore en eux une multitude de *vasanas*. La manière dont ils envisagent l'action est à l'opposé de celle du *sadhak*. Elle n'a rien à voir avec la spiritualité et ses principes essentiels. Des actes motivés par le désir ne peuvent vous mener au désintéressement, à plonger profondément dans la méditation, car les actions égoïstes engendrent des vagues mentales, des *vasanas* et des désirs supplémentaires. Seule l'action accomplie dans une attitude altruiste vous aide à plonger plus profondément dans la méditation. La véritable méditation ne se produit que si vous êtes devenu réellement désintéressé, car l'altruisme élimine les pensées et vous emporte dans les profondeurs du silence.

L'action accomplie dans un esprit désintéressé est de loin supérieure à l'action au motif égoïste. Un être dont l'idéal est l'altruisme est moins attaché à l'action et plus dévoué à cet idéal. Cette attitude a sa beauté intrinsèque. À mesure que croissent en vous la béatitude et la joie procurées par l'action désintéressée, vous entrez de plus en plus profondément dans un état où l'abnégation et la méditation deviennent naturels. Au début, il suffit donc d'être inspiré par cet idéal. Chérissez-le, qu'il soit la source de toutes vos actions. Cela exige au départ un effort conscient et délibéré. Puis, nourri par cet idéal, vous travaillez en écoutant votre cœur et un sentiment de joie jaillit du tréfonds de vous-même. Il finira par devenir spontané. En même temps que nous agissons de façon désintéressée, consacrons du temps à la contemplation, à la méditation et à la prière. Lorsque nous nous efforçons d'agir sans motif égoïste, il est inéluctable que surgissent des heurts et des conflits ; si vous travaillez en groupe, cela ne peut manquer de se produire. Ces frictions et ces oppositions provoqueront peut-être de l'agitation dans votre mental, ce qui risque de diminuer votre vigueur et votre enthousiasme. Votre idéal d'altruisme perdra peut-être de son charme. La colère, la haine, des idées de vengeance remonteront inévitablement à la surface. Pour vous purifier de ces mauvais sentiments et vous permettre de garder toujours les meilleures dispositions intérieures, ayez recours à la prière, à la méditation, et à la contemplation. Ne laissez pas vos pensées bloquer votre croissance spirituelle. Ne nourrissez de mauvais sentiments envers personne.

Mes enfants, dans votre état d'esprit actuel, vos actions soi-disant désintéressées ne le sont pas toujours parfaitement, c'est pourquoi il faut essayer de garder un équilibre parfait entre l'action et la méditation. L'introspection, la contemplation, la prière et le *japa* sont nécessaires au début de la vie spirituelle. À mesure que croît notre faculté d'abnégation, notre méditation s'approfondit. »

Un autre *brahmachari* demanda : « Amma, une juste compréhension intellectuelle peut-elle nous conduire à la réalisation du Soi ? Ou bien est-ce uniquement une question de foi entière, d'amour pur et innocent ? »

Amma sourit : « Mes enfants, une personne dotée d'une juste compréhension intellectuelle ne peut plus être qualifiée « d'intellectuelle », car la juste compréhension intellectuelle est *viveka*, le discernement adéquat. *Viveka* vous permet de voir clairement, d'aller au cœur des objets et des événements qui vous entourent.

Une personne qui n'utilise que son intellect, qui en est fière, a un caractère obsessionnel. Qu'elle ait raison ou tort, elle croit dur comme fer que son point de vue est correct, que sa vision est juste. Elle est incapable d'écouter ou même d'entendre les sentiments d'autrui. Pendant que quelqu'un d'autre parle, elle poursuit son discours intérieur. Pleine d'idées et d'informations, elle attend que l'autre s'arrête de parler pour prendre la parole. Elle n'écoute pas et n'absorbe rien. De tels êtres ne peuvent s'abandonner à la volonté divine. L'esprit agité et plein de confusion, il leur est impossible de prier ou de méditer. Il est difficile de rester auprès d'eux car ils mettent facilement les autres en colère et s'en font des ennemis. Comme ils n'acceptent personne qui leur soit supérieur, il leur est malaisé de croire en Dieu ou en un *guru*. Ils déclarent : « Je suis mon propre chef. » Enlisés dans l'intellect, ils sont incapables de voir ou d'aller plus loin. Pour cela, il faut avoir la foi. La plupart des intellectuels sont recroquevillés dans leur petite coquille, qu'ils ont eux-mêmes créée. Dès qu'ils en sortent, ils ne se sentent plus en sécurité. Ils possèdent leurs propres conceptions et théories et sont toujours désireux de les exposer. Celui qui se fie uniquement à l'intellect ne peut s'abandonner à la volonté de Dieu, dans une acceptation parfaite, à moins de se trouver confronté à une menace sérieuse qui mette sa vie en danger, ou à une expérience de mort clinique. C'est uniquement devant une grande menace qu'éventuellement, il appelle Dieu. Comment peut-on s'ouvrir à Lui, sans s'abandonner ? Comment peut-on percevoir la réalité qui se cache derrière les choses ?

Il y a quelques mois, Amma s'est rendue chez une bonne dévote, qui vient régulièrement à l'Ashram. Lorsqu'elle vint voir Amma pour la première fois, elle avait de nombreuses difficultés ; son mari, professeur de philosophie, ne permettait pas à sa femme et à ses enfants de prier et de méditer, car il était athée et sceptique. Il avait strictement banni de la maison les images de dieux ou de déesses. Il avait en outre interdit à sa famille de lire des textes religieux. Sa femme et ses deux filles souffraient beaucoup de ses restrictions.

Pendant que le mari faisait une tournée de conférences, cette femme et ses deux enfants vinrent voir Amma pour la première fois. Elles pleuraient en racontant à Amma les difficultés qu'elles subissaient à la maison ; elles firent plusieurs autres visites à l'Ashram pendant la durée de son absence, et leur dévotion envers Amma put ainsi grandir.

Quand le mari rentra, il apprit que sa femme et ses filles étaient allées à l'ashram. Furieux, il se mit à contrôler encore plus leurs activités et leurs allées et venues ; il les fit souffrir terriblement et il leur était difficile d'exprimer ouvertement leur amour et leur dévotion pour Amma. Elles vécurent ainsi sous sa tyrannie jusqu'à ce qu'il tombe malade, victime d'un cancer du poumon. Il fut bientôt complètement cloué au lit ; la douleur intense l'empêchait de dormir ou de manger.

Incapable de supporter le spectacle de la détresse de son mari, la femme vint à l'ashram et dit à Amma que son mari avait un cancer du poumon et était en proie à une douleur intolérable. Avec beaucoup d'hésitation, elle lui confia que son mari avait exprimé le désir de la voir. Elle hésitait, car elle pensait qu'Amma ne viendrait jamais voir une personne aussi critique envers la religion et envers Dieu. Elle fut donc fort surprise quand Amma accepta volontiers de rendre visite à son mari. Amma n'avait jamais éprouvé d'aversion à l'égard de ce fils. Elle sympathisait avec sa nature et ne ressentait qu'amour et compassion pour lui. Même quand sa femme se plaignait de lui, Amma ne lui conseilla jamais d'aller à l'encontre des souhaits de son mari. Amma lui disait : « Ma fille, cultive la patience et l'amour. Seuls ton amour et ta patience pourront le transformer. » Amma pense que cette femme comprit le conseil donné et le suivit.

Amma n'était que trop heureuse de rendre visite à ce fils qui souffrait. Quand il la vit, son orgueil laissa place à l'humilité et au remord. Serrant la main d'Amma, qu'il tenait sur sa poitrine et parfois sur son visage, il pleura comme un petit enfant. Il lui demanda bien cent fois pardon pour ses fautes. Après cette visite, il se calma et se détendit. Il gardait toujours une photo d'Amma sur sa poitrine. Sa femme raconta à Amma qu'à la suite de cette rencontre, il ne souffrit jamais plus de ces terribles douleurs. Il put manger et dormir sans problème ; il était en paix. Il appliquait chaque jour la cendre sacrée bénie par Amma sur toute la surface de son corps ; les yeux pleins de larmes, il priait souvent Amma de lui pardonner. Avant de la rencontrer, il avait très peur de la mort. Mais ensuite, il trouva le calme et la paix. La perspective de sa propre mort ne le remplissait plus de crainte. Il est encore en vie mais c'est désormais un être transformé et plein de dévotion. »

L'histoire était terminée ; le silence régnait. Tous avaient conscience de leur bonne fortune : ils se trouvaient en présence d'un *Mahatma*. Les *Mahatmas* manifestent de la compassion même à l'égard de ceux qui s'opposent à eux et se montrent désagréables envers eux. Leur compassion transcende les différences. C'est pourquoi Krishna accorda la libération au chasseur dont la flèche transperça Son corps. Rama put renoncer avec un sourire à Son statut de roi et aux plaisirs de la cour, sans une trace de colère ou de haine envers Kaikeyi qui avait donné l'ordre que Rama S'en aille vivre dans la forêt pendant quatorze ans. Et Jésus pria pour ceux qui Le crucifiaient. La même raison explique la visite d'Amma au professeur qui L'avait toujours insultée.

L'amour est la nature d'Amma. Elle ne peut s'en écarter. Comme l'égoïsme est notre nature actuelle, l'absence d'ego est la nature d'un *Mahatma*. L'ego d'une personne ne peut affecter un *Mahatma* car il ne trouve rien à quoi s'agripper. L'absence d'ego, c'est le vide, rempli d'amour et de compassion. C'est le vide, rempli de la présence du Divin. C'est la raison pour laquelle Amma ne peut nous renvoyer notre colère, notre haine ou nos insultes. Elle ne peut répandre que l'amour et la compassion infinis. Notre colère, notre haine et nos insultes se dissolvent et disparaissent dans l'océan de sa compassion.

Quand nous attaquons un *Mahatma* avec les armes de notre colère et de notre haine, il ou elle réplique avec les armes de l'amour et de la compassion. Nous finirons par être désarmés et le *Mahatma* restera toujours victorieux.

Amma reprit : « Le professeur croyait qu'il allait mourir. Il avait peur et voyait clairement que son intellect ne lui était d'aucun secours. Une compréhension et un discernement réels naquirent en lui. Il tenait son intellect pour grand et invincible, mais face à la réalité de la mort, cet intellect indomptable s'avérait tout à fait inutile. Il s'avoua alors vaincu. Un vaincu n'exige rien. Il est à la merci du vainqueur ; il n'a d'autre choix que de se soumettre. Avant que la maladie ne se déclare, il était plein d'ego, imbu de lui-même, enivré par son pouvoir et son statut social. Il croyait à sa propre grandeur. « Pourquoi devrais-je m'incliner devant quiconque ? Comment moi, un grand professeur de philosophie, pourrais-je accepter l'existence de Dieu ? » Le « moi » et le « mien » étaient ses meilleurs amis. Ayant compris le caractère inéluctable de la mort, il fut mis au tapis et son orgueil brisé. Allongé, battu à plates coutures, il avoua : « Toi, Toi seul peut me sauver de cette situation désespérée. »

Une fois que vous avez compris votre impuissance totale, vous souhaitez de tout votre être que quelqu'un puisse vous sauver. Le désir d'échapper à la mort est extrêmement puissant. C'est la crise la plus grave de la vie et la force de ce désir dépasse celle de tous les autres.

Chez certaines personnes, l'intellect laisse alors place à l'intelligence ou au discernement. Le professeur comprit son impuissance et regretta profondément son comportement. Il éprouvait le désir sincère de voir Amma, c'est pourquoi elle ne manqua pas de lui rendre visite.

Lorsque vous prenez conscience de votre impuissance, votre cœur est ouvert et réceptif. Vous éprouvez une grande soif, une soif inextinguible. Vos sens et chaque pore de votre peau s'ouvrent pour recevoir la paix et l'amour. On peut comparer cette expérience à celle de se retrouver prisonnier d'un feu de forêt. Imaginez une telle situation. Comment vous comporteriez-vous ? Votre seul désir serait d'échapper aux flammes. Vous n'auriez pas beaucoup de pensées. Vous ne vous arrêteriez pas pour évoquer de tendres souvenirs, tels que le jour où vous avez rencontré votre femme. En cet instant fatal, le futur disparaît lui aussi. Impossible de vous arrêter pour réfléchir au mariage de votre fille ou à l'anniversaire de votre fils le mois prochain. Vous vivez uniquement dans le présent, car votre vie est en jeu. Impossible de songer à rien d'autre qu'à votre sécurité. À ce moment-là, pour la première fois de votre vie, vous êtes pleinement éveillé. Jusque-là, vous étiez endormi, soit dans les tendres souvenirs du passé, soit dans les promesses et les rêves du futur. Vous n'étiez jamais éveillé au présent. Mais maintenant, devant cette grande menace, vous devez vous réveiller au moins pour un temps car sinon vous mourrez.

Lorsque deux guerriers combattent, ils sont tous deux pleinement réveillés. Ils développent un œil subtil et perçoivent chaque mouvement de l'adversaire. Cette vigilance leur vient subitement. Un battement de cils de l'ennemi et le guerrier se précipite en avant pour frapper de son épée. Tous deux sont parfaitement éveillés et vigilants. Au moment du danger, ils meurent à leur passé et à leur futur pour vivre entièrement dans le présent. Confrontés à une grande menace, nous devenons comme ces deux guerriers. Devant la mort, nous nous abandonnons au présent.

Mes enfants, l'abandon de soi se développe quand nous prenons conscience de notre impuissance, en voyant que notre intellect, notre beauté et notre charme, notre santé et nos richesses, tout ce que nous proclamons nôtre, ne sont rien devant la puissante et imminente menace de la mort. La mort nous arrachera tout. Cette prise de conscience nous réveille et nous rend vigilant. Nous comprenons que nous revendiquons des choses qui, en réalité, ne nous appartiennent pas. Abandonnez-vous donc à la volonté de Dieu. Vous pouvez profiter des nombreux plaisirs de la vie, mais sans jamais oublier que tout peut vous être ôté d'un instant à l'autre. Si vous restez conscients de cette vérité, vous serez capables de vous abandonner à la volonté de Dieu.

Il était une fois un grand empereur qui partit à la conquête du monde. Il mena guerre après guerre et amassa une immense fortune en pillant les pays conquis, puis en prélevant de lourds impôts. C'était un souverain puissant, mais égoïste et cruel. D'une avidité insatiable, il était considéré comme l'homme le plus riche du monde. Mais la mort frappe même les riches et les puissants. Lorsque ce grand empereur se trouva sur son lit de mort, il songea : « Pour conquérir cet empire, j'ai perpétré bien des crimes, dans le seul but d'obtenir le pouvoir et la richesse. Maintenant la mort approche et il me faut tout abandonner. Moi, le grand guerrier parti à la conquête du monde, je meurs et ne peux rien emporter avec moi. Quand la mort me saisira, il me faudra tout quitter — les richesses, les splendeurs de la cour, la gloire du champ de bataille. Je dois partir seul. Je ne peux pas emporter la moindre pièce de monnaie. » Il déclara à ses courtisans et à ses serviteurs : « Quand vous préparerez mon corps pour l'enterrement, assurez-vous que mes deux mains soient tendues, les paumes ouvertes et parfaitement visibles. Mes sujets verront ainsi que moi, le grand empereur, l'homme le plus riche et le plus puissant du monde, je suis parti les mains vides pour ce dernier voyage. » C'est là une grande vérité ! Qui que vous soyez, quel que soit votre statut social, la mort raflera tout en un instant, y compris votre corps. Abandonnez-vous donc à la volonté de Dieu. »

Un silence extraordinaire suivit ces paroles. Il dura un moment. Un chant poignant lui succéda, mené par le *brahmachari* Sri Koumar,

Kan adachalum

Que mes yeux soient ouverts ou fermés,
Ils voient ma Mère à chaque instant.
Son regard déborde de compassion ;
Elle nous étreint tous dans Ses bras maternels ;
Elle qui fait fondre les cœurs par une pluie d'amour,
Ma Mère en vérité est un océan de joie.

Même un tyran ou un voleur est Son enfant chéri,
Qu'on La dénigre ou qu'on L'adore,
Mère nous envoie toujours le torrent de Son amour.

Mère descend de la lignée du grand sage Vyasa ;
Digne de cette ascendance, Elle prouve par Sa vie

Que l'énergie sous-jacente à l'univers entier
Peut se manifester dans une simple hutte.

Même si la langue aime la douceur du sucre,
Le sens du goût est imparfait.
La véritable douceur est l'amour de Dieu
Et la faculté d'y goûter
Ne s'obtient que grâce à ma Mère.

Amma garda les yeux fermés pendant le chant. Il y eut ensuite un silence ; chacun attendait un signe de sa part indiquant ce qui suivrait. Elle ouvrit les yeux et adressa à tous un sourire charmant. Son sourire est si engageant, si accueillant, qu'il procure à chacun le sentiment qu'elle a regardé au tréfonds de son cœur. Un enfant peut croire que le soleil ne brille que pour lui seul et le suit partout car chaque fois qu'il regarde le ciel, le soleil est là. Le sourire d'Amma est comme le soleil qui brille pour tous. Et chacun, comme un enfant, pense qu'elle ne sourit qu'à lui seul.

Le même *brahmachari* qui avait posé la question au sujet de l'intellect reprit : « Amma, quelle est la conclusion ? Une juste compréhension intellectuelle est-elle utile ou non ? »

Amma répondit : « Une juste compréhension vous montre que vous n'atteindrez jamais la liberté éternelle si vous n'abandonnez pas l'intellect. La juste compréhension n'est possible que lorsque vous sentez le poids de votre ego, la lourdeur de l'intellect. Quand vous vous sentez écrasé par l'ego, vous déposez ce fardeau. L'ego vous incite à croire en votre propre grandeur. Dans une situation désespérée, vous comprenez que vous n'êtes rien. La mort vous plonge dans l'état le plus désespéré qui soit ; les êtres égocentriques et les intellectuels obstinés comprennent leur impuissance au moment de la mort. Seul un coup porté à l'ego ou une menace sérieuse permet de comprendre. Ensuite, l'obsession intellectuelle est brisée et vous n'êtes plus prisonnier de l'intellect et de ses raisonnements. *Viveka* s'éveille alors. *Viveka* permet une vision plus claire, qui vous aide à saisir la nature éphémère du monde. Les richesses et les possessions que vous avez accumulées sont pour l'instant près de vous, à votre disposition. En un éclair, elles peuvent changer de propriétaire. Elles passeront ensuite à un autre, puis un autre, et encore un autre. Ne laissez donc pas votre ego se gonfler et vous faire croire que ces richesses vous appartiennent. La vie est un mystère qu'il est impossible de percer sans s'abandonner à la volonté divine, car l'intellect ne peut saisir sa nature vaste, infinie, sa signification et sa plénitude réelles. Prosternez-vous et soyez humble ; le sens de la vie vous sera alors révélé.

C'est lorsque vous comprenez la nature éphémère du monde et l'impuissance de l'ego que la foi germe en vous. Sachant que vous n'êtes personne, que vous n'êtes rien dans cette vie, vous découvrez que vous désirez l'aide d'un être suprêmement puissant. Cette attitude engendre la foi et l'abandon à la volonté de Dieu. Le discernement adéquat, issu d'une juste compréhension, vous aide à développer la foi et l'amour. La foi induit l'abandon de soi qui, à son tour, permet à coup sûr de réaliser le Soi.

Seule la connaissance ou la prise de conscience de votre ignorance peut véritablement vous aider à croître intérieurement. Seule une personne dotée de cette connaissance est vraiment sage. La véritable grandeur réside dans l'humilité, elle ne consiste pas à proclamer sa propre gloire.

L'oracle d'une ville déclara un jour qu'un certain *Mahatma* était l'homme le plus sage de la cité. Quand on lui apporta la nouvelle, le *Mahatma* rit et dit : « Ce doit être une erreur. Je ne sais rien. En réalité, la seule chose que je sais, c'est que je ne sais rien, que je suis ignorant. » Le messager, stupéfait, retourna voir l'oracle et lui rapporta ces paroles. « C'est pourquoi il est considéré comme l'homme le plus sage de la cité, » expliqua l'oracle, « ceux qui se proclament sages et savants ne sont que des sots. »

Sans prévenir, le *bhava* d'Amma changea soudain, pour devenir celui d'une enfant innocente et joueuse. Elle se leva et prit une orange dans un sac rempli de fruits offert par un dévot. Amma posa l'orange sur sa tête et se mit à danser en fredonnant une mélodie, exactement comme un petit enfant. Puis elle plaça l'orange sur son front et l'y maintint, tandis qu'elle continuait à danser. Amma cessa bientôt de fredonner pour se mettre à chanter, et tout le monde reprit en chœur

Chilanka Ketti

Ô Toi aux yeux de lotus,
Attache Tes bracelets de cheville et viens vite !
En quête de Tes tendres Pieds,
Nous sommes venus chanter Ton nom divin.

Ô fils de Devaki, vie de Radha,
Késhava, Hari, Madhava,
Toi qui as tué Poutana,
Toi qui détruis le péché,
Ô enfant de Gokoul, viens vite !
Ô petit pâtre, viens vite en dansant !

Toi qui tuas Kamsa et dansas sur le serpent Kaliya,
Késhava, Hari, Madhava,
Toujours plein de compassion
Envers ceux qui prennent refuge en Toi,
Toi qui protèges de tous les dangers,
Ô incarnation du OM, viens vite !
Ô mélodie divine, viens danser !

Au ravissement général, la danse enchanteresse d'Amma se poursuivit un moment. Son sourire innocent, ses yeux brillants, lui donnaient l'apparence d'un enfant divin, incarnation de la pureté. À la regarder, on avait envie de devenir soi-même un enfant innocent, de danser et de jouer. L'innocence d'Amma était si forte et si fascinante que les cœurs débordaient d'amour.

Amma finit par s'arrêter de danser. Toujours dans le personnage de l'enfant, elle prit une poignée de sable et en fit une boule. Puis elle se mit à marcher en gardant la boule de sable mouillé en équilibre sur le front. La tête légèrement renversée en arrière, Amma s'efforçait d'empêcher la boule de sable de tomber. Ce jeu dura un moment, jusqu'à ce que la boule tombe par terre. Comme une enfant désemparée, Amma s'exclama : « Oh non, elle s'est brisée ! » et pendant une fraction de seconde, son visage exprima la déception.

La mésaventure de la boule de sable et la réaction enfantine d'Amma déclenchèrent un léger rire parmi les *brahmacharis*. En les voyant rire, le visage d'Amma changea. Elle avait maintenant l'air un peu en colère. Mais même la colère d'un enfant a une certaine beauté. En un éclair, Amma ramassa un peu de sable et le jeta en direction des *brahmacharis*, puis s'en alla.

Amma ayant l'allure d'une villageoise ordinaire, on s'étonnera peut-être : comment fait-elle pour prendre de manière parfaite et instantanée l'apparence d'une enfant ? En cherchant un peu, il n'est pas difficile de voir la vérité. *Bhavas* et rôles variés sont naturels à celle qui s'est fondue dans l'Infini. Pour un être comme Amma, changer de masque est un jeu merveilleux. Mais il s'agit d'un jeu divin, auquel ne peuvent s'adonner que les êtres capables de rejeter le masque ou d'en changer dès qu'il a rempli son but. Jamais ils ne s'attachent à aucun de ces masques.

Amma dispose d'un nombre infini d'entre eux. Elle porte tantôt celui du grand Maître, qui révèle les vérités profondes de la vie, tantôt celui de la Mère universelle, qui répand l'amour et la compassion, tantôt encore, elle maintient l'ordre et la discipline ou administre jusque dans les plus infimes détails l'institution spirituelle dont elle est la tête. Et en certaines occasions, comme celle qui vient d'être décrite, on peut voir Amma dans le personnage du petit enfant. Mais en réalité, Amma est bien au-delà de tout cela. Et ces différents *bhavas* et *lilas* ne sont possibles que parce qu'elle est l'Au-delà.

CHAPITRE 9

Dimanche 30 septembre 1984

Les préparatifs pour la célébration du trente-et-unième anniversaire d'Amma battaient leur plein. L'ashram était une ruche en constante activité. Les dévots et les résidents travaillaient ensemble, nettoyant, apportant du sable en certains endroits, déblayant des matériaux de construction et donnant une couche de peinture fraîche aux bâtiments et au temple.

Le *brahmachari* Balou avait préparé à cette occasion une représentation spéciale. Il voulait raconter l'histoire d'un *Mahatma*, en y insérant des chants. Ce genre dramatique est fameux dans les temples du Kérala et porte le nom d'*Harikatha*. Le mot *Harikatha* signifie l'histoire du Seigneur. Le projet de Balou était au départ de raconter la vie d'Amma, mais elle s'y opposa. « Non, pas tant qu'Amma est vivante, » dit-elle. Balou choisit donc l'exemple d'un autre *Mahatma*. Mais avant la représentation publique, il désirait obtenir l'accord et la bénédiction d'Amma.

L'occasion se présenta bientôt. Amma, Balou, Rao, Sri Koumar, Venou et Paï étaient assis dans la chambre d'Amma, au-dessus de la salle de méditation. Amma était sur son petit lit et les autres étaient assis par terre autour d'elle. Amma déclara qu'elle voulait entendre l'histoire. Sri Koumar fut bientôt prêt avec l'harmonium, et Venou installa ses *tablas*. Balou commença et Amma écouta avec attention l'histoire et les chants. Il lui arrivait

197

de suggérer des changements ici ou là ; parfois, le dialogue lui semblait plat, et elle demandait à Balou de changer une phrase ou quelques mots, parfois elle lui conseillait de remplacer un chant par un autre. Et Amma chantait même de temps en temps avec lui.

À un moment de l'histoire, Balou décrivait le désir de Dieu dont brûlait le *Mahatma*. Il dépeignait la douleur intolérable qu'il éprouvait d'être séparé de sa divinité d'élection,

Kera vrikhannale

Ô arbres et plantes grimpantes,
Avez-vous vu ma Mère ?
Ô étoiles scintillantes,
Où est donc partie ma Mère ?

Ô oiseaux de nuit qui chantez dans les arbres,
Ma Mère est-Elle passée par ici ?
Ô Madame la Nuit,
Où puis-je trouver ma Mère ?

J'erre le long des rivages,
En pleurant et en cherchant ma Mère.
Ô ma Mère chérie,
Je demanderai à chaque grain de sable
De me dire où Tu es.

En entendant ces couplets et la description de l'aspiration intense à l'union, de la douleur atroce de la séparation, Amma entra dans un état de *samadhi* très profond. Elle versa d'abord des larmes silencieuses de béatitude, puis éclata d'un rire extatique. Au bout d'un moment, dans son extase, Amma se mit à se rouler sur le sol à toute vitesse, comme la bobine d'un rouet. Tout en roulant sur elle-même, Amma continuait à rire. Les *brahmacharis* la contemplèrent un moment, saisis d'étonnement et de respect sacré. Mais au bout de quelques minutes, rien n'indiquant qu'Amma sortait de son extase, ils s'inquiétèrent. Ce n'était pas la première fois qu'ils voyaient Amma dans cet état et elle-même leur avait enjoint de chanter des *bhajans* pour la ramener à un plan de conscience ordinaire si son état de *samadhi* se prolongeait au-delà de quelques minutes. Assemblés dans un coin de la petite chambre d'Amma, les cinq *brahmacharis* se mirent donc à chanter

Nirvanahatkam (Manobuddhya)

Je ne suis ni le mental, ni l'intellect,
Ni l'ego, ni la mémoire,
Je ne suis ni le goût,
Ni l'ouïe, ni l'odorat ni la vue,
Je ne suis ni l'éther, ni la terre,
Ni le feu, ni l'eau, ni l'air.
Je suis pure Conscience-Béatitude,
Je suis Shiva ! Je suis Shiva !

Je ne suis ni les bonnes, ni les mauvaises actions
Je ne suis ni le plaisir ni la douleur.
Je ne suis ni le mantra, ni les lieux saints,
Ni les Védas, ni le sacrifice,
Je ne suis ni l'acte de manger,
Ni celui qui mange, ni la nourriture.
Je suis pure Conscience-Béatitude,
Je suis Shiva ! Je suis Shiva !

Je n'ai ni naissance ni mort,
Je n'ai aucune peur.
Je ne maintiens aucune distinction de caste.
Je n'ai ni père ni mère,
Ni associés ni amis.
Je n'ai aucun gourou
Et je n'ai aucun disciple.

Je suis pure Conscience-Béatitude
Je suis Shiva ! Je suis Shiva !

Je n'ai aucune forme,
Aucun mouvement n'agite mon mental,
Je suis l'Omniprésent.
Je suis en tous lieux,
Et pourtant je suis au-delà des sens.
Je ne suis ni le salut,
Ni rien qui puisse être connu.
Je suis pure Conscience-Béatitude,
Je suis Shiva ! Je suis Shiva !

Perdue dans son extase divine, Amma continua à rire et à se rouler par terre pendant dix ou quinze minutes. Elle se leva ensuite et marcha dans la pièce comme si elle était ivre. Tout en riant de béatitude, Amma chancelait et trébuchait. Ses deux mains formaient le même *mudra* divin et son visage rayonnait ; il en émanait une vive lumière. Plusieurs fois, Amma faillit se cogner au mur ou tomber par terre, mais les *brahmacharis* veillèrent à l'empêcher de se faire mal. Amma resta un temps au même endroit, se balançant doucement d'une jambe sur l'autre, ravie dans son propre monde auquel personne d'autre n'avait accès. Elle finit par s'allonger sur le sol, sans bouger. Les *brahmacharis* continuèrent à chanter jusqu'à ce qu'Amma redescende de son état de conscience extatique.

Satya et dharma (La vérité et l'ordre universel)

Dans la soirée, Amma était assise devant la hutte de Nealou et parlait à quelques dévots qui venaient juste d'arriver, quand l'un d'entre eux demanda : « Amma, est-il possible à notre époque de suivre l'exemple des grands dévots, des grands saints dont nous parlent les anciennes épopées ? Les histoires qu'elles racontent datent sans doute d'il y a plusieurs milliers d'années, quand tous cultivaient *satya*, *dharma* et l'amour de Dieu. De nos jours, les gens n'accordent plus autant d'importance à la vérité et à l'ordre universel ; est-il donc possible de s'inspirer de tels exemples dans le monde d'aujourd'hui ? »

Amma répliqua : « Mon fils, les doutes du mental font obstacle à la pratique des vérités spirituelles. Jamais nous n'apprenons à croire, toujours à douter. C'est la plus grande des malédictions qui pèsent sur l'humanité actuelle. Il est vrai qu'il y a bien longtemps, *satya* et *dharma* prédominaient, ce qui rendait l'atmosphère favorable à la dévotion et aux pratiques spirituelles. Mais *satya* et *dharma* sont impérissables, indestructibles, et existent par conséquent aujourd'hui encore. La seule différence est que les gens d'autrefois mettaient ces idéaux en pratique, alors que nous ne le faisons pas. Et pourtant les quelques âmes qui observent *satya* et *dharma* portent le monde entier.

Mon fils, tu demandes s'il est possible de vivre selon cet idéal dans la société moderne. Il existe encore bien des gens qui pratiquent *satya* et *dharma*. Même s'ils sont en minorité, il est impossible de nier leur existence.

Regarde ces enfants qui vivent à l'Ashram. Ils sont très jeunes et ont reçu une excellente éducation. La plupart d'entre eux viennent de familles aisées. Ils ont eu le courage et la force de renoncer à leur ancien mode de vie pour adopter une existence complètement différente. Ils menaient une vie normale, celle des jeunes gens ordinaires du monde contemporain. Mais quand ils comprirent que la spiritualité est la suprême vérité, ils abandonnèrent sans crainte leur foyer. Leur amour pour Amma et leur désir ardent de réaliser Dieu leur en donnèrent la force. Leur amour pour la voie de la spiritualité leur en insuffla le courage et leur ôta toute crainte. Leur famille, leurs voisins, leurs amis et parfois le village entier les critiquèrent et les insultèrent. Leur comportement sortant de l'ordinaire, les gens les croyaient fous et les raillaient ou les injuriaient publiquement. Mais les insultes et les méchancetés ne les affectaient pas et ils supportèrent aisément ces mauvais traitements. Leur amour et leur dévotion les rendirent si intrépides, qu'ils purent calmement faire face à leurs parents et leur expliquer qu'ils étaient décidés à embrasser la voie de la spiritualité quoi qu'il arrive.

Leur famille s'efforça de les attirer de nouveau dans le monde, de faire chatoyer à leurs yeux la vie de plaisirs et de satisfaction des sens que la plupart des gens considèrent comme normale. Mais qui cherche à satisfaire les sens n'a aucun équilibre mental, et ne peut donc pas, en fait, être normal, tandis qu'un *sadhak* est équilibré et donc « normal ». Certaines familles, pensant que leur enfant avait été hypnotisé ou ensorcelé par cette fille folle de Vallickavou, accomplirent des rituels pour éliminer ce qu'ils considéraient comme un mauvais sort. On donna à ces enfants de la nourriture mêlée à un antidote. Ils l'acceptèrent et la mangèrent sans crainte. D'autres familles les emmenèrent même chez le psychiatre pour les faire soigner en tant que malades mentaux. Les garçons acceptèrent ces événements sans se révolter, car ils étaient habités par la foi inébranlable que rien de mauvais ne leur arriverait et qu'Amma les protègerait. Cette foi les sauva. Ils étaient intrépides et ne craignaient pas même la mort. Ils étaient fous d'amour pour Amma et pour Dieu et voulaient mener une vie consacrée à la spiritualité et à ses principes.

Une nuit, un groupe de jeunes gens hostiles entoura Balou, alors qu'il quittait l'Ashram après le *Krishna Bhava*. Ils s'étaient cachés dans l'obscurité et l'entourèrent soudain. Ces voyous étaient obstinément opposés à Amma et aux enfants qui la révéraient. Ils dirent d'abord à Balou qu'il devrait cesser de chanter les *bhajans* à l'Ashram. Puis ils lui dirent qu'il devrait s'abstenir d'y venir. Certains d'entre eux voulaient même le rouer de coups ; ils s'encourageaient mutuellement en disant : « Pourquoi perdre du temps à discuter avec ce vaurien ? Croyez-vous qu'il mérite un traitement de faveur ? Mettons-lui une bonne raclée ! » Ils l'insultaient et lui adressaient des paroles dures et grossières. Mais Balou gardait le silence ; il n'avait pas peur. Il aurait pu s'enfuir ou appeler à l'aide, puisque cela se produisit à deux pas de l'Ashram ; les dévots seraient certainement venus à son aide. Mais il tint bon et demeura calme et silencieux.

Leurs menaces, leurs efforts pour le provoquer et l'effrayer furent vains. À la fin, l'un des voyous suggéra de le laisser partir, mais promit de le tuer et de jeter son corps dans la lagune s'ils le revoyaient jamais dans le village. Cette menace elle-même ne réussit pas à effrayer ni à émouvoir Balou. Il leur répondit froidement et avec le sourire qu'il n'avait pas peur. « Amma m'a enseigné que l'*Atman* est immortel, » dit-il. « J'ai foi en elle. Je me suis abandonné à sa volonté. Personne ne peut m'empêcher de chanter pour Amma. Si vous voulez me battre ou me tuer, faites-le maintenant. Je ne lèverai pas le petit doigt contre vous. » Et Balou ferma les yeux et croisa les bras sur sa poitrine. Il s'attendait à ce que tous se jettent sur lui comme une bande de chiens enragés, mais rien ne se produisit. Au bout d'un moment, il ouvrit les yeux et constata que les vauriens étaient partis. Où Balou puisa-t-il le courage nécessaire ? Comment parvint-il à rester calme et intrépide ? Sa dévotion et son amour lui en donnèrent la force. N'est-ce pas là suivre la voie des grands dévots, des grands sages d'autrefois ?

Rao dut lui aussi affronter de grandes difficultés. Sa famille était farouchement hostile à sa vocation spirituelle et lui créa de nombreux problèmes. Ils allèrent jusqu'à le conduire à l'hôpital psychiatrique où il dut subir dix jours d'électrochocs. Songez au grand danger que court une personne qui n'est pas malade mentale et à laquelle on inflige un tel traitement ! Son cerveau aurait pu être sérieusement abîmé. Mais Rao n'avait pas peur et les laissa faire, car il avait foi en la protection d'Amma. Il s'avéra que le traitement ne lui fit aucun mal.

Aujourd'hui encore, bien des incidents du même genre se produisent. Mais tu doutes qu'il soit possible de vivre selon les principes spirituels à l'époque moderne. Pourquoi serait-ce impossible ? Arrête de douter et apprends à croire, tu verras alors que c'est possible.

Mes enfants, il est impossible de vivre selon les principes spirituels sans la conviction que l'*Atman*, le Soi, est immortel et invulnérable. Seule la connaissance du Soi nous délivre totalement de la peur. Le corps doit mourir, car c'est le lot de tout ce qui naît. Mais l'*Atman* n'est jamais né. Il a toujours existé, il existe encore et existera toujours. Rien n'existe en-dehors de l'*Atman*, du Soi, et il ne peut donc être détruit. Cette connaissance peut nous libérer de l'emprise de la mort et de la peur qui l'accompagne. Un *Mahatma* est l'incarnation de la Conscience. Avoir foi en un *Mahatma*, c'est avoir foi dans le pouvoir infini du Soi.

Ces garçons n'avaient pas réalisé le Soi, mais leur foi et leur amour les rendirent intrépides. Seule une personne intrépide peut renoncer à tout, comme ils l'ont fait. Nos attachements proviennent de la peur. Quand nous perçons les apparences, nous voyons que les êtres humains vivent dans une peur constante. La peur nous incite à nous attacher. La peur pour notre sécurité nous ronge en permanence. Si nous n'avons pas d'argent, la peur s'empare de nous. Si notre femme nous quitte, nous avons peur. Si nous n'obtenons pas de travail, la peur nous saisit. Quoi que nous perdions, — de l'argent, notre maison ou notre travail, — cette perte suscite en nous la peur. Nous nous sentons en sécurité lorsque nous sommes attachés à quelque chose ou si nous avons quelque chose en main. Cet attachement nous aide à oublier notre peur pour un temps ; mais au tréfonds de nous, la peur demeure.

Les êtres et les objets auxquels nous sommes attachés nous quittent un jour. Il est impossible qu'ils restent avec nous pour toujours. Peu à peu, ils disparaîtront de notre vie. Notre femme, nos enfants, notre maison et notre voiture, tout ce à quoi nous tenons se transforme ou disparaît. Et à chaque disparition, la douleur et la peur nous submergent de nouveau. Cela se répète jusqu'à ce que nous nous abandonnions à la volonté de Dieu, jusqu'à ce que naisse en nous la foi dans la nature éternelle de notre vrai Soi.

Mes enfants, il est possible de nos jours d'aimer Dieu et d'avoir foi en *l'Atman*. Les calamités et les problèmes dont souffre le monde contemporain proviennent exclusivement du manque de foi et de dévotion, du manque d'amour. La perte de la foi en un pouvoir suprême, en Dieu, signifie la destruction de l'harmonie et de la paix au sein de la société. Les gens agissent et vivent alors à leur guise. La moralité et le sens éthique s'évanouissent de la surface de la terre. Les gens sont tentés de vivre comme des animaux. L'absence de foi, d'amour, de patience et de pardon fait de la vie un enfer. « Plus de confort... Encore plus de confort... » devient le but de la vie. L'égoïsme et l'avidité prédominent chez bien des êtres et détruisent leur humanité.

Mes enfants, le monde actuel est déjà presque conforme à ce tableau. Il est nécessaire et urgent que les gens observent et pratiquent les principes spirituels. C'est le seul moyen de sauver le monde et le genre humain de la destruction. Le doute détruit nos qualités humaines. Mettez vos doutes de côté et appelez le Seigneur à l'aide. Chacun a la responsabilité de contribuer à sauver l'humanité. Vous aussi, vous avez votre rôle à jouer. En accomplissant votre devoir avec cœur et amour, vous aidez votre propre Soi. Vous sauvez votre vie et en même temps, vous aidez la société. »

Tous écoutaient avec une attention extrême le *satsang* d'Amma. Quand elle se tut, l'auditoire, captivé, resta silencieux et la nature elle-même parut suspendre son souffle. Les silences dont Amma ponctue ses paroles sont toujours des temps forts, remplis d'aspiration vers Dieu. Amma se retire parfois du monde qui l'entoure pour demeurer profondément absorbée dans son propre Soi. Cela confère à ces moments de profond silence une puissance plus grande encore, renforçant la présence du Divin, dont l'air est déjà rempli. Comme pour intensifier l'atmosphère méditative, Amma demanda aux *brahmacharis* de chanter

Kodanukodi

Ô Vérité éternelle,
L'humanité Te cherche depuis des millions d'années.

Les anciens sages, ayant renoncé à tout,
S'adonnèrent à d'interminables austérités
Afin de parvenir, au moyen de la méditation,
À laisser le Soi se fondre dans Ton flot divin.

Inaccessible à tous,
Ta flamme infinie, dont l'éclat est semblable
À celui du soleil, reste immuable,
Sans même danser, au milieu du cyclone le plus furieux.

Les fleurs, les plantes grimpantes,
Les autels et les temples aux piliers sacrés récemment installés,
Tous T'attendent depuis des éons et des éons,
Mais Tu es toujours à une distance inaccessible.

La crainte de Dieu

Peu après la fin du chant, un autre dévot demanda : « Amma, quand tu as expliqué que l'absence de peur est le signe d'un vrai dévot, parlais-tu seulement de celui qui a voué sa vie entière à la quête de Dieu ? Qu'en est-il d'un dévot ordinaire ? Crois-tu qu'une certaine dose de peur, comme par exemple la crainte de Dieu, soit nécessaire pour certains dévots ? »

« Mes enfants, » reprit Amma, « la peur n'est complètement absente que quand l'amour règne dans toute sa plénitude. Cette sorte d'amour n'existe que chez le dévot qui s'est totalement abandonné à Dieu et vit dans l'amour ; il s'est noyé dans l'océan de l'amour. Consumé par l'amour divin, son existence individuelle est anéantie, car il s'est fondu dans l'amour absolu. Il est devenu amour. Il est devenu une offrande à son Seigneur. Comme une goutte d'eau tombe dans la mer et se fond dans son immensité, le dévot plonge dans l'océan de béatitude quand il s'offre lui-même à l'Existence. Dans cet état, la peur, les soucis, les attachements et les peines disparaissent.

La peur est parfois causée par la prise de conscience de la nature omnipotente, omniprésente et omnisciente du Seigneur. Il est l'empereur de l'univers. C'est Lui qui décide et nous accorde le fruit de nos actions. Quand nous réfléchissons, quand nous croyons que le Seigneur est vraiment tout cela, nous éprouvons naturellement de la crainte et un respect sacré, qui contribuent à nous empêcher de commettre des fautes.

Arjouna avait toujours considéré Sri Krishna comme son meilleur ami, son beau-frère et son conseiller, il avait donc l'habitude de L'appeler familièrement « Madhava », « Keshava », et « Yadava » quelques-uns des différents noms de Krishna. Mais quand il contempla la forme universelle du Seigneur, la *Vishvarupa*, il fut effrayé et émerveillé. Dans cette *Vishvarupa*, Arjouna vit l'univers entier, son commencement, son milieu et sa dissolution finale. À l'intérieur de la forme merveilleuse du Seigneur, il vit le panthéon des dieux et des déesses, et même les armées des Pandavas et des Kauravas, les grands guerriers tels Bhisma, Drona et Karna aux prises avec la mort, pris dans les machoires puissantes du Seigneur. Arjouna perçut alors Dieu comme le Maître et l'autorité suprême, il L'appela alors *Vishveshvara*, Seigneur de l'univers.

La plupart des gens souhaitent protéger leurs possessions, leurs richesses. Ils croient en Dieu mais ils ne veulent pas perdre ce qu'ils ont accumulé. Ils recherchent les honneurs, un rang élevé, la reconnaissance sociale. En d'autres termes, ils ne veulent pas abandonner leur ego. Ces dévots croient que Dieu peut les aider à obtenir la prospérité matérielle. Et lorsqu'ils sont riches, ils sont convaincus que Dieu protège leur fortune. Ils sont persuadés que si Dieu Se met en colère, Il peut anéantir leurs richesses et leurs possessions ou qu'Il peut les leur arracher. Il peut, croient-ils, invoquer des forces naturelles telles que tempêtes, inondations, sécheresse et tremblements de terre pour détruire tout ce qu'ils possèdent. Ils adorent donc Dieu par crainte. Ils pensent pouvoir L'apaiser grâce à la prière et aux offrandes et ils s'abstiennent de commettre des actes susceptibles de Lui déplaire. Ils accomplissent des actions justes et aident les autres de différentes manières, construisent même éventuellement un temple, une église ou un orphelinat. Ils agissent ainsi pour plaire à Dieu et en bénéficier eux-mêmes. Cette sorte de respect et de crainte de Dieu est pourtant bénéfique, elle aide du moins les gens à être bons et vertueux. Bien qu'ils ne souhaitent pas s'abandonner à Dieu, lâcher leur ego et leurs attachements, ils sont bien meilleurs que ceux qui n'ont aucune pratique spirituelle.

Un vrai dévot s'abandonne à Dieu. Il désire que Dieu anéantisse son ego. La plus grande peur du véritable chercheur est de ne pas parvenir à s'abandonner totalement à Dieu ou bien que Dieu ne tue pas son ego. Regardez la forme cruelle de Kali. Kali détruit l'ego. Comme le *sadhak* veut se libérer de l'ego, il aime cet aspect de la Mère divine et s'abandonne joyeusement à Elle, à ce qu'Elle représente, pour ajouter un crâne de plus à la guirlande qu'Elle porte.

Par contre, le dévot qui est encore attaché à ses possessions et à sa fortune a grand peur de cet aspect du divin. Il ne placera jamais une image de Kali dans sa maison ou sur son autel. Il craint que Kali ne détruise tout ce qui lui est cher. Il pense qu'Elle tuera son ego et qu'il ne survivra pas à cette perte. Le dévot ordinaire souhaite garder son ego, tandis que le vrai dévot veut mourir à son ego, afin de vivre dans la Conscience, dans l'amour pur et innocent. Il cesse de nourrir l'ego et d'écouter l'intellect pour ne plus écouter que son cœur. La mort de l'ego est la vraie mort. Cette mort-là vous rend immortel. Mourir à l'ego délivre de la mort. Lorsque l'ego meurt, vous vivez dans la béatitude éternelle.

Amma a entendu raconter l'histoire suivante : un dévot s'apprêtait un jour à rendre visite à son Maître spirituel. Avant de quitter la maison, il songea : « Il me faut apporter une offrande à mon *guru*. Prenons quelques fleurs. » Mais juste au moment de partir, l'idée lui vint que ce n'était peut-être pas un cadeau suffisant. Il emporta donc quelques diamants, afin de pouvoir les offrir si nécessaire. Le dévot arriva à l'endroit où son *guru* donnait un *darshan* au public. Il s'approcha et s'apprêtait à déposer les fleurs à ses pieds quand il entendit la voix du Maître lui dire : « Laisse tomber ». Il lâcha donc les fleurs et pensa que le Maître voulait les diamants. Mais quand il essaya de les lui offrir, celui-ci dit de nouveau : « Laisse tomber. » Sans comprendre, le dévot baissa la tête et allait se prosterner avant de s'en aller, quand une fois encore, le Maître dit : « Laisse tomber ». Stupéfait, le dévot regarda le visage de son Maître, qui lui dit en souriant : « Oui, à moins que tu ne laisses tomber la tête, tu ne peux réaliser le Soi. »

« Est-ce là la signification de la prosternation ? » demanda un *brahmachari*.

« Oui, » répondit Amma, « L'acte de se prosterner symbolise l'abandon à Dieu. Il ne prend son sens réel que lorsque vous abandonnez votre ego aux pieds du *guru* ou de Dieu. En vous prosternant, vous L'invitez à piétiner votre ego. Il ne brisera pas l'ego d'un dévot ordinaire, mais Il se montrera impitoyable envers celui d'un chercheur véritable. Si vous craignez encore pour votre sécurité et votre confort, si vous recherchez toujours les honneurs, un rang élevé, la reconnaissance sociale, le *guru* ou Dieu attendra. Mais un jour viendra où vous renoncerez à vos craintes au sujet de votre sécurité physique pour vous tourner vers le *satguru* ou Dieu. Jusqu'à ce que vous compreniez que vous êtes impuissant, que votre ego ne peut pas vous sauver et que vos biens ne sont que néant, Dieu ou le *guru* créera les circonstances nécessaires pour vous faire comprendre cette vérité. Vous vous abandonnerez alors à la volonté de Dieu. Délaissant vos peurs, vous laisserez le *guru* ou Dieu danser sur votre ego pendant que vous serez allongé à Ses pieds. À ce moment-là, vous devenez un vrai dévot. Tel est le sens réel de la prosternation.

En nous prosternant physiquement, nous essayons de nous rapprocher de cet état intérieur. Lorsque vous y parvenez, votre vie entière est une prosternation devant le *guru* ou Dieu. L'ensemble du genre humain, tous les êtres vivants, la création entière évolue vers cet état. Peu importe que vous résistiez ou non. Vous y arriverez un jour, aujourd'hui ou demain, dans cette vie ou dans la prochaine, votre tour viendra, c'est inéluctable.

Vous ne voyez peut-être pas Dieu en ce moment, mais Il est toujours là. Il vous guide et vous dirige, Il tient les rênes de votre vie. Au départ, Dieu vous laisse les rênes longues et vous ne remarquez pas que c'est Lui le responsable. Mais rappelez-vous, tout est entre Ses mains. Vous n'en avez pas conscience, mais à mesure que vous avancez dans la vie, Il raccourcit peu à peu les rênes. Un jour, vous vous apercevez que vous ne pouvez plus bouger d'un centimètre. À ce moment-là, quand vous comprenez votre impuissance totale, vous sentez que Dieu tire sur les rênes, et Il commence à vous ramener à Lui. Vous vous débattez peut-être au début, mais vous découvrez bientôt que la traction vient d'un pouvoir qui n'est pas de ce monde, et que vous n'avez d'autre choix que de vous y abandonner. Alors commence votre voyage de retour vers Dieu, la Source de votre existence. Ce voyage est tenu de se produire. Vous découvrirez inévitablement que vous ne pouvez rien faire d'autre que d'aller vers Dieu.

Si Dieu le veut, Il peut tirer sur les rênes à tout moment. Dieu pense : « Cet enfant-là n'est pas encore prêt. Laissons-le jouer un peu plus longtemps. Il s'en lassera un jour. Alors il reviendra. » Soyez donc vigilant et attentif, car Il vous observe de près. Impossible de vous enfuir. Où que vous alliez, quoi que vous fassiez, Il est partout et vous surveille, car vous êtes Son enfant. Tout ce que vous faites, c'est avec Son consentement. Il vous permet de le faire. Il vous laisse jouer mais votre aire de jeu est limitée, ne vous croyez pas autorisé à jouer où bon vous semble.

Il arrive parfois que vous sortiez des limites qui vous sont attribuées, que vous alliez trop loin. Dieu paraît ne rien remarquer, mais Il fait semblant. Il voit tout, Il entend tout. Il songe alors pour Lui-même : « Mon enfant est sans doute espiègle, » et vous laisse continuer à jouer. Mais Il vous rappelle que vous ne pouvez jouer éternellement en vous faisant traverser des situations difficiles et des expériences douloureuses. Après une expérience douloureuse, vous êtes sage. Pour un temps, vous voilà obéissant et calme. Mais cette bonne tenue dure peu et vous reprenez bientôt vos espiègleries. Dieu songe alors : « Il lui faut une expérience un peu plus douloureuse, une leçon un peu plus forte que la précédente. » Dieu vous laisse donc jouer un peu plus longtemps encore, mais ne tarde pas à vous envoyer une autre situation difficile, qu'il vous faudra affronter.

Les leçons que vous tirez de cette expérience ont une grande influence sur votre niveau de conscience et vous transforment profondément. Chaque fois que vous traversez une expérience douloureuse, les effets de la leçon durent un peu plus longtemps. Mais chaque fois, vous retournez à un terrain de jeu interdit et reprenez votre ancien comportement. Dieu songe enfin : « En voilà trop, Je l'ai averti plusieurs fois, il lui faut maintenant un vrai choc. » Dieu envoie donc un terrible coup de foudre. Il met fin une fois pour toutes à votre jeu. Vous voilà brisé, impuissant. La foudre frappe votre ego qui se brise en mille morceaux.

Pour certains, c'est une révélation. Pour d'autres, c'est la déception et la frustration. Ils perdent parfois le goût de vivre. Leur souffrance mentale prend de telles proportions qu'ils se suicident, sauf si une personne dotée de sagesse les aide à voir le message divin caché derrière cette expérience si douloureuse. À moins qu'ils ne soient guidés par un Maître réalisé, il y a bien des chances pour qu'ils s'effondrent totalement. Mais avec la bénédiction d'un *satguru*, ils peuvent ouvrir les yeux, voir l'insignifiance de l'ego, et comment il les a dupés. Ils sentent alors l'attraction de Dieu. Ils entendent Son appel. Ils s'éveillent, et pour la première fois, se retrouvent vraiment vivants. La destruction de l'ego peut se produire à tout instant, dans cette vie ou dans la prochaine. Cela arrive plus tôt pour certains, tandis que d'autres, à cause de leur manque de maturité, sont autorisés à jouer un peu plus longtemps. Mais pendant ce temps, Dieu observe chacun de nous. Nous ne pouvons Lui échapper.

Un Maître spirituel donna un jour une poule à chacun de ses deux disciples en disant : « Emmenez-la dans un endroit où vous pourrez la tuer sans que personne ne vous voie. » Le premier disciple partit, se cacha derrière un buisson, et regarda partout pour s'assurer que personne ne le voyait. Alors il tua la poule et la rapporta aussitôt à son maître. L'autre disciple ne revint pas avant le coucher du soleil. Il était las et fatigué et portait dans ses bras la poule, toujours en vie. La tête basse, il tendit la poule à son maître. « Maître révéré, » dit-il, « j'ai eu beau chercher et chercher, je n'ai pas pu trouver un seul endroit où personne ne me voyait. Partout où j'allais, la poule me regardait. »

Mes enfants, où que vous alliez et quoi que vous fassiez, vous êtes sous l'œil attentif de votre *guru* ou de Dieu. »

Amma demanda alors aux *brahmacharis* de chanter

Ellam aryunna

Que pourrait-on dire à Krishna,
Lui qui est omniscient ?
Marchant à côté de nous,
Il voit tout, Il comprend tout.

L'Être primordial connaît nos pensées les plus intimes.
Sans Lui, personne ne peut rien accomplir.
Le Seigneur primordial demeure en chacun de nous.
Nous devrions tous adorer avec joie
Cette incarnation de la Vérité et de la Conscience.

CHAPITRE 10

Ne vous comparez pas aux autres

Mardi 1er octobre 1984

Un dévot qui venait juste d'arriver à l'Ashram décrivit comment il avait eu le *darshan* d'Amma sous la forme de Krishna. Très ému, il raconta l'histoire suivante : « Il y a une semaine, je dormais dans ma chambre lorsque je fus soudain réveillé par une puissante lumière et un parfum extraordinaire qui remplissaient la pièce. Je m'assis sur le lit. La lumière qui emplissait la pièce avait l'éclat du soleil et la beauté, la fraîcheur du clair de lune. Baignant dans cette splendeur, mon corps devint si léger que toute conscience du corps parut s'évanouir. L'atmosphère changea tout-à-coup. Comme l'eau jaillissant avec force d'un barrage, la paix et la suprême béatitude emplirent l'atmosphère. C'était si tangible, si pénétrant, que tout mon être s'y engloutit. L'instant d'après, la divine lumière qui avait rempli la pièce parut se concentrer en un endroit précis. Pendant que je contemplais ce rayonnement lumineux, la forme magnifique et enchanteresse de Krishna apparut. »

Le dévot pouvait à peine contrôler son émotion. Des larmes coulaient de ses yeux, pendant qu'il s'exclamait : « C'était mon Seigneur ! Mais en même temps, c'était aussi mon Amma. Son visage était le visage d'Amma. C'était exactement Amma en

Krishna Bhava — le même sourire, le même regard, les mêmes yeux — tout était semblable. Le Seigneur S'approcha de moi, un récipient dans les mains. Krishna me donna à manger du beurre et du *panchamritam*, et Il m'en mit aussi un peu dans les mains. Le Seigneur me donna une feuille de *tulasi*, puis Il me regarda dans les yeux et posa Sa main droite sur ma tête. Pendant que je contemplais Sa forme divine et Son sourire enchanteur, Il disparut.

Je me réveillai le lendemain matin allongé sur le sol, dans un état que je qualifierais de semi-conscient. Toujours rempli de béatitude, je pleurais, pleurais et découvris que j'appelais le Seigneur et Amma. Il me fallut plus de deux heures avant de pouvoir fonctionner normalement. Lorsque je revins à la conscience ordinaire, je m'efforçai de me rappeler ce qui était arrivé. Je ne pouvais pas y croire, croire que j'avais eu la visite du Seigneur ! Pour m'en convaincre, je vérifiai l'odeur de mes mains : elles sentaient le beurre et le doux parfum du *panchamritam*. C'était une odeur merveilleuse et elle persista pendant trois jours. Le goût, lui aussi, me resta dans la bouche. À ma grande stupéfaction, je trouvai une feuille de *tulasi* sur mon lit. Je restai plongé dans la béatitude pendant plus d'une semaine et mon cœur était rempli d'amour divin. »

Versant de nouveau des larmes de dévotion et d'amour, il partit ensuite s'asseoir dans la hutte de *darshan*, où il resta jusqu'à l'arrivée d'Amma, vers onze heures. Quand elle entra dans la hutte, Amma vit le dévot assis dans un coin, profondément absorbé en méditation. Comme pour lui montrer qu'elle était au courant de ce qui s'était passé, elle s'exclama : « Mon fils ! », alla droit vers lui et posa sa main droite sur sa tête. Le dévot ouvrit les yeux et vit Amma qui, debout, le regardait. Un rayonnement extraordinaire émanait de son visage. Les mains jointes, versant des larmes silencieuses de béatitude, le dévot la regardait aussi ; pendant quelques secondes, personne ne parla. Mais le silence fut bientôt rompu, car le dévot fondit en larmes et se jeta aux pieds d'Amma. Amma lui exprima son amour en le serrant affectueusement dans ses bras, puis elle se dirigea vers le petit divan de bois où elle recevait ses dévots et le *darshan* commença.

Ce soir-là, Amma était assise dans la cocoteraie et parlait avec les résidents de l'Ashram. Un chef de famille, un bon *sadhak*, mentionna l'expérience du dévot qui avait reçu le *darshan* de Krishna et d'Amma. Il avoua qu'il était triste de ne pas avoir eu lui aussi une si merveilleuse vision.

Amma répondit : « Mon fils, ne te compare pas aux autres. C'est mauvais pour un *sadhak*. Un *sadhak* doit s'examiner. Il doit prendre conscience de ses défauts et les corriger. Tu as suffisamment de problèmes dont tu dois t'occuper, sur lesquels il te faut travailler. Ne te rends pas malheureux en songeant : « Jamais je n'aurai une telle expérience. » Tâche de te réjouir pour lui. Tu devrais penser qu'il avait besoin de cette vision et que pour cette raison, Amma ou le Seigneur lui ont fait la grâce de lui apparaître. Pense que c'est le fruit de ses pratiques spirituelles et de sa foi inébranlable. Ne te décourage pas en songeant que tu es moins heureux que lui. Ce qui lui arrive n'est destiné qu'à lui ; les évènements de ta vie ne s'adressent qu'à toi et n'ont rien à voir avec personne d'autre. Ce qui t'arrive est le résultat de tes propres *samskaras*. Tes expériences t'appartiennent en propre. Elles ne peuvent se répéter dans sa vie ou dans celle de quelqu'un d'autre parce que le *samskara* de chacun est différent. Ton lot est différent du sien et les expériences qui en découlent diffèrent aussi. Il est donc inutile de comparer et de t'inquiéter. Cela ne servirait qu'à refroidir ton enthousiasme.

Si une telle expérience ne t'a pas été accordée, le remède ne consiste pas à t'en affliger et à te qualifier de pécheur, indigne d'une telle grâce. Cette attitude au contraire te fermera, détruisant tes chances d'obtenir la vision du Seigneur. Cesse donc de te mépriser ; emploie plutôt ton énergie et ta détermination à tout mettre en œuvre pour que cette expérience te soit accordée. Avec de la détermination et de l'amour, tu l'obtiendras sans faillir.

Comparer étouffe le talent ; cela renforce notre timidité et diminue notre efficacité. Un timide s'exprime avec difficulté et perd ses facultés créatrices. Une personne qui se compare sans cesse aux autres n'a que cela en tête. « Ô mon Dieu, pourquoi ne suis-je pas capable de chanter comme lui ? Que j'aimerais peindre aussi bien qu'elle ! Je devrais me livrer à une ascèse comme lui. » En ressassant ce qu'ont les autres, elle perd la faculté de s'exprimer. Ses dons personnels restent latents et finissent par mourir. Quel destin ! Il lui est impossible d'être elle-même, impossible aussi de corriger ses erreurs et ses défauts ; elle ne peut donc progresser. Elle est toujours inquiète et dégoûtée d'elle-même. Ce mépris de soi peut aller jusqu'à la maladie mentale. Jamais contente ni heureuse, elle ne peut éprouver la véritable joie de vivre.

Amma se rappelle un jeune homme qui vint ici une fois. Il avait été dans le passé un bon chanteur, doué d'une voix riche et magnifique et il avait remporté le premier prix lors d'un festival de musique universitaire. Le jour même où on lui décerna le prix, un de ses amis le taquina en lui disant que quels que soient ses efforts et les prix qu'il remporterait, jamais il n'excellerait comme le célèbre chanteur Jesudas. Ces paroles le blessèrent profondément, au point qu'il abandonna le chant le jour même et ne chanta plus jamais.

En entendant les paroles de son ami, il pensa : « C'est vrai, je ne peux pas chanter comme Jesudas. Et si je n'en suis pas capable, à quoi bon chanter ? Mieux vaut abandonner. » Cette pensée, cette comparaison, le frappa comme un éclair et en un instant, il perdit l'estime de son talent et en conséquence, tout intérêt pour le chant. Il était si doué qu'il aurait pu devenir un des meilleurs. Mais une pensée, une comparaison fatale, brisa son évolution.

Comme tu le vois, la comparaison peut s'avérer très destructrice. Cette attitude entrave le progrès spirituel et risque d'anéantir toute possibilité de croissance, mentale ou intellectuelle, ou bien encore d'engendrer une dépression qui peut aller jusqu'à la maladie mentale. Mes enfants, la comparaison affecte tous les aspects de la vie. Gardez à l'esprit que vous ne pouvez être quelqu'un d'autre et que personne d'autre ne peut être à votre place. On ne peut être que soi-même. Comparer détruit votre personnalité ; devant les autres, vous aurez l'air d'un sot. Un chercheur spirituel ne devrait jamais se comparer à autrui ni comparer ses expériences avec celles d'un autre. C'est la raison pour laquelle un *sadhak* ne doit révéler ses expériences à personne. Avant la réalisation du Soi, les expériences spirituelles varient. Tu ne recevras peut-être jamais un *darshan* comme celui de ce fils. Même si cela t'arrive, ton *darshan* sera différent. Certaines personnes éprouvent la paix et la béatitude intérieures sans jamais contempler la forme d'un dieu ou d'une déesse. Certains ne voient qu'une lumière ou un point lumineux. Les expériences de personnes différentes ne peuvent être identiques. Elles se produisent en accord avec la nature mentale de chaque individu, avec la voie qu'il suit, les efforts qu'il fournit et les *samskaras* dont il a hérité au cours des vies précédentes. Les expériences que tu traverses maintenant ne constituent pas un début. Elles prolongent le passé. Tu dois aussi te rappeler que le *guru* ne donne que ce dont tu as besoin et que c'est toujours pour ton bien. Il ne peut pas être partial. Si tu es contrarié, si tu crois que le *guru* est partial, qu'il donne aux autres plus qu'à toi, le problème est en toi. Nos jugements nous aveuglent, si bien que cette vérité nous échappe ; nous ne voyons pas d'un œil impartial, capable de discernement.

Mes enfants, plus que toute autre qualité, votre innocence et votre amour jouent un rôle essentiel dans l'édification de votre vie spirituelle. Il est fondamental pour la vie spirituelle d'être réceptif. Un dévot ou un disciple devrait toujours se montrer réceptif. »

L'enfant intérieur

« Amma, qu'entends-tu par là ? Comment se montre-t-on réceptif ? » demanda un dévot.

« Ceux que l'amour habite sont réceptifs. L'amour vous aide à être ouvert, ouvert comme un enfant. L'amour vous rend innocent comme un enfant. Nul n'est plus réceptif qu'un enfant. Être capable de croire, d'avoir foi, d'accepter l'amour, c'est cela être réceptif. C'est posséder la faculté d'empêcher le doute de pénétrer dans le mental. C'est aussi accepter les expériences que la vie vous envoie, quelles qu'elles soient, sans réagir négativement.

Les êtres réceptifs sont la simplicité même ; ils ont l'innocence des enfants. Si vous désirez vous rapprocher de Dieu, efforcez-vous d'être comme un enfant. Un enfant s'émerveille, imagine et joue. En grandissant, nous perdons la capacité de nous émerveiller, de jouer et de croire. Comme tant d'adultes, nous ne savons que douter.

Avez-vous jamais observé des enfants en train de jouer ? Ils imaginent qu'un petit tas de sable est un grand château. Le sable blanc est pour eux tantôt du sucre, tantôt du sel. Une ficelle nouée devient une voiture ou un bus. Un rocher se transforme en trône et une feuille en éventail. Ils imaginent parfois qu'une longue corde en fibre de coco est un serpent. Ils ont la faculté de croire tout ce qu'on leur dit. Si vous dites à un enfant que la pluie est l'eau qui tombe du ciel quand les êtres célestes qui y demeurent font leur vaisselle, il vous croira, sans émettre le moindre doute. Être ouvert ainsi, capable de croire, c'est cela être réceptif. Avoir la foi ne signifie pas être crédule. Amma vous demande simplement d'avoir foi dans les paroles du *satguru*, dans les paroles des saints et des sages qui sont parvenus à l'expérience suprême, au but ultime de la vie.

En grandissant, nous perdons notre enthousiasme et notre joie. Notre cœur devient sec et triste. Pourquoi ? C'est que notre foi et notre innocence s'évanouissent. Il est bon pour vous de passer un peu de temps avec des enfants. Ils vous apprendront à croire, à aimer et à jouer. Les enfants vous aideront à sourire du fond du cœur et à vous émerveiller.

Il y a un enfant en chacun de nous. L'innocence, le côté joueur des enfants existent en chaque être humain. Quel que soit leur âge, les gens aiment les contes pour enfants ; les écouter ou les lire éveille l'enfant intérieur. Qui n'aime pas, de temps à autre, jouer avec des enfants ? Observez un octogénaire, un homme politique ou un haut fonctionnaire, un chef d'entreprise ou un scientifique en présence d'un enfant, voyez comme ils sont libres, comme ils se mettent à jouer. Même un vieil homme, en compagnie de ses petits enfants ou de son dernier né, se transforme en enfant. Marchant à quatre pattes, il fait semblant d'être un éléphant. Il bâtit pour eux un château de cartes. À l'aide de bâtons et de feuilles, il leur construit une cabane. Il les fait sauter sur ses genoux en leur disant qu'il est un cheval.

Pourquoi agit-il ainsi ? Est-ce uniquement pour faire plaisir à l'enfant, pour que celui-ci soit content ? Non, ce n'est pas la seule raison. C'est qu'un enfant est caché en chacun de nous. Quelque part en nous sommeillent la joie, l'innocence et la foi de l'enfant. Nous sommes ravis de retrouver l'enfant en nous. Enfants, nous n'avions ni soucis ni problèmes ; nous chérissons le souvenir de ce temps-là et voudrions y revenir. Tous les êtres vivants éprouvent ce désir.

Mes enfants, l'émerveillement et l'amour que vous ressentiez dans l'enfance ne reviendront jamais, à moins que vous ne retrouviez la faculté de jouer comme un enfant. L'innocence est en vous, profondément enfouie. Il vous faut la redécouvrir, et pour cela vous plonger dans vos pratiques spirituelles. En allant au plus profond de votre propre conscience, vous trouverez un jour cette innocence. À cet instant, vous découvrirez l'enfant en vous. L'innocence, la joie et l'émerveillement cachés au plus profond de vous jailliront et vous saurez qu'ils ont toujours existé. Vous aviez simplement oublié votre innocence pour un temps. C'est comme un souvenir longtemps perdu qui remonte tout à coup. Cette innocence enfantine au tréfonds de vous est Dieu. Mes enfants, connaissez-vous cette histoire ? Dieu décida de créer la Terre. Il voulait Se donner un endroit pour vivre. Dès qu'Il eût créé cette magnifique Terre avec les arbres et les plantes, les animaux et les oiseaux, les montagnes et les vallées, Il vint y résider. Tout était parfait et Dieu menait une vie heureuse et remplie de béatitude. Les années passèrent, jusqu'au jour où Dieu commit une erreur : Il créa les êtres humains. Dès lors, les ennuis commencèrent. Nuit et jour, les humains venaient se plaindre à Dieu. Ils frappaient à Sa porte à tout moment, qu'Il mange ou qu'Il dorme.

Ces plaintes incessantes Le rendaient fou. Dieu en perdait la paix de l'esprit. À peine un problème était-il réglé, qu'un autre surgissait. Ce qui arrangeait le premier plaignant était un problème pour le second. L'un voulait la pluie, mais quand Dieu la lui accordait, un autre gémissait : « Dieu, comment peux-Tu me faire cela ? Ma maison est inondée, ma récolte ruinée. » Tout devenait un problème. Quoi qu'Il fasse, les gens se plaignaient.

Dieu finit par demander à Ses conseillers de trouver une issue à la situation. On Lui suggéra de Se rendre dans les Himalayas, mais Il répondit : « Non, non, les gens y viendraient bientôt. » « Et pourquoi pas la Lune ? » proposa un autre de Ses conseillers. « L'homme en trouvera bientôt le chemin. Mes bons amis, vous ne pouvez voir l'avenir, » dit Dieu, « mais Je le peux. Où que j'aille, l'être humain finira par le savoir. Il Me suivra et Je me retrouverai de nouveau plongé dans les ennuis. »

Cette déclaration fut suivie d'un silence. Au bout d'un moment, un conseiller âgé s'avança et Lui murmura quelque chose à l'oreille. Le visage de Dieu s'illumina. « Merveilleux ! » S'exclama-t-Il.

Le vieil homme Lui avait suggéré une cachette idéale. « Cache-Toi à l'intérieur de l'être humain », Lui avait-il conseillé. « Il n'y a aucune chance pour qu'il Te trouve là. »

« Mes enfants, » reprit Amma, « Dieu est au fond de nous. Il y demeure sous la forme de l'innocence, de l'amour pur et innocent. Maintenant cette innocence est voilée par le mental et ses sentiments égoïstes. Mais elle est toujours là ; elle est seulement tombée dans l'oubli. Vous devez aller au fond de vous-même pour redécouvrir et vous rappeler. »

« Amma, comment ce souvenir surgit-il ? » interrogea le même dévot.

« Parfois, lorsque vous essayez de vous rappeler quelque chose, un mot ou un nom, vous l'avez sur le bout de la langue. Vous savez que c'est là, pourtant vous ne le trouvez pas. Vous réfléchissez en faisant les cent pas ; assis dans votre salle-à-manger, vous cherchez à vous rappeler le mot ; et vous y songez toujours en vous levant pour aller dans votre chambre. Mais rien ne vient et vous commencez à vous agiter. Vous vous grattez la tête, vous tirez les cheveux en tâchant de vous souvenir, mais vos efforts sont vains. Après une longue lutte, vous abandonnez et vous oubliez complètement que vous vouliez tant retrouver ce mot. Vous oubliez même tous vos efforts. Puis, au moment où vous sortez vous détendre dans la solitude, le souvenir remonte. Le mot vous revient brusquement. Le souvenir se lève en vous. Quand vous abandonnez tout effort, vous pouvez vous rappeler. Si vous travaillez dur dans la journée, vous dormez bien la nuit. De même, lorsque vos efforts ont cessé, le mental est devenu calme et tranquille. Dans cet état de détente et de calme, le souvenir a pu surgir sans effort.

Il en va de même avec la *sadhana*. Une fois que vous avez fait les pratiques spirituelles nécessaires, il vous faut attendre que tout s'ordonne et se dépose au fond de vous, pour parvenir à un oubli complet. Quand vous êtes allongé sur votre lit, vous ne faites pas d'effort conscient pour vous endormir. Vous vous allongez et attendez que le sommeil vienne. Vous ne songez ni au passé, ni à l'avenir. Vous vous remettez entre les mains du sommeil. Vous abandonnez tout contrôle et glissez sans effort dans le sommeil. Il vous faut de même oublier le but et les efforts accomplis pour l'atteindre, oublier la Réalisation et vos pratiques spirituelles. Ne pensez pas : « Oh, hélas ! Après avoir fait tant de *sadhana*, je n'ai accompli aucun progrès. » Ce genre de pensée peut constituer un obstacle qui vous empêche d'atteindre le but. Ne vous lamentez pas, ne pensez pas. Penser ne fera que vous barrer le chemin. Restez donc tranquille et détendez-vous, intérieurement et extérieurement. Vous ne pouvez prédire quand la grâce de Dieu descendra sur vous ; vous ne pouvez qu'attendre. Cela peut se produire à tout moment, en tout lieu. Cela dépend du *guru*, ou de Dieu. C'est le *satguru* qui décide quand le moment est venu d'accorder sa grâce au disciple. Alors, cela arrive soudain : vous devenez un enfant pleinement conscient et innocent. »

L'enfant consciemment innocent

La nièce de Sri Koumar, une petite fille âgée de sept ans, vint voir Amma avec ses grand-parents. Bien que son nom fût Shija, Amma l'appelait « Takkali », ce qui veut dire tomate, et tout le monde se mit à l'appeler ainsi. En voyant l'enfant, Amma lui dit : « Oh, mais tu es une grande fille maintenant. Viens, assieds-toi à côté d'Amma. » La petite fille vint près d'Amma, qui lui prit la main avec affection et l'embrassa sur le front. Se tournant vers

Balou, Amma lui demanda s'il la connaisssait. « Oui, bien sûr, je la connais, Amma. » répondit Balou. Serrant Takkali contre elle et désignant du doigt Balou, Amma demanda : « Le connais-tu ? » Takkali dit : « Bien sûr, c'est Balou-*annan* (grand frère Balou). »

Puis Amma lui demanda de chanter. Fermant les yeux, Takkali chanta,

Orunalil nyan en

Un jour je verrai Kanna,
J'entendrai Son chant mélodieux.
Mon Krishna adoré apparaîtra,
Tenant contre Ses jolies lèvres
Sa flûte merveilleuse.

Ce jour-là, le but de ma vie
Sera accompli, et je plongerai
Dans la béatitude. Ivre de joie,
Au plus haut sommet de la dévotion,
Je danserai dans la béatitude divine.

Toi qui soutiens l'univers,
N'es-Tu pas le Seigneur,
La source de tous les êtres ?
Ô Dieu, sans plus attendre,
Laisse-moi Te voir !

Lorsque Takkali eut fini, Amma l'embrassa et la serra dans ses bras à plusieurs reprises. Visiblement ravie, Amma sourit tendrement à la ronde, louant le chant de la petite fille et sa douce innocence. En voyant Amma jouer avec Takkali, une question vint à l'esprit d'un des *brahmacharis* : « Amma, tu viens de dire que nous deviendrions tous un jour des enfants innocents et conscients. Comment est-ce possible ? Que veux-tu dire ? »

« Mes enfants, » dit Amma, « Un petit enfant n'a pas conscience de son innocence. Sa nature innocente est complètement inconsciente. Le jeune enfant est parfaitement pur ; avant que les *vasanas* se manifestent, son état est celui d'une pureté sans tache. Mais la pureté et l'innocence de l'enfant s'évanouissent bientôt pour céder la place à l'impureté et à l'ignorance. La joie, la faculté de s'émerveiller, d'imaginer et de croire, que nous observons chez un enfant sont de courte durée. Tant qu'il reste enfant, son innocence demeure. Mais il change. Même le mental d'un enfant est lié au temps et à l'espace, le temps y amène donc des changements. L'enfant innocent tombe ainsi graduellement dans les griffes de l'ego. L'ego et les tendances héritées de vies antérieures, qui étaient latentes, se manifestent peu à peu, et l'innocence de l'enfant retourne lentement à un état non-manifesté.

Chez l'adulte, l'innocence est à l'état latent, comme une fleur en bouton, tandis que l'ego est pleinement épanoui. Le cycle karmique avance, et le temps vient pour l'âme de prendre une nouvelle naissance. Quand le *jiva* sort du ventre maternel sous la forme d'un bébé, l'innocence latente, non-manifestée, se manifeste de nouveau, mais à mesure que l'ego prend de l'ampleur, elle régresse. Cela constitue un cycle dans lequel l'ego et l'innocence alternent, l'un se manifestant à mesure que l'autre régresse ; ce cycle continue jusqu'à ce que nous nous tournions vers Dieu, jusqu'à ce que les racines mêmes de l'ego soient détruites. Lorsque ce dernier est complètement anéanti, notre innocence est consciente et éternelle. Tant qu'il subsiste, il nous faudra passer par le stade de l'enfant inconsciemment innocent au cours d'innombrables naissances : nous reprendrons naissance sous la forme d'un enfant qui n'a pas conscience de son innocence.

Mais alors que l'innocence de l'enfant dure peu, celle d'un *Mahatma* est éternelle. L'enfant n'a pas réalisé cette innocence, tandis que le *Mahatma* est pleinement conscient de sa nature pure et innocente. L'enfant nous donne un aperçu de Dieu, mais il n'est pas Dieu. Un *Mahatma* est Dieu. Il vit dans la conscience suprême et a transcendé le cycle des naissances et des morts. Il possède la force et le soutien de cette expérience. Il est parfaitement éveillé, pleinement conscient de son état d'être réalisé. Un enfant n'est pas éveillé à la Conscience et n'a pas réalisé la pureté de sa nature. Il est encore endormi. C'est là une énorme différence, n'est-ce pas ? L'état de réalisation de Soi du *Mahatma*, c'est ce qu'entend Amma par les mots « innocence consciente ». »

Les paroles d'Amma touchaient les cœurs et les esprits au plus profond. Le silence régnait. Elle regarda brièvement chacun de ses enfants, puis son regard s'arrêta sur le *brahmachari* Païe et elle lui demanda de chanter

Kattutta Sokamam.

Ne me laisse pas sombrer
Dans le puits noir du chagrin,
Ô Mère ! Tu le sais,
Je ne suis pas érudit,
Je ne suis pas né sous une bonne étoile ;
Pourtant, lorsque mes pensées
Sont fixées sur Toi avec intensité,
Ne Te contente pas de me sourire
Et de T'en aller !

Ô Incarnation de la compassion,
Délivre-moi de l'ignorance
Et accorde-moi la pure intelligence.
Bien que je nage dans les plaisirs du monde,
Je n'éprouve aucun bonheur.
Mon regard toujours est tourné vers Toi,
Ô Souveraine de tous les mondes.
Toi qui accordes la véritable grandeur,

Allume la lampe de l'équanimité
Dans mon Soi le plus profond.

Ô Mère,
Le colibri de mon mental
Est venu se poser à Tes Pieds de lotus.
Pour l'empêcher de s'envoler,
Je T'en prie, referme sur lui Tes pétales.
Ô Toi, dont rien n'égale la grandeur,
Laisse-moi plonger au tréfonds de moi-même
Et goûter le nectar de Ta béatitude.
Ô Toi, la quintessence des quatre Védas,
Je me prosterne devant Toi.

Le flot de Ton amour s'écoule vers moi
Sous forme de colère.
Ton rire terrifiant est pour moi
Un doux sourire.
Comprenant la nature irréelle
De ce monde de rêve,
J'ai pris congé de lui.
Jamais je ne serai séparé de Toi,
Toi qui as répandu sur moi le nectar de Ta grâce.

Pardonner et oublier

Mercredi 2 octobre 1984

Ce matin, au *darshan*, une dévote se plaignit à Amma de son mari. Elle lui dépeignit longuement à quel point il manquait d'amour et d'esprit de coopération. La situation était si intolérable, disait-elle, qu'elle avait envie de le quitter.

Essuyant ses larmes, Amma lui répondit :

« Ma fille, il est malaisé d'éviter les situations difficiles. Tu n'es pas la seule à connaître de tels problèmes. Partout en ce monde, les gens souffrent comme toi. Si tu essayes de fuir la situation, d'autres circonstances difficiles surgiront ; où que tu ailles et quoi que tu fasses de ta vie, tu seras confrontée à des difficultés. Cela pourrait être pire, tu sais. À moins que tu ne cultives la patience et l'humilité, tu ne seras jamais heureuse. Là où ces vertus font défaut, la vie de famille est synonyme de malheur. Il est de nos jours difficile de trouver une famille où le mari et la femme sont tous deux dotés de patience. Il faut pourtant que l'un d'entre eux, le mari ou la femme, se montre patient. Dans la plupart des cas, ce sont « des patients dépourvus de patience », mais il est impossible de mener une vie de famille harmonieuse sans un certain équilibre, sans que chacune des deux parties ne fasse preuve d'un minimum de longanimité.

Les êtres humains ont tendance à fuir les situations difficiles. Tu penses trouver le salut dans la fuite et être soulagée de ta peine. Dans l'espoir d'une vie plus agréable, tu peux choisir de changer de condition. Au départ, tu te sentiras peut-être heureuse et en paix. Tu n'as pas conscience d'aller à la rencontre d'autres problèmes. Si tu vas vivre auprès de parents ou d'amis, tu recevras sans doute un accueil chaleureux à ton arrivée. Ils manifesteront en actes et en paroles beaucoup de sympathie et d'amour pour toi. Ils t'embrasseront en pleurant. Vous échangerez des promesses, des étreintes baignées de larmes.

Mais au bout de quelques jours, d'une semaine ou deux au plus, la situation changera. C'est qu'en fuyant ta condition précédente, tu n'as pas abandonné ton ego ; il t'a suivie. Tu l'as emporté, et avec lui, ton impatience et ton manque d'humilité. En peu de temps, les émotions négatives se manifesteront dans ce nouveau milieu. Tu commenceras à trouver l'un des membres de la famille désagréable ou bien la nouvelle situation déplaisante.

Tu te montreras impatiente envers ta mère ou ton père, ton frère ou ta sœur, ou ton amie, et ils réagiront, car ils ont eux aussi leurs *vasanas*. Ils ne pourront tolérer ton impatience ou ton caractère rebelle. Tu te rendras bientôt compte que tu n'as quitté un problème que pour en trouver un autre et que tu pourrais même tomber de Charybde en Scylla. Lorsque tu étais avec ton mari, il ne t'a jamais mise à la porte. Après une dispute, il se repentait et se réconciliait toujours avec toi. Mais tes parents ou tes amis pourraient bien te demander de partir. Et le seul résultat de cette affaire serait plus de ressentiment, de frustration et de sentiments négatifs.

Ma fille, que tu vives seule ou en famille, tu ne connaîtras jamais le bonheur ni le succès à moins que tu ne développes la faculté mentale de t'adapter à la situation. C'est l'un des principes fondamentaux de la vie. Tu peux en conclure que la solution consiste à vivre seule, mais là encore tu auras des problèmes. Tant que tu es sous l'emprise des préjugés et des idées préconçues, tu rencontreras des difficultés.

Il n'est cependant pas facile de se débarrasser de l'ego. Tu penses que ton mari ne te soutient pas et qu'il ne t'aime pas ; mais il y a bien eu des moments où il s'est montré serviable et aimant. Amma ne peut pas croire qu'il soit toujours aussi mauvais. S'il est tel que tu le décris, c'est un monstre. »

Amma se tut et regarda le visage de la dévote, qui répondit : « Non, bien sûr, il se montre parfois tendre et aimant. »

En souriant, Amma s'adressa de nouveau à elle : « Et qu'éprouves-tu quand il se montre tendre et affectueux ? » La femme rougit en disant : « Je me sens bien et heureuse. Je suis alors affectueuse avec lui, moi aussi. » « Et quand il se montre indélicat ou difficile ? » demanda Amma. « Je suis pleine de colère et complètement fermée, » répondit la dévote.

Avec un sourire espiègle, Amma reprit : « Ma fille, ces réactions et ces sentiments sont courants. Ils sont naturels aux êtres humains. Tu devrais cependant t'efforcer de respecter et d'admirer les qualités de ton mari. Quand il ne montre aucun amour ou ne coopère pas, tu réagis, n'est-ce pas ? Et ne t'arrive-t-il pas de commencer la dispute ? » La dévote baissa la tête ; elle n'avait rien à répondre à cela.

Amma reprit : « Donc, tu réagis. Ne t'inquiète pas, ce n'est pas grave. Mais à l'instant où la réaction surgit, essaye de l'écouter avec patience et de rester calme. Plus tard, quand il sera de bonne humeur et que tu en auras l'occasion, tu pourras aborder le sujet en lui parlant avec amour. Il sera alors capable d'écouter et de comprendre, parce que son esprit sera calme. Ne lui lance pas d'idées à la tête tant qu'il est en colère : il n'écoutera pas. Apprends à rester tranquille dans ces moments-là ; n'écoute pas ton ego. Quand il aura quitté la maison, va t'asseoir dans ta salle de *puja* ou dans un endroit solitaire où tu pourras réfléchir et méditer.

Essaye alors de te rappeler l'incident. Quel en fut le point de départ ? Si tu as insisté pour qu'il fasse quelque chose et qu'il a refusé, tâche de te rappeler une occasion où il a apporté ou fait aussitôt ce que tu lui demandais. Rappelle-toi la gentillesse dont il a fait preuve en cette circonstance. Souviens-toi d'un autre moment où il s'est montré patient et t'a pardonné, alors que tu étais impatiente et impolie. Songe aux nuits blanches qu'il a passées auprès de toi quand tu étais à l'hôpital. Essaye d'éprouver de la gratitude pour les soins affectueux et les paroles consolantes qu'il t'a prodigués et qui t'ont été d'un grand secours à l'époque. Il travaillait toute la journée et pourtant, il a consacré beaucoup de temps et d'efforts à te rendre heureuse, à veiller à ton bien-être. Il a parfois essayé de se réconcilier avec toi, alors que vous vous étiez querellés pour un motif stupide ; évoque donc ces moments-là. Efforce-toi aussi de te rappeler la colère et l'impatience que tu as manifestées au cours de la dispute et la manière impolie dont tu lui as parlé.

Le fait d'évoquer ces souvenirs t'aidera sans nul doute à mieux accepter la situation. Ces moments de solitude te donneront une vision plus claire et une meilleure compréhension de l'incident. Tu regretteras peut-être même ton comportement dur et impatient. Lorsque ton mari rentrera le soir, tu seras prête à lui faire face, à l'accueillir avec un grand sourire. Offre-lui une bonne tasse de café. Pendant qu'il savoure son café, présente-lui tes excuses pour la façon dont tu t'es conduite le matin. Demande-lui ensuite si sa migraine est partie. S'il répond qu'il a toujours mal à la tête, prends un peu de baume et applique-le sur son front. Interroge-le affectueusement sur les événements de sa journée au bureau. Si son patron a été dur avec lui ce jour-là, essaye de le consoler.

Ton mari te regardera, tout surpris. « Est-ce là l'épouse avec laquelle je me suis querellé ce matin ? » Même s'il éprouvait encore de la colère ou du ressentiment, ils s'évanouiront. Son attitude changera. Rempli de remords, il s'excusera spontanément pour la rudesse de sa conduite. À toi maintenant de saisir l'occasion de lui expliquer ce que tu veux. Tu te confies à lui et il t'écoute avec grand intérêt. Puis il te dit ce qu'il a à dire et tu lui accordes une grande attention. La dispute devient ainsi le point de départ d'un grand événement, l'occasion d'une réconciliation et d'un échange. Vous voilà pleins d'amour l'un pour l'autre, tous les deux heureux et détendus.

Le mariage n'est pas une plaisanterie. Il doit être pris au sérieux. Il suffit de cultiver l'attitude juste pour que la relation devienne un chemin vers Dieu, un chemin vers la liberté et la paix éternelles. N'envisage pas la séparation chaque fois que tu te sens mal à l'aise. Efforce-toi de t'adapter. Tâche d'être patiente, pas seulement une ou deux fois, mais de nombreuses fois.

L'être humain est extrêmement impatient, mais Dieu déploie une patience et une sollicitude immenses à l'égard de Sa création. L'impatience détruit. Songe aux panneaux que l'on voit le long de la route : « La vitesse tue. » La vitesse, c'est l'impatience. Les êtres humains sont impatients ; ils sont toujours pressés. Il est parfois nécessaire de faire vite. Mais la plupart du temps, cela entraîne la mort. Quand vous donnez un médicament à un grand malade, ne vous hâtez pas. Même s'il s'agit d'une urgence, vous ne devriez pas vous dépêcher. Sinon, dans votre agitation, lorsque vous donnez une pilule au patient et lui versez de l'eau dans la bouche pour l'avaler, vos mains pourraient trembler, de l'eau pourrait parvenir dans le nez et créer des complications. Si vous vous dépêchez, vous lui administrerez peut-être une dose trop forte ou même le mauvais médicament, et cela pourrait le tuer. Soyez patient. La réalité de la vie, c'est l'amour. Quand vous aimez, vous ne vous pressez pas. Vous n'avez d'autre choix que la longanimité.

Regardez le soin et la patience que Dieu prodigue à Sa création. Une petite fleur ne s'épanouit que le temps d'une journée, cependant Dieu lui accorde Son attention et Se montre patient, lui fournissant l'eau et le soleil qui lui permettront de fleurir. Il faut beaucoup de soins et de patience pour couver un œuf ou mettre un enfant au monde. Neuf longs mois de grossesse précèdent la naissance. Dieu n'est pas pressé le moins du monde.

Songe à la souffrance que ta mère a endurée pendant les neuf mois où elle te portait dans son ventre. Elle ne se plaignait pas, et supportait avec joie la gêne et la douleur. Elle en avait la force, car elle savait qu'elle oublierait sa souffrance lorsqu'elle te verrait, lorsqu'elle verrait le beau visage de son bébé. Ma fille, tu devrais ainsi accepter ta peine en songeant à la vie paisible et harmonieuse que tu mèneras si tu es capable d'endurance. Peu importe qui est fautif. Parfois ce sera ton mari, parfois ce sera toi. Mais quel que soit le responsable, efforce-toi de faire ce que dit Amma et de voir le résultat.

Pratique le pardon. Si la relation reste difficile, bien que tu aies fourni de gros efforts, tu peux considérer qu'il s'agit de ton *karma*, de ton destin. Tu peux alors choisir de l'accepter comme ton *prarabdha*, ou bien, si tu ne peux vraiment plus supporter la situation, envisager la séparation ou le divorce. Mais avant cela, tu dois bien jouer ton rôle. Tu dois au moins faire un effort pour voir si la relation est viable ou non. Si tu te contentes de la laisser se désintégrer, tu commets une faute impardonnable, un péché pour lequel il te faudra souffrir.

Avec une immense compassion, Amma regardait le visage de la femme. Elle pleurait, mais il s'agissait cette fois de larmes de repentir. Elle avait compris son erreur. À travers ses larmes, elle demandait à Amma de lui pardonner ses fautes. Sa voix était pleine de remords, tandis qu'elle parlait : « Je comprends maintenant que je suis moi aussi à blâmer, non seulement aujourd'hui, mais depuis des années. J'ai ma part de responsabilité dans nos conflits. C'est moi qui les déclenche. Si j'étais restée tranquille, me comportant comme tu me l'as indiqué, la situation serait différente. Tu m'as ouvert les yeux. À partir de maintenant, je ferai de mon mieux pour me maîtriser et rester calme en de telles occasions. Je tâcherai de me conformer aux instructions d'Amma. »

« Ma fille » lui dit Amma, « lorsque tu te trouves face à une telle situation, si tu peux marquer une pause et te montrer patiente, tes problèmes se résoudront d'eux-mêmes. Mais nous avons l'habitude de réagir. Quand la colère monte, il nous est impossible de faire une pause et de garder une vision claire ; il nous est impossible d'attendre. Lorsque tu es plongée dans des circonstances qui t'irritent, es-tu capable de rester le simple témoin des événements ? Peux-tu cesser de penser que quelqu'un t'insulte et t'injurie ? Peux-tu oublier que c'est là un traitement injuste et abandonner le désir d'y remédier ? Ne lance pas d'insultes ; ne réagis pas. Essaye de te rendre compte que le vrai problème n'est pas ce qui arrive, mais la façon dont tu réagis. Si tu vois que tu es sur le point de réagir négativement, arrête. Cesse de parler. Dis à ton mental : « Non, ne dis rien maintenant. Tu auras plus tard une meilleure occasion de plaider ta cause, et ce sera plus efficace. Mais maintenant, reste tranquille. »

Pendant cette pause, essaye d'évoquer des souvenirs agréables, nobles, tendres, que tu considères comme inoubliables. Tâche de te rappeler un événement ou un souvenir agréable. Concentre ton énergie et tes pensées sur lui. Si tu y parviens, les paroles ridicules et le visage intolérable de l'autre personne ne t'ennuieront pas et ne provoqueront pas ta colère.

Si tu peux, efforce-toi de faire durer cette pause. Chaque fois que tu constates que tu es en colère ou irritée, tente l'expérience. Pour commencer, tu peux choisir un sujet stupide auquel tu réagis toujours. Disons par exemple que ton mari a l'habitude de tambouriner sur la table dès qu'il est perdu dans ses pensées, et que ce son t'irrite. Au lieu de dire quoi que ce soit, imagine que le son vient des gouttes de pluie qui tombent du toit. Tu te rappelles alors comment vous avez un jour tous deux été surpris par la pluie, vous réfugiant sous l'avancée d'un toit en tôle ondulée. Au lieu de laisser monter la colère ou l'irritation, mets-toi dans une humeur agréable et même tendre, en utilisant ton imagination et des associations.

Avec le temps, lorsque tu auras appris à surmonter ces situations légèrement irritantes, tu pourras essayer dans des circonstances plus difficiles et plus éprouvantes. En poursuivant cette pratique, tu remarqueras que tu changes. Et tu verras enfin qu'il ne t'est plus possible de réagir : tu ne peux que répondre par l'amour. Ton mariage et la vie de famille en général t'apporteront beaucoup plus de joie. Le changement dans ton attitude et la patience dont tu feras preuve entraîneront aussi un changement positif chez les autres.

Quand ton mari verra que tu ne réagis plus, que tu n'acceptes plus sa colère et ses insultes et qu'elles ne t'affectent plus, il sera embarrassé. Que se passe-t-il quand un guerrier voit que ses armes ont perdu leur pouvoir, leur efficacité ? Il les jette. Ainsi, ton mari, quand il constatera que ses armes, les paroles qu'il utilise contre toi, ne te blessent plus, abandonnera et restera tranquille. En outre, tu lui offriras plus d'amour et d'attention. C'est là un grand cadeau. Ton visage souriant et tes questions aimantes, tes soins et tes paroles pleines de sollicitude serviront de baume, lui apporteront soulagement et consolation. Il oubliera sa colère, ses échecs et ses ressentiments. Il a travaillé dur toute la journée, son patron l'a disputé et il rentre à la maison la tête pleine d'ennuis ; tu peux lui offrir ce cadeau, alors il ou elle (peu importe si c'est le mari ou la femme qui cultive cette attitude) deviendra ton meilleur ami et ton admirateur. Beaucoup d'amour et de sollicitude se développeront alors entre vous. Ma fille, au lieu de te mettre en colère, arrête-toi donc, attends et sois patiente.

Amma va te raconter une histoire. Un professeur avait été invité à donner une conférence.

Il ne s'était pas très bien préparé et en conséquence, son discours ne fut pas très bon. Quelques jours plus tard il reçut une lettre d'un des auditeurs. « Cher Monsieur, si vous ne connaissez pas très bien le sujet, il serait plus sage de ne pas parler, plutôt que de répandre de fausses idées et de créer une mauvaise impression sur votre auditoire. » La signature au bas de la page était celle d'une femme.

La lecture de cette missive rendit le professeur furieux. Il s'assit aussitôt à sa machine à écrire et y écrivit une réponse cruelle et brûlante, choisissant les mots les plus durs. Dès qu'il eut fini, il voulut la poster, mais s'aperçut que le courrier était déjà parti. Il mit alors la lettre de côté. Le lendemain matin, il vit l'enveloppe sur son bureau et songea : « Je n'ai peut-être pas été assez poli envers cette personne. Relisons donc cette lettre avant de la poster. » Il l'ouvrit donc, la lut, et fut choqué de voir la grossièreté de sa réaction. Il se dit : « Voilà une lettre qui n'est certes guère polie. Je ne devrais sûrement pas la poster telle qu'elle est actuellement. » Il écrivit une autre réponse, plus modérée dans ses expressions et ses images, mais toujours pleine d'insultes.

Il s'apprêtait à poster cette seconde lettre lorsqu'il songea : « Voyons, relisons-la une fois de plus. Le ton n'est peut-être pas encore juste. Si mon attitude a pu changer autant en quelques heures, elle pourrait bien changer à nouveau. » Il relut donc le texte, trouva le ton trop dur et le réécrivit. Mais il n'en était toujours pas satisfait. Il le modifia et le réécrivit plusieurs fois encore, jusqu'à ce qu'il devienne à la fin une lettre d'amour. Le professeur y avouait sa faute et se déclarait d'accord avec sa critique. Il trouvait même fort gentil de la part de cette femme de lui indiquer ses erreurs. « Les personnes telles que vous sont d'un grand secours. Je vous suis très reconnaissant, » écrivait-il. « Si vous n'êtes pas mariée, j'aimerais vous demander de devenir ma femme. J'attends avec impatience votre réponse que j'espère positive, sincèrement vôtre »

Le poison tout d'abord émis par le professeur s'était transformé en nectar. Il peut vous arriver de prendre une mauvaise décision, de porter un jugement erroné sur quelqu'un, ou d'agir sans discernement. Mais si vous pouvez vous arrêter, attendre patiemment et méditer sur le sujet, vous n'aurez pas d'ennuis. C'est le bénéfice de la patience et d'une juste réflexion. Ma fille, sois donc patiente et réfléchis bien avant d'agir. Amma est avec toi. Ne t'inquiète pas. »

La dévote se blottit alors en pleurant sur les genoux d'Amma. « Amma, pardonne-moi mes erreurs ! Pardonne-moi ! Je vais tâcher de ne plus recommencer. Pardonne-moi. » Amma la consola, en lui montrant beaucoup d'amour et de compassion. Elle l'aida à se détendre. Lorsqu'elle quitta l'ashram peu de temps après, cette femme semblait parfaitement sereine. Elle avait un large sourire, indiquant clairement qu'elle avait pu déposer son fardeau de chagrins.

Dans le *Lalita Sahasranama*, Devi est louée comme *Tapa-trayagni-samptapta-samah-ladana-chandrika*, ce qui veut dire : « Le clair de lune qui réjouit le cœur de ceux qui sont torturés par le feu de la souffrance. » Cette souffrance, explique-t-on, est causée par les organes des sens, intérieurs et extérieurs, par le monde des objets qu'ils transmettent et par des pouvoirs surnaturels situés au-delà du monde visible. Ce *mantra* s'applique également à une Grande Âme telle qu'Amma, qui est *Devi* ou la Mère divine incarnée. Amma accorde sa bénédiction et guérit les cœurs, par son regard apaisant, rempli de compassion, par ses paroles profondes, par son toucher divin ou par sa simple présence. Seul un Maître réalisé ayant atteint l'état de perfection peut sauver les êtres humains de cette triple souffrance. Lui seul peut apporter le calme et la consolation à ceux qui subissent la souffrance liée à la naissance, à la vieillesse et à la mort.

Glossaire

Certains mots sont identiques ou similaires en malayalam et en sanscrit. Par exemple *Ashrama* et *Brahmacharin* sont des mots sanscrits, *Ashramam* et *Brahmachari* sont tirés du malayalam. On a utilisé *Brahmachari* dans le texte, la prononciation coïncidant avec celle du français.

Adharma : L'action injuste, le péché, opposé à la notion d'harmonie divine.

Agamas : Les Écritures

Ammachi : La Mère. *Chi* est un suffixe indiquant le respect.

Anôraniyân mahatomahiyan : En sanscrit « Plus subtil que le plus subtil, plus grand que le plus grand », une description de Brahman, la Réalité Suprême.

Arati : À la fin de la *puja* (adoration) rituel qui consiste à décrire des cercles avec un plateau contenant du camphre enflammé, qui ne laisse aucun résidu, pendant que les clochettes sonnent. Ce rituel symbolise la destruction totale de l'ego.

Archana : Une façon d'adorer la divinité en déclamant ses cent, trois cents ou mille noms.

Arjouna : Le troisième des Pandavas, un grand archer.

Ashram : Ermitage ou résidence d'un sage.

Atma(n) : Le Soi

Atma Bodha : Connaissance du Soi ou conscience du Soi.

Avadhut(a) : Une Âme réalisée qui a transcendé toutes les conventions sociales.

Bhagavad Gita : L'enseignement de Sri Krishna à Arjouna au début de la guerre du Mahabharata. Il s'agit d'un guide pratique destiné au commun des hommes pour les aider dans la vie quotidienne. Il contient l'essence de la sagesse védique.

Bhagavad signifie « du Seigneur » et *Gita* « chant » plus spécialement instructions.

Bhagavata(m) : Le livre qui raconte les incarnations du Dieu Vishnou, surtout les histoires de Krishna et des tours espiègles qu'Il jouait dans Son enfance. Ce livre prône la suprématie de la voie de la dévotion.

Bhagavati : La déesse aux six vertus, c'est à dire prospérité, vaillance, une nature propice, connaissance, détachement et autorité.

Bhajan : Chant dévotionnel.

Bhakti : Dévotion.

Bhava : Attitude, état intérieur, humeur.

Bhava Darshan : Darshan au cours duquel Amma reçoit les dévots dans l'état exalté de la Mère Universelle.

Bhoga : Le fait de profiter des plaisirs du monde

Bhrantan : « Celui qui a la nature d'un fou', en référence à la nature ou à l'apparence de certaines Âmes Réalisées.

Brahman : L'Absolu, le Tout.

Brahmachari : Un étudiant célibataire, élève d'un *Guru*.

Brahmacharya : La chasteté. (La définition d'Amma est plus vaste : il s'agit de renoncer à toute pensée, toute parole et tout désir qui ne nous mène pas à Dieu.)

Dakshina : Offrande en argent ou en nature.

Darshan : Entrevue avec un Être Saint ou une divinité.

Deva(ta) : Demi-dieu, être céleste.

Devi : La Déesse.

Devi Bhava : État Divin, identité avec la Déesse.

Devi Mahatmyam : Un hymne sacré à la louange de la Déesse.

Dharma : La justice, ce qui est en accord avec l'Harmonie Divine.

Dharma Védique : Les instructions concernant la façon de mener une vie juste contenues dans les **Véda**s.

Dhritharasthra : Le roi aveugle, père des Kauravas.

Duryodhana : Fils aîné de Dhritharasthra, le méchant de la guerre du Mahabharata.

Gita : Chant, voir *Bhagavad Gita*.

Gopa : Pâtre, compagnon de Sri Krishna.

Gopi : Vachères, connues pour leur dévotion inégalée à Sri Krishna.

Guru : Maître, guide spirituel. (En sanscrit cela signifie : *celui qui dissipe les ténèbres*.)

Guru paduka stotram : Hymne de cinq strophes glorifiant les sandales du *Guru*.

Jagat : Le monde en changement perpétuel.

Japa : La répétition d'une formule mystique (*mantra*).

Jnana : Sagesse spirituelle ou divine.

Kamsa : Oncle démoniaque de Krishna, que Celui-ci tua.

Kanji : Gruau de riz.

Kanna : Nom de Krishna enfant.

Karma : Action.

Kauravas : Les cent enfants de Dhritarashtra, les ennemis des Pandavas, qu'ils affrontèrent lors de la guerre du Mahabharata.

Kindi : Carafe ornée de cannelures, utilisée dans les rituels.

Kirtan : Hymne.

Krishna : L'incarnation la plus célèbre du Dieu Vishnou.

Lakshman : Frère de Sri Rama.

Lakshmi : Épouse de Vishnou, Déesse de la prospérité.

Lakshya bodha : Le souvenir constant du but à atteindre, la détermination d'y parvenir.

Lalita Sahasranama : Les mille noms de la Mère Universelle sous la forme de *Lalitambika*.

Lila : Drame, jeu divin.

Mahabharata : Grande épopée écrite par Vyasa, qui décrit la guerre entre les Kauravas et les Pandavas.

Mahatma : Littéralement : Grande Âme.

Mantra : Formule sacrée, dont la répétition a le pouvoir d'éveiller l'énergie spirituelle de quelqu'un et par laquelle on peut obtenir les résultats désirés.

Maya : L'illusion.

Mol(e) **:** Fille. *Mole* est la forme vocative. (malayalam)

Mon(e) **:** Fils. *Mone* est la forme vocative. (malayalam)

Mudra : Un signe de la main indiquant des vérités spirituelles mystiques.

Mukta : Le Libéré.

Mukti : La Libération.

Namah Shivaya : Mantra de cinq lettres qui signifie « Salutations à Celui qui est propice (Shiva) ».

Om : Syllabe mystique qui symbolise la Réalité Suprême.

Pada puja : adoration des pieds ou des sandales du *Guru*.

Pandavas : Les cinq enfants du roi Pandou, les héros de l'épopée du Mahabharata.

Prarabdha : Responsabilités ou fardeau. Également les fruits des actions passées qui se manifestent à travers le destin qui est le nôtre dans cette vie.

Prasad : Offrandes consacrées distribuées après la *puja*.

Prema : Amour Suprême.

Puja : Adoration.

Rama : Héros de l'épopée du Ramayana. Incarnation de Vishnou et idéal de la justice.

Ravana : Le méchant du Ramayana, qui enleva l'Épouse Divine de Rama, Sita.

Rishi : Au sens premier, voyant. Désigne un grand sage.

Sad-Asad-Rupa Dharini : Un des noms de la Mère Divine, Celle qui revêt la forme de l'existence et de la non-existence.

Sadhak : Celui qui a voué sa vie à la spiritualité et s'efforce d'atteindre le but par une discipline spirituelle (*sadhana*).

Sadhana : Pratiques spirituelles.

Sahasranama : Hymne comprenant les mille Noms de Dieu.

Samadhi : État d'absorption dans le Soi.

Samsara : Le monde de la pluralité, le cycle des morts et des renaissances.

Samskaras : Tendances mentales accumulées par des actions passées.

Sankalpa : Résolution créatrice qui se manifeste en tant que pensée, sentiment et action. Le *sankalpa* d'une personne ordinaire ne porte pas toujours de fruits, mais l'effet du *sankalpa* d'un sage est infaillible.

Sannyasi(n) : Ascète qui a renoncé à tout lien avec le monde.

Satguru : Maître spirituel réalisé.

Satsang : Compagnie des sages et des êtres vertueux. Également discours spirituel prononcé par un sage ou un érudit.

Shakti : L'aspect dynamique de Brahman sous la forme de la Mère Universelle.

Shiva : L'aspect statique de Brahman, le principe mâle.

Sishya : Disciple.

Sita : Épouse de Rama.

Sloka : Verset en sanscrit.

Sraddha : Foi. Amma utilise ce terme en mettant l'accent sur la vigilance, associée au soin plein d'amour apporté au travail en cours.

Sri : Marque de respect.

Srimad Bhagavatam : Voir *Bhagavatam*. *Srimad* signifie « propice ».

Stenah : Voleur.

Sutra : Aphorisme.

Tablas : Une sorte de tambour indien.

Tapas : Littéralement « chaleur ». La pratique d'une ascèse spirituelle.

Tapasvi : Celui qui est engagé dans une ascèse spirituelle.

Tapovan : Un ermitage, un lieu favorable à la méditation et à l'ascèse.

Tattva : Principe.

Tulasi : Le basilic, plante sacrée adorée comme une déesse.

Upanishads : La dernière partie des Védas, qui expose la philosophie de la non-dualité.

Vasana : Tendance latente.

Véda : Littéralement « Connaissance », les Écritures révérées par les Hindous.

Véda Vyasa : Voir *Vyasa*. Comme il divisa le livre des Védas en quatre parties, il est aussi connu sous le nom de Véda Vyasa.

Védanta : La philosophie des Upanishads qui déclare que la Vérité Ultime est « Une et indivisible ».

Védantin : Adepte de la philosophie du Védanta.

Vidyavidya svarupini : Un des noms de la Mère Divine; Celle dont la nature est à la fois la connaissance et l'ignorance.

Vishnou : Omniprésent, Il est le Dieu dont la fonction est de préserver le monde.

Vishvarupa : La forme universelle de Dieu.

Vishvarupa : Seigneur de l'univers.

Viveka : Le discernement

Vyasa : Un sage qui divisa le livre des Védas en quatre parties et composa 18 Pouranas ainsi que le Mahabharata et le Bhagavatam.

www.ingramcontent.com/pod-product-compliance
Lightning Source LLC
LaVergne TN
LVHW051548080426
835510LV00020B/2912